下一波全球經濟浩劫

亂世中保存財富的七大祕訣

詹姆斯・瑞卡茲——著
吳國卿——譯

Aftermath

Seven Secrets of Wealth Preservation in the Coming Chaos

by James Rickards

獻給Ann

我看見羔羊揭開七印中第一印的時候，就聽見四活物中的一個活物，聲音如雷，說：你來！我就觀看，見有一匹白馬；騎在馬上的，拿著弓，並有冠冕賜給他。他便出來，勝了又要勝。

—〈啟示錄〉，第6章1至2節

Aftermath

Seven Secrets of Wealth Preservation in the Coming Chaos

目次

推薦序
當潮水退去時

暢銷財經作家　**安納金**

相當欣賞作者於此書以古希臘吟遊詩人荷馬的《奧德賽》，作為一場央行返回利率和資產負債表正常化之旅的比喻，在面對一邊是過度舉債導致美國信用體系坍塌崩壞、另一邊是適度緊縮讓經濟和金融資產價格修正而不至於危害信用體系，兩害相權取其輕之下，歷任的美國聯準會決策者普遍採取了後者：權衡該適度緊縮的時候就犧牲一些必須犧牲的來達到調控，為將來的再度寬鬆出手救市預留子彈和存糧。這也是一百多年來美國資本市場以及信用體系、居其位的掌權者以及金融市場參與者長久以來的共同默契，基本上，如此周而復始的故事持續發展下去，或許對某些人來說了無新意，但總比將一個史詩級的悲劇在真實世界裡引爆還要好！

只是，資本市場美好的故事發展至今，似乎正在偏離前述的黑色喜劇路線。二〇〇八年金融危機爆發十年之後，歐洲及日本並無明顯的重返過去經濟擴張軌道，因此歐洲央行及日本央行仍維持負利率政策，冀望爭取更多時間等待「回歸正常」的經濟（或許所謂的正常已經成為過去歷史，新的正常就是目前這景象）；美國拜強勁的科技創新能力之賜，經濟堪稱十年來冠絕群倫於全世界，美國聯準會也順勢而為，自二〇一七年九月宣佈啟動縮減資產負債表，也確實有一段時間看起來「回歸正常」，只可惜半路上就出現險阻：川普於二〇一八年三月為美中貿易戰揭開序幕，愈演愈烈，再加上二〇二〇年第一季新冠狀病毒疫情肆虐，美國聯準會縮表計畫大轉彎，反而被迫實施無限量化寬鬆、擴表超過一倍以上，創下史詩級的紀錄！

二〇二〇年三月的金融市場閃崩，不僅讓美股在短時間內重挫將近三成，更釀成了流動性危機，影響所及股票、債券、黃金等所有金融資產同步被拋售，傳統的股債平衡、或者二〇〇八年金融海嘯後新興的風險評價模式（Risk Parity Model）全數失靈，這樣的系統性風險雖然不是第一次發生，但問題癥結點是在近十幾年間發生多次，讓全球央行頻頻救災導致資產負債表膨脹到了前所未有的紀錄，零利率及負利率政策導致資產價格扭曲，而利率的扭曲又影響了儲蓄、投資及信貸循環的正常發展。這種驚奇詭譎的狀況將來是否能回歸正常？抑或是定義當前經濟才是一個嶄新的軌道？

這是一套全新的劇本，發展至今已經超出了原來編劇者所能形容的範圍，而劇中的角色，例如川普、五大科技巨擘（FAANG：Facebook、Apple、Amazon、Netflix、Google）、全球掌權菁英們又常常不聽使喚、脫稿演出，這一幕幕活生生在我們眼前上演的「政治、經濟、金融市場以及所有糾纏不清的事物」行動劇，沒人敢保證當帷幕落下時會是什麼樣的結局，而此書作者所描繪的劇本顯然是比較偏悲觀、風聲鶴唳草木皆兵的一種版本。

目前美國前五大科技公司，佔美股大盤的權重已經超過兩成以上，而獲利貢獻的佔比則高達四成，這些科技巨擘一方面藉由創新技術改變人們生活方式的同時，人們最詳細的個資和數位軌跡亦完整記錄儲存其檔案中。當Facebook因為濫用顧客個資和協助俄羅斯干預美國選舉而突然遭到檢視，Amazon也因反托拉斯顧慮、貨運疑似接受政府補貼，以及川普厭惡《華盛頓郵報》的假新聞而備受關切，民粹主義者對科技巨人的憤怒會不會愈演愈烈？是否將再引爆另一重大變革的發生？這都是值得我們高度留意並且持續追蹤的。

此書值得讚賞之處，在於作者將上述盤根錯節的政治、經濟、金融市場以及所有糾纏不清的事物梳理出清晰的脈絡、並揣測其所認為未來最可能的發展，儘管我不是悲觀論者，但此書之論述，值得我們深思並且警惕在心！或許，經濟浩劫未必一定會出現，但當全球資金潮水退去時，我們都是做好防備、不會是裸泳而手足無措的那些人。

願善良、紀律、智慧與你我同在！

（本文作者著有《一個投機者的告白實戰書》、《高手的養成》、《散戶的50道難題》等書）

推薦序

妥適因應「浩劫」的到來

中華經濟研究院特約研究員　**吳惠林**

二〇〇八年全球金融海嘯之所以能平息，據說是因為政府紓困銀行的緣故。不過，即便二〇〇八年金融海嘯和繼之而來的歐債危機好似都成過眼雲煙，而且全球經濟也有著一段長達十年的復甦期，但金融泡沫危機並未消失，而且還會更嚴重的警示卻此起彼落的傳出。

金融危機警示接二連三

二〇一四年，哈利．鄧特二世（Harry S. Dent Jr.）就以《二〇一四至二〇一九年大通貨緊縮》為書名，告訴我們：「中國泡沫可能是現代史上最大的政府驅動型泡沫，而它的崩潰也勢將創下新紀錄。」他明確的指出時間點在二〇一四年到二〇一九年。

同年，全球知名的投資銀行家詹姆斯．瑞卡茲，在其《下一波全球貨幣大崩潰》（*The Death of Money*）書中，告訴我們中國的影子銀行部門已變成系統性金融風險的來源，是一個規模巨大的龐氏騙局（Ponzi Scheme）。中國已成為新金融財閥的犧牲者，他們一手劫掠儲蓄，另一手則將掠奪的戰利品輸送到國外。中國正步向崩潰，它的影響將不局限於中國，而會擴散到全世界，和一九三〇年代的情況一樣，蕭條將蔓延到全球，所有人都將身受其害。

兩年後的二〇一六年，瑞卡茲再出版《下一波全球金融危機》（*The Road to Ruin*）這本書。由英文書名「到毀滅之路」就夠讓我們怵目驚心，會不會危言聳聽？或者類似水晶球預言？瑞卡茲應用索馬里（Felex Somary）這位被他稱為二十世紀最偉大經濟學家（但被完全忽視）的方法——病因學、心理學、複雜學和歷史——重新拾起索馬里遭遺落的金融愚行線索，來推測危機崩潰點。

「到毀滅之路」聲音響起

經由對歷史的剖析和嚴謹的研究之後，瑞卡茲告訴世人，金融危機已取代動能戰爭，成為複雜系統動力的核心，而一九九八年和二〇〇八年的金融危機只是警訊，是一場無法想像的災難之前的震動，它們是二〇一八年金融地震的前震和前震撼。可怕的是，一般的地震在累積的能量釋放完之後會停止，但金融地震會引發系統性危機而持續，而由於過去金融危機出現後各國政府採用錯誤的紓困政策，所累積的負能量非常之多，使爆發的震動力度難以想像。

瑞卡茲強調說，這不是臆測，而是系統動力推測的結果。不過，他也安慰我們，這個結果並非無法避免，懸崖勒馬需要「縮小銀行規模、減少衍生性金融商品、降低槓桿，以及有可靠的貨幣，也需要與黃金聯繫」，但他卻說眼前看不到任何這類補救，只見系統崩潰逐漸逼近。

瑞卡茲又告訴我們，在一場規模比前次呈現級數性擴大的金融危機已隱然成形的當下，全球的菁英們（有權勢者）有一個大膽的計畫，將用來保護自己免於災難，那就是：開始囤積現金，在危機爆發時凍結全球金融系統，保護自己免於受害，且企圖隱瞞投資人這場即將到來的災難！

根據深藏在美國法典中的條文，美國政府被授予緊急經濟權，可以關閉股票交易所、停止自動提款機、凍結貨幣市場基金、指示經理人不得出售證券、實施負利率，並禁止擁有現金。而美國前總統小羅斯福就曾在一九三三年採取這種極端的措施——關閉銀行並沒收現金。斑斑歷史呈現血淋淋的教訓！

瑞卡茲指出，很有影響力的日內瓦國際貨幣銀行研究中心，在二〇一四年就對一小群財政部長、主權財富基金、銀行和私募基金提出一份研究報告（日內瓦報告），以一般投資人不了解的術語發出警告。傳達這樣的訊息：過去八年來眾人所說的經濟回春其實是假的。在過去兩年來的準備中，全球菁英正默默地囤積現金和硬資產。即使是現在，一些非正統的法規也已悄悄就緒，允許監管機構在自稱的緊急狀態下，只要按幾個鍵就能凍結所有資產。他說：「世界各國政府正無恥地共謀對付它們的人民。你們的貨幣（存款）可能會看得到卻摸不著。」

法西斯主義已悄悄降臨

他引用一九五〇年逝世的偉大經濟學家熊彼得（Joseph A. Schumpeter，「創造性的破壞」創新理論的提出者），在一九四二的著作《資本主義、社會主義與民主》（*Capitalism, Socialism and Democracy*）中所預言的，由於資本主義實施的太成功，財富大量增加導致滅亡，而社會主義（以社會福利為代表）趁勢而起，最後則是法西斯主義當道，政府控制力在危機出現時大幅擴增，而警察國家、老大哥就在你身旁。這麼駭人的景象真會出現嗎？

「浩劫」蠢蠢欲動

二〇一八、二〇一九年已過去了，金融泡沫崩盤並未出現，瑞卡茲等人的預測應已失準，但瑞卡茲在二〇一九年七月再出版這本《下一波全球經濟浩劫》，不只持續警示危機即將來到，還告訴讀者如何作事前準備。瑞卡茲特別著重在「債務」，尤其國家公共債務已到爆炸臨界點，一旦引燃觸媒或壓垮駱駝的最後一根稻草出現，觸發骨牌效應時，一個系統的失靈導致另一個系統失靈，其結果是失靈擴散到癱瘓整體的程度，浩劫也就出現了。他在本書〈結論〉中這麼寫的：

「想像一個比二〇〇八年及其後果更嚴重的假想情況可能很難，但這種情況並不少見——它們在美國歷史上已發生許多次……觸媒包括瘟疫、戰爭，和一家主要銀行在央行來不及救援前出乎意料破產。雖然這些事件個別的可能性都很低，但未來幾年不發生任何這類事件的機率幾近零……。」

「社會學家和歷史學家都記錄了文明的淺薄。一旦關係的系統崩潰，文明的行為只能持續三天，然後叢林法則開始當道……極端情勢只持續幾天而非幾週，就有武裝的準民兵擁上街頭肆行暴力。文明只有薄薄一層外表。」

說也真巧，瑞卡茲提到的「瘟疫」觸媒，二〇二〇年一開年就以「武漢肺炎」真實上演了，接踵而來的「街頭出現武裝準民兵和暴力」也在美國活生生上演。瑞卡茲特別告訴台灣讀者：「美國和整個世界都正經歷將是一三五三年的黑死病以來死亡人數第五多、也是一九五七年亞洲流感以來死亡人數最多的瘟疫。全世界現在正陷於一九二九年到一九四〇年的大蕭條以來最嚴重的經濟蕭條，隔離措施和商業封鎖帶來的孤立、憤怒和焦慮，已在二〇二〇年夏季引燃紐約、西雅圖和世界各地城市的和平示威和激進暴力。在二〇一九年就很留意這些警告的讀者，將對二〇二〇年接踵發生的醫療、經濟和社會混亂有充分的準備。」

「老大哥」即將來到身旁

可惜的是，本書中譯本到二〇二〇年十月才面世，不過，「亡羊補牢，猶未晚也！」何況各國因應瘟疫的衝擊，還是各國政府應用紓困、大撒幣、舉債支出等等老招式，而這些將加劇政府控制力和「金融病毒」的毒性及威力，看來瑞卡茲近十年來以四本書持續警示世人的金融病毒發作，致人類遭受大浩劫，甚至於毀滅就要到來了！

在全球菁英正計畫在全球危機爆發時像趕羊群般驅趕我們，保護他們的財富的危急時刻，讀這本書俾「以知識武裝自己」，讓自己作聰明思考、迅速採取行動，或許就能免於受害呢！

推薦序

一本有趣又有專業，值得仔細反覆閱讀的書籍

中信金控首席經濟學家／台大經濟系名譽教授　**林建甫**

詹姆斯．瑞卡茲（James Rickards）的這本新書是延續過去幾本相當叫座的貨幣金融課題的書。本書主題是討論二〇〇八年全球金融海嘯發生後，美國聯準會以量化寬鬆救市、美國政府債務大量增加，對經濟的挑戰，進而討論兩者如何影響資本市場，造成可能崩盤的危機。作者認為時至二〇一九年聯準會的升息縮表，還算順利，但書中有警告危機從未真正結束，要小心面對並提供如何趨吉避凶保存財富的法門。

書內的題材豐富。作者立論嚴謹，除了能傳輸專業的知識，他生動活潑的筆法，並分享諸多體驗，讓讀者有意想不到的收穫。他是何方神聖？我去查了一下，也真是奇葩。他大學是約翰霍普金斯大學的學士，之後是該校在華盛頓ＤＣ，School of Advanced International Studies（ＳＡＩＳ）的國際經濟碩士，另外又讀了賓州大學的ＪＤ，紐約大學的ＬＬＭ。前兩者已經為他打下嚴謹的經濟學分析基礎，後兩者是法律學位，擴充他廣泛的法律知識，想必為他日

後在資本市場工作有極大的幫助。

在維基百科上，他的介紹一開始寫的是美國律師、演講家、媒體評論員，也是金融和貴金屬事務的作家。很難得的，他曾直接參與許多重大金融事件，包括一九八五年伊朗釋放美國人質，以及一九九八年避險基金長期資本管理公司（ＬＴＣＭ）倒閉時，擔任政府救援計畫的主要談判者。所以有很多特別的人生經驗，透過妙筆生花，寫出來的東西，就很有可看性。例如，前言就引出希臘神話，第一章從中情局的史凱特古德小屋開始講起，後面講川普擁有的渡假勝地──海湖莊園協議，及作者童時的哥吉拉幻想等等，令讀者讀來感覺分外有趣。

不過書中的專業知識，對於行為經濟學的選擇架構、金融市場操作的阿爾發、貝塔、奧米伽……，國家債務及貨幣菁英的觀點，這些有點硬，對沒有基礎的人讀起來可能會有點辛苦。但是這些專業的概念，我覺得作者寫得還算清楚，也有深入淺出的交代。只是不熟悉的讀者需要反覆的多看幾次才能抓住作者的微言大義。其實這是相當正常的，因為經濟金融本來就有一點門檻，經濟號稱「經常忘記」，會計是「很快忘記」，統計則是會「通通忘記」，這些都不同於看武俠小說或是人生傳記。克服這些硬知識，就是要多親近，才能去融化它。

就帶給我一個震撼。他說柏南克面對二〇〇八年金融海嘯，只有第一輪的ＱＥ具有正當性，第二、三輪的ＱＥ像是做實驗，而最後長達十年的低利率和資產負債表膨脹，並未達成決策者最理想的預期：恢復成長趨勢；也未導致批評者最擔心的狀況：通貨膨脹。然而，量化寬鬆和零利率確實帶來資產泡沫。作者認為，葛林斯班的泡沫局限於房貸，而到二〇一八年底，泡沫已遍及一切資產——股票、債券、高檔房地產，以及新興市場和中國的債務。因此從前言開始，作者認為二〇一五年後的貨幣政策正常化是不得不從持續的政策干預中撤退，但聯準會從十年不正常的寬鬆後，希望恢復到正常的貨幣政策，是無法從極端的政策干預退場，也無法不造成破壞。作者直言聯準會一直在累積「總有一天會爆發的麻煩」，而這一天即將到來。因此他才會在各章的最後提供投資的秘訣，期望幫助大家保存財富。

然而，書中分析只到二〇一八年年底。今年以來疫情肆虐，造成世界經濟的巨大傷害。新冠肺炎是近年我們遇到最難纏的疾病，迄今解藥還沒有定論，疫苗的研發成果也未見功效。作者所思考的問題，量化寬鬆政策（QE）是飲鴆止渴，把資產價格的泡沫吹得更大、所得分配貧富不均等等都是人類社會的痛點。而為了對抗疫情，現在所有的問題更是變本加烈。這提供作者未來可能會再寫一本書，但相信所有的解答都已經在本書中，真知灼見都是一樣的。

書中也談到台灣。作者認為比較優勢（比較利益）不但是移動的，而且可以無中生有，從零創造出來。「台灣在一九八〇年代沒有半導體製造的比較優勢，但台灣政府做了一個政治決定，創造了國家資助的台灣積體電路公司。台灣政府以關稅和補貼在台積電草創時期無力與外國競爭時，扶植了這家公司。今日台積電是一家上市公司，也是全球最大半導體供應商。」「台積電若沒有政府的協助將難以達到今日的地位。這是比較優勢不是靜態的好例子。如果比較優勢理論是靜態的，台灣和日本將還在出口稻米和鮪魚，而不是汽車、電腦、電視機、鋼鐵和半導體。」作者的看法基本上是對的，但是多少國家，多少政府也做過相同的事情，都沒有成功。這背後當然有命運的幫忙，但是台灣教育的普及、工程師的養成、人民的勤奮、財產權制度的完善，是一般人看不見的假設前提，有這些才能醞釀這個好結果。台灣的成功，不是憑空掉下來的。

現在正值美國總統的大選前夕，川普總統能否連任是未定之數。作者區分美國總統大部分是全球主義者，但目前川普是國家主義者。作者沒有預測誰會當選，但給的第一個投資建議就是「關稅和貿易順差再度流行，準備迎接更加重商主義的世界」。看來美中貿易戰，修昔底德陷阱的爭霸將還會在選後繼續走延長賽。這是英雄所見略同。但我認為過去百年的全球化，自由貿易帶來經濟發展的觀念才是對的。逆全球化、高關稅只會造成人類社會的退步。全球的有志之士，應更有民胞物與的胸懷，眼光放遠，要為全人類謀最大的幸福，而不是被民粹的政客給綁架。

給台灣讀者的箴言

我很高興有機會為台灣版《下一波全球經濟浩劫》寫這篇新序文。台灣是美國緊密的友邦，台灣人和美國人數十年來在商務、觀光、文化和教育的互動上有著廣泛的關係。

我在一九八〇年代初經常訪問台灣，且對這個國家的美景、友善的人民，以及驅動台灣經濟的商務成功與創新留下深刻的印象，參觀國立故宮博物院大大擴大了我對中華文化的藝術性和古代器物的賞識。我相信本書將可以把我從台灣的見聞獲得的莫大裨益稍微回報給台灣讀者。

《下一波全球經濟浩劫》英文版發行於二〇一九年七月。在準備寫本篇序文時，我為本書〈結論〉中的這些文字沉思許久：

想像一個比二〇〇八年及其後果更嚴重的假想情況可能很難，但這種情況並不少見——它們在美國歷史上已發生許多次……觸媒包括瘟疫、戰爭，和一家主要銀行在央行來不及救援前出乎意料地破產。雖然這些事件個別的可能性都很低，但未來幾年不發生任何這類事件的機率趨近於零……。

社會學家和歷史學家都記錄了文明的淺薄。一旦關鍵的系統崩潰，文明的行為只能持續三天，然後叢林法則開始當道……極端情勢只要持續幾天而非幾週，就會有武裝準民兵擁上街頭肆行暴力。文明只有薄薄一層外表。

透過短短幾段文字，我在二〇一九年七月就已警告「瘟疫」之後很可能接踵而至的是街頭出現「武裝準民兵」和「暴力」。所有這些事件都在我寫下它們不到一年後的二〇二〇年上半年發生。

美國和整個世界都正經歷將是自一三五三年的黑死病以來死亡人數第五多、也是一九五七年亞洲流感以來死亡人數最多的瘟疫。全世界現在正陷於一九二九年到一九四〇年的大蕭條以來最嚴重的經濟蕭條，隔離措施和商業封鎖帶來的孤立、憤怒和焦慮，已在二〇二〇年夏季引燃紐約、西雅圖和世界各地城市的和平示威和激進暴力。在二〇一九年就很留意這些警告的讀者，將對二〇二〇年接踵發生的醫療、經濟和社會混亂有充分的準備。

本書提出的這些特定的警告在當下都很重要，但書中的許多教訓仍可以讓今日的新讀者受益。書中列出一長串市場失靈和政策失靈，將引發比二〇二〇年三月所見的更嚴重的市場崩潰。這些問題包括被動投資、指數投資、自稱「選擇架構師」的心理學家對行為的操縱，以及你無法打敗市場的錯誤觀念。事實上，如果你有正確的預測模型，而且願意及時與群眾反向操作，你就可以打敗市場。本書說明了這些模型，和如何把握正確的時機。

本書中在二〇二〇年成為焦點的其他主題還有保證基本收入和現代金融理論。在失業率攀至大蕭條以來最高水準的情況下，政府應該給每個人保證收入以維持消費水平的概念現在已蔚為流行。現代金融理論宣稱財政赤字不是問題，所以我們只要舉債和把債務貨幣化，就有能力支付醫療、兒童照顧和保證基本收入。本書指出，保證基本收入計畫和現代金融理論存在著未曾被探索過的錯誤，了解這些警告的讀者，將在這些政策走向無可避免的失敗前作好準備。

台灣的讀者對這些市場問題一定會感興趣，但還有其他正在迫近的問題。台灣在處理和控制新冠病毒疫情上比大多數國家做得更好，然而瘟疫是全球性的，而且即使台灣能在國內處理好它，仍然會受到歐洲、美國、巴西和日本等經濟體的封鎖造成的全球蕭條影響。這些封鎖已傷害台灣的出口市場和台灣製造商仰賴的供應鏈。全球化的勢力可能正在式微，但瘟疫帶來了新形式的病毒全球化，而不管喜不喜歡這種全球化的結果，所有貿易國家都是彼此連結的。

瘟疫的效應將持續很長的時間，而且成本將超過許多分析師目前的預測。二〇〇八年的全球金融危機不是了解現在發生什麼事的適當基準，我們必須回顧大蕭條或一九一八年到一九二〇年的西班牙流感才能獲得合適的觀點。這些事件激烈地改變了社會，生活從此完全改觀。一九二九年股市崩盤後，市場直到一九四五年才回到崩盤前的水準；西班牙流感在倖存者身上留下了持續一輩子的心理傷痕，新冠病毒瘟疫是一個同等規模的事件。

最後病毒將被控制下來，但生活將永遠無法恢復原貌。未來許多年我們將增加儲蓄、減少消費和避免許多聚集大量人群的交通方式。重啟商業並不意味消費者會大舉擁進商店以補償減少的消費，許多與瘟疫有關的生產損失是永久性的，許多失去的工作將一去不回。我們在瘟疫後恢復的世界，將不再是二〇二〇年一月瘟疫開始大範圍散播時所留下的世界。

《下一波全球經濟浩劫》的這些教訓在駕馭這個新世界時具有參考價值。本書涵蓋深入討論可能發生的「金融重開機」，導致美元作為全球準備貨幣的地位可能被其他貨幣取代，包括國際貨幣基金稱為「特別提款權」的世界貨幣，或區域性的準備貨幣安排，甚至是加密貨幣。

本書也包括許多實務的投資建議，它們對今日的幫助甚至比剛出版時還大。這些建議包括增加現金配置，以規避通貨緊縮風險和賦予投資人把握突現機會的彈性。最重要的是，本書建議配置實體黃金。黃金是規避通貨膨脹和通貨緊縮風險的利器。因為是實體黃金而非數位黃金，它不需要政府、銀行或犯罪集團的擔保，也不會被遭到凍結。實體黃金和現金都可以保存財富，並在未來動盪的時局中用於創造財富。

最後，台灣的讀者站在美國和中國全球競爭的最前線。美、中兩大經濟巨人之間的關係正在惡化，未來還會更糟。台灣人若想在這麼動盪的區間和險惡的時代保存財富和持續興旺就必須靈活變通，《下一波全球經濟浩劫》將協助你達成這個目標。

前言

沒有歸路

本書討論的主題是二〇〇八年全球金融危機的後果，和全球央行嘗試避免資本市場完全崩潰以待經濟自行恢復成長，最後不得不從持續的政策干預撤退。書中也警告危機從未真正結束，並提供一條在下個階段如何保存財富的道路。和《奧德賽》（*Odyssey*）一樣，若不談到之前的痛苦經歷，將無法了解這段十年的旅程。我們將談論這場大蕭條以來最嚴重金融危機的過去、現在和未來。

在荷馬的史詩《奧德賽》中，錫拉（Scylla）和卡力布狄斯（Charybdis）嘗試阻撓從特洛伊戰爭航海歸來的奧德修斯（Odysseus）。錫拉和卡力布狄斯都是希臘神話中最令人畏懼的女人，她們分別住在一道狹窄海峽兩邊的岩洞中，距離只有一箭之遙。雖然形象是女人，她們卻是妖怪。錫拉有六個頭，每張嘴有剃刀般的利齒，令《大白鯊》電影中的鯊魚相形失色。她的腰部纏著由惡狗圍成的腰環，用十二條蛇足來游泳和走路，所有靠近的生物都遭吞噬。

較不為人知的是卡力布狄斯的模樣，但她的魔力和錫拉一樣高強。這位海神波塞頓（Poseidon）的女兒每天會把大海吞下並吐出來六次，製造一個對船隻和水手都很致命的大漩渦。

奧德修斯面對一個可怕的選擇。他必須帶領他的船穿過海峽，要避開一個災難就會讓他接近另一個災難。奧德修斯下令水手避開卡力布狄斯，賭一賭面對錫拉的運氣。他推測一個漩渦就能讓整艘船覆沒，但錫拉的威脅則較有限——這是古老的風險管理法。這場賭博獲得回報，錫拉吞噬了六名水手，不過奧德修斯和其他人得以存活，船隻毫髮未傷，可以繼續展開返回家鄉伊塔卡（Ithaca）的航程。

這位英雄的兩難情況成了現代諺語「困在錫拉和卡力布狄斯之間」的由來，而這正好也是今日全球經濟景況和決策者面對的選擇的完美寫照。奧德修斯可以冷靜地根據他面對的恐怖特性做考量，今日的決策者面對類似的艱難選擇，卻無法衡量何者的後果會更糟糕。央行政策自二〇〇八年以來的過程就好像一場返回利率和資產負債表正常化的《奧德賽》之旅。在史詩《奧德賽》中，英雄雖然歷盡千辛萬苦，最後終於回到家園；但在二〇一九年，央行仍然阻滯於歸途，還有遙遠的路途要走。

在這場二十一世紀的「奧德賽」之前，央行也經歷過一場它的特洛伊戰爭。二〇〇〇年，聯邦準備理事會（聯準會）主席葛林斯班（Alan Greenspan）面對接踵而來的四個造成瀕臨通貨緊縮的挑戰。第一個是始於二〇〇〇年三月的網路股市泡沫爆破，第二個是二〇〇一年三月始於美國的景氣循環衰退，進而造成全球已開發經濟體的成長減緩。第三個挑戰是九一一恐怖攻擊事件和它的歷史性地緣政治後果，這場災難造成四百億美元的保險損失和股市一天內暴跌七・一％。股市大跌後，接著是一九三三年以來歷時最長的交易暫停（九月十一日到十四日）。最後一個挑戰是中國在二〇〇一年十二月取得完全的世界貿易組織（ＷＴＯ）會員資格，對世界打開史上規模最大的低廉勞工市場，並吸引了龐大的資本流入。中國崛起帶來的抑制價格壓力至今尚未停止。

這些挑戰的結果是通貨緊縮的陰影籠罩，也是央行最恐懼的夢魘。消費者物價指數（ＣＰＩ）在二〇〇一年上漲一・五五％，為一九八六年來最低水準，在此之前ＣＰＩ出現如此低的水準是在一九六四年。二〇〇二年ＣＰＩ小幅上揚到二・三八％後，二〇〇三年再度跌至一・八八％。對照之下，聯邦資金利率從二〇〇一年一月的六％到該年年底暴降至一・八％。然後葛林斯班把聯邦資金利率維持在二％以下直到二〇〇四年，以遏阻通貨緊縮的拖累。

通貨緊縮是央行官員最大的恐懼，因為它會推升債務的實質價值，導致危及銀行償債能力的違約事件；而債務實質價值增加導致政府債務負擔更加沉重，引發對美國償債能力的質疑。物價性通縮雖使國民的實質生活水準提高，政府卻無法從中課稅。通縮導致現金價值提高，進而抑制消費，減損經濟成長。更糟的是，通縮是央行官員以既有政策工具無法逃脫的陷阱，也就是凱因斯（John Maynard Keynes）所稱的流動性陷阱。

葛林斯班成功地擊退了通貨緊縮。在二〇〇五年他擔任聯準會主席的最後一年，CPI回升到三．四二％，距離零已有安全的緩衝。但葛林斯班獲得的勝利代價高昂，從二〇〇一年到二〇〇四年的三年期聯邦資金利率低於二％被公允地批評為「太低且持續太久」。低利率造成房宅泡沫興起，導致二〇〇七年爆發的次級房貸危機。次年接著發生全球金融危機，銀行業和國際金融體系幾近崩潰。

接踵而至的是聯準會採取比葛林斯班反通縮藥方更極端的作法。金融危機爆發的二〇〇八年CPI為〇．〇九％，低於二〇〇一年讓葛林斯班驚恐的一．五五％。葛林斯班的接班人柏南克（Ben Bernanke）在二〇〇八年十二月把聯邦資金利率目標降至〇％，並維持在這個水準直到下一任聯準會主席葉倫（Janet Yellen）在二〇一五年十二月十七日把這項利率提到〇．二五％。如果葛林斯班把利率壓至低於二％的三年實驗帶來了全球金融危機，那麼柏南克－葉倫持續七年的零利率政策對世界會產生什麼影響？

零利率政策不是柏南克的聯準會採取的唯一特殊措施。柏南克也執行一連串史無前例的大規模印鈔行動，稱為量化寬鬆（QE）。印鈔票的執行是透過聯準會向銀行初級交易商購買長期證券，這些購買的支付全靠憑空變出的錢，聯準會只要透過會計列帳就可以把錢存入銀行。

量化寬鬆實施了三輪。第一輪量化寬鬆從二〇〇八年十一月到二〇一〇年六月；第二輪量化寬鬆始於二〇一〇年十一月，持續到二〇一一年六月；第三輪則從二〇一二年九月持續至二〇一四年十月。這三輪印鈔票的結果是，基數貨幣供給（聯準會所稱的M0貨幣供給）從八千億美元激增到四．一兆美元。聯準會帳冊上的互抵資產是高達四．一兆美元的美國公債和抵押擔保證券（MBS）。

量化寬鬆的效應至今仍有許多爭議。大多數觀察家認為第一輪量化寬鬆是央行因應流動性危機的合宜反應，因為二〇〇八年九月雷曼兄弟（Lehman Brothers）破產使流動性危機進入緊急狀態。不過，第二輪和第三輪量化寬鬆比較像柏南克進行的史無前例的科學實驗。

量化寬鬆的批評者宣稱，如此大規模的印鈔將製造一波通貨膨脹。但通貨膨脹並未發生，因為通膨與貨幣供給本身的關係不大。通膨是一種基於預期的心理現象，也是一種以數學描述的超同步（hypersynchronicity）的順應行為。貨幣供給可以比喻成乾火把，但通貨膨脹若沒有觸媒不會燃燒起來。從二〇〇八年到二〇一八年，觸媒並未出現，因為消費者都努力地存錢、支付債務，並重建他們的資產負債表。二〇〇八年後的貨幣流通速度劇降，延續了一九九八年開始的下降趨勢。二〇〇八年市場崩盤留下的心理傷痕尚未痊癒。儘管如此，火把還在。在危機之後十年，儲蓄者心理可能快速轉變並擴大成對美元失去信心，通膨可能像一九七〇年代末那樣快速竄升的風險方興未艾。

量化寬鬆的支持者為柏南克辯護，他們問：「當時他還有什麼選擇？」在二〇〇八年末，美國面臨的是一九三三年以來最嚴重的金融和流動性危機。柏南克的學術信譽建立在他對大蕭條的研究，特別對關鍵的一九三三年羅斯福（Franklin D. Roosevelt）接替胡佛（Herbert

Hoover）出任總統。二〇一五年我在首爾遇見柏南克，當時他對羅斯福在紓解大蕭條時扮演的角色大表讚揚。他告訴我，羅斯福並不知道他的政策能帶來什麼效果，而且他經常犯錯。不過，處在危機中的羅斯福認為採取行動勝過坐以待斃。希波克拉底（Hippocrates）可能不會同意，但柏南克是經濟學家，不是醫生。和羅斯福一樣，他決定採取行動以阻止一場經濟蕭條。

柏南克的量化寬鬆背後有一套學術理論，稱作資產組合平衡渠道（portfolio balance channel）。它的概念是，投資人的錢總得有去處。藉由購買長期公債，聯準會降低長期公債的總報酬率，使它們對投資人較不具吸引力。這麼做進而讓股票和房地產相對較具吸引力。隨著投資人的錢流向股票和房地產等渠道，那些資產的價值將會提高。較高的資產價值可提供更多借貸的擔保，同時也會創造出鼓勵消費的財富效應，讓一般美國人感覺更富有，也更願意大方地花錢。加總起來看，更多借貸和更多支出將把通貨膨脹推升到聯準會的目標二%，達成利率正常化，並促進實質ＧＤＰ成長到以往可自我維持的趨勢三%以上。

這些結果全都未發生。聯準會偏好的通膨衡量標準——核心個人消費支出物價指數（ＰＣＥ）一連六年始終低於二%，直到二〇一七年。聯邦資金利率目標到二〇一八年中仍然在二・〇%，遠低於期望的三・五%。從二〇〇九年六月上一波衰退結束後，到二〇一八年第一季的實質ＧＤＰ成長率不到二・二%，這顯著地低於長期趨勢。到了學術界在二〇一四年以後對量化寬鬆實驗做研究時，學者們最好的結論只是它並未造成傷害，對它是否帶來任何好處並未達成共識。

到二〇一五年，量化寬鬆和零利率政策結束。批評者對通貨膨脹的預測錯誤，它從未出現；聯準會對刺激效果的判斷錯誤，成長趨勢也從未恢復。長達十年的低利率和資產負債表膨脹並未導致批評者最擔心的狀況，也未達成決策者最理想的預期。

然而，量化寬鬆和零利率確實帶來一種效應，那和葛林斯班在新千禧年初始小規模製造的是同樣的東西——資產泡沫。差別在於葛林斯班的泡沫局限於房貸，雖然它引發極度的恐慌，並揭露了槓桿、衍生性金融商品和全球銀行體系錯綜複雜的關係。對照之下，到二〇一八年底，泡沫已遍及一切資產——股票、債券、高檔房地產，以及新興市場和中國的債務。錯綜複雜的程度也已變本加厲。如果二〇〇八年的破壞是由從二〇〇一年到二〇〇四年的低利率所造成的，那麼現在可能帶來的破壞就是低利率和央行證券部位大幅膨脹的後果。而且，央行所犯的錯誤不局限於聯準會，而是世界各國央行都採取了類似的作法。

到二〇一五年底，全球央行都急於讓利率和資產負債表正常化。這裡所謂的「正常化」並沒有一定的標準，因為如此偏離常軌的利率和量化寬鬆並沒有前例可循。即使是日本銀行（央行）也暗示想改弦易轍，儘管日銀從一九九〇年以後曾實驗各種極端的補救措施，包括負利率和收購政府債券以外的證券資產。對聯準會來說，正常可能是指把資產負債表縮小到二．五兆美元，和把聯邦資金利率目標訂在三．五%，但截至二〇一九年初，這兩個目標都與聯準會的現況相距甚遠。

如果一九九八年到二〇〇八年是一場金融特洛伊戰爭，而二〇〇八年到二〇一八年是回到金融常態的「奧德賽」，那麼我們現在位於何處？遺憾的是，我們離家很遠。事實上，我們現在可以看到錫拉和卡力布狄斯。和奧德修斯一樣，聯準會主席鮑爾（Jay Powell）必須選擇如何航行。錫拉是全球陷於衰退和股市下跌六〇％，嚴重，但可控制；而卡力布狄斯漩渦則是一場國際貨幣體系可能無法存活的新全球流動性危機。

聯準會表面上聲稱對貨幣正常化的展望很樂觀。前聯準會主席葉倫和新主席鮑爾都曾表示，將採取漸進方式升息。在實務上，這表示一年升息四次，每次〇・二五個百分點，分別在三月、六月、九月和十二月，偶爾因出現通膨緩和（disinflation）、市場失序或就業創造減少的明顯跡象而暫停。

資產負債表正常化是比升息更能自動運作的過程。聯準會將不拋售持有的證券，而是避免延展到期的證券。當財政部支付聯準會到期的公債時，聯準會收到的錢就會沖銷。這和印鈔票正好相反，它是銷毀鈔票。現在我們不再量化寬鬆，而是量化緊縮（QT）。聯準會官員對要以這種方式平衡資產負債表的速度保持透明，雖然透明化不應造成自滿。平衡資產負債表的速度截至二〇一九年初是每年六千億美元，相當於每年四次升息〇・二五個百分點的影響。聯準會的利率政策和量化緊縮一年的影響相當於一年提高利率二個百分點。這對一個對低廉資金已經成癮的經濟體來說，就像馬上戒毒。

聯準會希望投資人相信升息已經反映在資本市場的價格上，而量化緊縮不值得大驚小怪，它僅僅如聯準會說的在「背景」運行罷了。聯準會假裝那就像你一面在自己的電腦上操作Excel試算表，一面觀賞Netflix的影片。這個假設並不正確。想像升息已經反映在價格而忽略了全球資本市場的複雜性。貨幣正式或非正式與美元掛勾的其他國家，會不會與聯準會同步升息以保持貨幣的掛勾？如果會，這些國家以後會不會被迫取消掛勾，關閉它們的資本帳，或讓它們的貨幣貶值？股市失序會不會破壞聯準會的緊縮計畫，就像二〇一五年九月聯準會延遲升息，或是二〇一九年十二月聯準會終於升息以挽回顏面的情況？這些問題只是聯準會的模型無法解決的眾多升息負面後果的少數例子。

資產負債表正常化可以在背景運行而不會帶來破壞效應的觀點，比升息的空想還更沒有根據。聯準會從二〇〇八年到二〇一四年的六年多期間印製近四兆美元的新錢，以膨脹高風險資產的價值。現在聯準會希望投資人相信，在更短的時間內銷毀二兆美元對那些高風險資產的價值不會有負面影響。

為什麼聯準會現在要提高利率並銷毀鈔票？儘管沒有任何實證支持，聯準會的理事和經濟學家堅持依賴預測低失業率將推升通貨膨脹的菲利普曲線（Phillips Curve）。美國二〇一九年初的失業率三．七％，是五十年來最低水準。聯準會雖然偶爾暫停升息，卻堅持通貨膨脹還未出現的現在，就是緊縮貨幣的好時機。

然而菲利普曲線與現實並沒有關聯性。一九六〇年代的特色是低失業率和通貨膨脹升高，一九七〇年代末期的特色是高失業率和高通貨膨脹，而二〇一〇年代的特色卻是低失業率和低通貨膨脹。通貨膨脹與失業率沒有關聯性，正如通貨膨脹和貨幣供給沒有關聯性。通貨膨脹一直是、而且在任何地方都是一種心理現象。當市民對一種貨幣形式失去信心，貨幣流通速度就會加快。聯準會決策依賴菲利普曲線是假科學。

聯準會緊縮的另一個表面理由是官方對美國經濟正穩健成長的信心。和菲利普曲線一樣，這種信心也沒有證據支持。美國的儲蓄率到二〇一七年已跌至二．一%，遠低於從一九七〇年到二〇〇〇年平均的六．三%。二〇一七年川普減稅、國會兩黨一致通過廢除自由裁量支出上限，這與學生貸款違約升高加起來的總效應，將使美國預算赤字從二〇一九年開始每年超過一兆美元，且無限期持續下去。這筆負儲蓄將讓美國的儲蓄率降至零。這表示美國將被迫減少投資，或者向外國借貸儲蓄，兩個選項都會傷害成長。其他成長的利空包括川普的貿易戰爭、阻礙移民，以及美國財政部嘗試為未來十年必須賣出的十兆美元新債券吸引買家而導致實質利率升高。這些特定的利空是晚近的新問題，添加在既有的人口老化、去槓桿和生產力下降造成長期經濟停滯的問題之上。

川普減稅將使成長加速的討論都是空話。這種成長預期的根源是拉弗曲線（Laffer Curve），它斷定較低的稅率可以創造較高的成長，進而帶來更多稅收和彌補減稅。著名的支持者包括同名的經濟學家拉弗（Art Laffer）、庫德洛（Larry Kudlow）、摩爾（Steve Moore）和福布斯（Steve Forbes），他們舉證雷根革命（他們都是這場革命的老兵）期間，一九八一年八月十三日實施減稅後，接著就是一九八三年第一季出現強勁的實質成長，並持續到一九八〇年代結束。確實是如此。

但雷根革命的神話遺漏的是，從卡特政府末期的一九八〇年第二季到雷根主政已有一段時間的一九八二年第三季，美國經濟連續六季出現實質負成長，深陷在大蕭條以後最嚴重的衰退，一直到二〇〇八年這個紀錄才被打破。到一九八三年，不管有沒有減稅，美國經濟已準備好要展開強勁的景氣復甦。相較之下，二〇一九年初的美國經濟已連續九年處於擴張，是美國史上第二長的擴張期，完全沒有一九八二年存在的大規模閒置產能。

另一個雷根－川普減稅類比遺漏的因素是，雷根擴大了美國的債務對GDP比率，在他主政期間從三五％提高到五五％，增加近六〇％。雷根的預算局長史多克曼（David Stockman）當年曾說雷根是一個祕密的凱因斯派，後來更不斷提醒美國人這件事。川普上任時的美國債務對GDP比率是一〇五％，和雷根的起跑點已今非昔比。如果像雷根擴大六〇％，今日的美國債務對GDP比率將達到一七〇％，僅略低於希臘的一八〇％。當然，在美國債務比率達到這麼高前，美國會遭遇一場美元信心危機和全球金融崩潰。比成長問題更嚴重的是，哈佛教授萊因哈特（Carmen Reinhart）和羅格夫（Kenneth Rogoff）深入而令人信服的研究顯示，一旦國家的債務對GDP比率超過九〇％，增加債務（包括減稅製造的債務）的刺激效應將是負數。

川普剛開始面對的債務和景氣狀況絕對比不上雷根當時那麼理想。雷根碰到的是百年難得的機會，可以舉債啟動成長以壓制蘇聯和贏得冷戰，而且他辦到了。川普沒有這麼幸運。

川普的減稅將以沉重無比的債務和搖撼世界對美元的信心來斷送美元的經濟成長。

聯準會官員了解這些成長的阻礙，但他們不能公開改變前景樂觀的說法。這引發一個問題，如果經濟如此疲弱，為什麼聯準會要緊縮經濟？答案是，聯準會正為下一波危機做準備。證據很明顯，因為把美國從衰退拉出來需要四個百分點的降息。如果聯邦資金利率還不到二・五％，聯準會連降息三個百分點都辦不到。所以，聯準會急於在衰退來臨前提高利率，以便可以藉降息來挽救衰退。

資產負債表正常化該扮演什麼角色？平衡資產負債表是萬一衰退在利率還未達到四％就來臨的預防步驟，若發生這種情況，聯準會可以大幅降低利率直到零，然後重新採取量化寬鬆政策（聯準會已表示無意採用負利率，而且歐洲、瑞典和日本的例證顯示負利率沒有效果）。與克爾頓（Stephanie Kelton）教授等現代貨幣理論家的觀點相反，聯準會並沒有無限的能力可以貨幣化債務。貨幣化債務的限制不在於法律，而是心理。聯準會資產負債表的大小有一道看不見的信心極限，聯準會無法跨越這道界限而不摧毀對聯準會和美元的信心。這道界限是五兆美元或六兆美元沒有人知道，當央行跨越界限時，它馬上會從慘痛的結果發現，這時候想重獲信心已經太遲了。聯準會在上次危機已把資產負債表推升到四・五兆美元，現在它必須降低資產負債表，以便在需要時採取第四輪量化寬鬆，把它再度擴大到四・五兆美元。

總之，聯準會現在正緊縮貨幣，以便在下一場危機時可以寬鬆貨幣而不摧毀對美元的信心。聯準會官員的難題是，現在緊縮貨幣是否能夠避免製造出他們正在未雨綢繆的衰退。過去十年的經驗顯示，這個問題的答案是不能。聯準會達成他們的任務而不傷害市場的機率幾近零。在經濟疲弱時採取緊縮貨幣政策，就像航行在錫拉和卡力布狄斯之間，下面將談到可能的結果。

在以錫拉來譬喻的假想情況中，雙管齊下的緊縮政策（升息和量化緊縮）會減緩經濟，縮小股市的資產泡沫，推升美元匯價，並進口通貨緊縮，隨著這些趨勢變明顯，通膨緩和會慢慢變成溫和的通貨緊縮，就業創造會隨著僱主節省成本而停頓。所有這些趨勢都會因為貿易戰爭、對美國債務水準的憂慮和移民減少導致全球景氣趨緩而加速。技術性衰退將接踵而至，這不會是世界末日，但它將是有史以來最長的擴張期和最長的股市多頭行情的結束。聯準會對這波衰退的反應將是把利率降回〇%，結束量化緊縮，然後新一輪量化寬鬆將使聯準會的資產負債表重回超過四兆美元大關。正如奧德修斯的情況，雖然代價高昂，但經濟之船和（大多數）船員將得以倖存。

另一個假想狀況是卡力布狄斯，它的過程較複雜，最終是遠為災難性的結果。在這個狀況中，聯準會將重蹈兩次歷史覆轍。第一次覆轍發生在一九二八年，當時聯準會嘗試縮小股市泡沫；第二次覆轍是一九三七年，聯準會在持續很久的疲弱期中太早採取緊縮政策。

在二〇一七年十二月以前，聯準會一直排斥它可以辨識和縮小資產泡沫的概念。這個傾向是源自一九二八年的經驗，當時聯準會嘗試縮小股市泡沫，導致股市在一九二九年十月崩盤和後來的大蕭條。此後聯準會的偏好是讓泡沫自己破裂，然後必要時以寬鬆貨幣來收拾善後。聯準會在一九九七年的新興市場泡沫、一九九九年的網路泡沫，以及二〇〇七年的房貸泡沫的善後，都採用類似的政策。

不過，二〇〇七年房貸泡沫破裂遠為凶險，政策的反應遠為激烈，超乎聯準會原本的預期。由於金融體系一直氣息奄奄，聯準會開始重新思考收拾善後的政策，並對縮小泡沫採取更精細的立場。這個新觀點（實際上是重新啟用一九二八年的觀點）出現在二〇一七年十月三十一日和十一月一日聯準會利率決策小組公開市場操作委員會（FOMC）的會議紀錄：

> 在他們對金融市場的評論中[1]，與會者普遍判斷金融情勢仍然鬆緊適中，儘管近來美元的交易值增加和公債殖利率上升。在資產價格上漲和金融市場波動率低的情況下，幾位與會者表達對金融失衡可能持續擴大的關切。他們擔心資產價格若突然反轉，可能帶來傷害經濟的效應。

FOMC會議之後幾天的聯準會官員公開談話，以及FOMC在二〇一七年十二月十三日的會議決定提高利率，都呼應這個觀點，雖然仍對通膨趨緩感到憂慮。美國股市似乎有意確認這個憂慮，從二〇一八年二月二日到八日重挫一一%——這也是聯準會嘗試縮小資產泡沫的後果的小預演。儘管如此，聯準會在二〇一八年持續提高利率。由於被動投資策略、運算法交易和超同步反應機制的激增，聯準會在金融市場的這種操作手法終將造成一場和一九二九年一樣嚴重、甚至更糟的市場崩盤。

這種市場崩潰的影響將不會局限於美國。事實上，緊縮貨幣政策造成的強勢美元，可能引發新興市場美元計價債務的危險，並透過現在已為人熟知的傳染渠道演變成全球流動性危機。土耳其可能是這種傳染的零號帶原者的絕佳候選人。土耳其有逾四千億美元外債，且與其北約盟國關係惡化中。這種債務崩潰將不能完全怪罪聯準會，長期以來國會為美國製造的上兆美元赤字，將需要更高的利率來吸引投資人購買龐大數量的美國公債。由於聯準會不再是買家，這些購買必須來自國內或國外的私人來源。這些來源必須反過來變賣美國股票或外國債券，以籌措現金購買美國公債。這是一股危險的動力，可能壓縮高風險資產的價格，進而觸發一場危機。

聯準會歷來犯的第二次錯誤是，在大蕭條最嚴重期間實施八年的寬鬆貨幣後，於一九三七年嘗試正常化利率政策。今日的政策正常化幾乎是完全一樣的翻版。從二〇〇七年到二〇一九年的經濟表現被公認是一段蕭條期，雖然不是依照ＧＤＰ持續減少的標準定義，而是以凱因斯的定義：「一種亞正常活動的慢性症狀[2]，持續一段相當長的時間，沒有任何朝向復甦或朝向完全崩潰的顯著傾向。」換句話說，當實際成長相對於潛在成長更為消沉時，即使沒有出現真正的衰退，但這就是蕭條。

我們可以理解聯準會在經歷十年大半時間不正常的寬鬆後，希望恢復它所認為的正常貨幣政策。困難的是聯準會已把自己困在一個角落，無法輕易脫身。一九三七年當聯準會嘗試正常化政策時，觸發了接續一九二九年至一九三三年衰退的第二次嚴重的技術性衰退，導致大蕭條延長到一九四〇年。反轉貨幣寬鬆無法逃脫面對卡力布狄斯的命運，更多寬鬆只會重新膨脹資產泡沫和擴大體系規模，終將引發史無前例的更大崩潰。

在美國國內，聯準會官員對自己的微調手法和市場操作感到洋洋得意。他們不應該如此。聯準會近幾年來唯一證明的是，他們無法在沒有造成破壞的情況下，從極端的政策干預退場。聯準會一直在累積總有一天會爆發的麻煩，而這一天即將到來。

我們並非無能為力

歷史是一個難相處的情婦。她的批判是不留情的，很少一如我們的期待。當家時被嘲笑的領袖被後來世代的人視為英雄。杜魯門（Harry S. Truman）擔任總統時被認為不適任和能力不足，特別是與他的前任小羅斯福比較。今日杜魯門被歷史學家讚譽為最偉大的十位美國總統之一[3]，排名超越傑佛遜（Thoman Jefferson）和雷根等人。艾森豪總統同樣受到讚譽，他在位時被視為慈祥的父執輩、經常打高爾夫球的人物，並不特別有先見之明或參與政策。今日他在美國總統中排名第五，領先杜魯門，只落後前面四位偉大的總統——林肯、華盛頓、小羅斯福和老羅斯福。

同樣的，歷史將高舉福特（Gerald R. Ford）。福特與眾不同的是，他是美國史上唯一未經過選舉就出任總統的人。大多數嬰兒潮世代的人一直不原諒他在一九七四年特赦聲名狼藉的尼克森。在空軍一號專機的階梯差點跌倒的事件後，福特遭到《週六夜現象》喜劇演員蔡斯（Chevy Chase）刻薄訕笑為笨拙。福特在位只有五十四個月，在一九七六年輸掉他第一次和唯一一次的全國大選。過去的四十四位總統中，福特被歷史學家排名二十五，屬於後段班。

實際上福特是一個英俊的大學運動員，參加過兩個冠軍球隊，並被提名為大學明星球員。他的學業紀錄包括密西根大學的斐陶斐榮譽學會（Phi Beta Kappa）和耶魯大學的法學學位。福特是眾議院的共和黨領袖。擔任總統時，他特赦尼克森被普遍認為是原諒的療癒行為，雖然有許多人不原諒福特。一九七五年四月二十三日福特在杜蘭大學（Tulane University）的演講中，宣稱越戰「對美國人來說已經結束」。福特藉由終結水門案和越戰這兩個美國政治史上最慘痛的事件，讓美國得以療傷並繼續向前。一九七六年，他帶領全國歡慶建國二百週年。

但這些所有歷史學家都熟知的成就，並未能提升福特在總統排名的地位。福特最後一件事蹟，也是歷史終將肯定的成就是，他對個人自由的兩大貢獻——簽訂赫爾辛基協議和黃金合法化。

赫爾辛基協議簽訂於一九七五年八月一日，簽訂者包括福特總統、蘇聯共產黨總書記布里茲涅夫（Leonid Brezhnev），以及西歐和東歐集團國家的三十三國領袖。該協議奇特地混合了蘇聯和西方都承諾的原則。

有關「領土完整」和「禁止使用武力」原則似乎強化了蘇聯對鐵幕後國家的控制權。布里茲涅夫說，該協議認可了二次世界大戰後從波羅的海到柏林的邊界。福特遭到歐洲裔美國人和其他人的強烈批評，認為該協議出賣了波羅的海和波蘭對自由的渴望。

但該協議也呼籲尊重人權，以及思想、良心和宗教信仰的自由。該協議堅持平等權利、自決與和平解決爭端。從冷戰之後鐵幕後面的人民首度有合法的自由標準，且經由蘇聯以書面同意，允許觀察團體的創立和定期的遵守協議進展報告。

赫爾辛基協議建立的客觀標準提供了運動的法律架構，例如一九七六年六月波蘭的示威，促成一九八〇年八月團結工會成立。在雷根和教宗若望保祿二世的支持下，團結工會和其他運動促成共產勢力的瓦解、一九八九年柏林圍牆倒塌，以及一九九一年蘇聯的解體。這已不是一個被邊緣化的觀點。二〇一八年七月，知名期刊《外交事務》（*Foreign Affairs*）寫道：

> 一九七五年在赫爾辛基[4]，美國、蘇聯和許多歐洲國家為歐洲創制一套安全架構，在當時雖備受爭議，但最後卻成為冷戰和平落幕的關鍵。若沒有赫爾辛基協議形塑歐洲邊界的共識，並確定對東歐集團人權的正式承諾，一九八九年的革命可能永遠不會發生，且幾乎可以確定不會以和平的方式發生。

福特在面對海外菁英的懷疑和國內普遍的反對時，依然仍支持赫爾辛基協議的勇氣和先見之明，是世界史上的一大成就。

一九七四年八月十二日，福特在擔任總統五天後便開創另一項自由。他簽署公法九十三至三百七十三條，讓美國公民經過四十多年後首度得以合法持有黃金。小羅斯福在一九三三年四月五日以六一〇二號行政命令禁止持有黃金，福特簽署的公法解除了小羅斯福的禁令。新法在一九七四年十二月三十一日實施，此後美國人得以自由持有實體金塊或金幣。

自由持有黃金意味免於通貨膨脹的自由、免於銀行的自由，和免於數位監視和駭客的自由。美國現在不是採用金本位的國家，但拜福特實施免於法幣束縛的法律，美國人可以創造個人的金本位。

福特的兩大解放行動——促成免於共產主義桎梏的自由，和免於法幣專制的自由——是他未來終將獲得歷史肯定的原因。

事實上，黃金是聯準會擺脫難題的一個方法。聯準會和美國財政部協調行動，可以藉貶值美元兌換黃金的價格，以及以聯準會的印鈔機和財政部的黃金儲備保護美元與黃金的新平價，進而製造一次性的通貨膨脹震撼。聯準會可以用黃金來執行公開市場操作，一如目前使用債券的作法，讓黃金的美元價格維持在接近平價的狹小區間。這將需要為黃金定出全球的零通貨膨脹價格，根據既有的貨幣總量和目前的黃金儲藏，這個價格估計將是每盎司一萬美元。權衡性貨幣政策將與黃金併用，貨幣供給可以藉由收購私人黃金並納入儲備而擴張，有先見之明購買黃金的市民將可保存他們的財富。社會安全指數將可用來抵銷目前和未來退休者受到的通膨影響，國家債務的實質價值將大幅減少，避免美國發生信心危機。美元將成為世界最穩健的貨幣，使美國成為吸引外國資金的磁石。成長可以再平衡消費和投資，確保美國再偉大百年。國家的巨船將一帆風順駛過錫拉和卡力布狄斯盤踞的海峽。

《下一波全球經濟浩劫》是深入探究這些主題的一本書。讀者將航行穿越地緣政治角力、民族主義和貿易戰、債務和赤字、行為經濟學、自動投資（robo investing）、所得不平等、系統性風險，和新國際貨幣體系崛起的主題。本書的一些內容將震撼最老練的讀者，但讀者可以寬慰的是，只要做好準備，未來事件的演變將不致對他們造成衝擊。

讀者應該知道，《下一波全球經濟浩劫》是一系列四本國際金融體系論述的第四本，前面三本包括《下一波全球貨幣大戰》（*Currency Wars*，二〇一一年）、《下一波全球貨幣大崩潰》（*The Death of Money*，二〇一四年），和《下一波全球金融危機》（*The Road to Ruin*，二〇一六年》。較少人注意到的是，這四本書與〈啟示錄〉中末日四騎士的相似性。

很少人能指出這四騎士代表什麼，雖然大多數人相信他們能、而且樂於一試。戰爭和死亡很快浮現腦海，這兩個答案正確，戰爭是第二個紅馬騎士，死亡是第四個綠馬騎士。除此之外，議論者可能想到「瘟疫」和「饑荒」，但這是不正確的猜測。這兩項災難被描述為死亡的工具，但不是其餘兩個騎士。

第三個騎士騎著黑馬，沒有特定的名稱，但手執一具秤，並且說：「一錢銀子買一升麥子。」學者的結論是，一錢銀子是羅馬士兵或普通勞動者一天的工資，用來買一升麥子是極高的價格。第三個騎士的警告是匱乏或通貨膨脹，我為他取名「毀滅」以綜合這兩種情況。

第一個騎士騎著白馬，名稱也不清楚，它初始的希臘文原意一直是學者爭議的主題。有人翻譯為「征服」，暗含著惡意；而另一些人翻譯為「勝利」，則帶著善意。我不想涉入反基督和基督的爭鬥，而寧可說這種爭鬥本身就指向一個結論和一個結果。

譬喻和預言有它們的價值，但我們生活在真實世界。這些書的目的是為了清楚探究晚近的過去和不久後的未來的國際貨幣體系——真實的體系，有別於菁英希望你相信存在的體系。寫這些書對我來說是一件樂事，我希望讀者從中得到的樂趣和我寫作它們時一樣多。

| 第一章 |

史凱特古德屋

從1918年11月迄今，在西方國家沒有一次對國家權力的正面挑戰成功過[5]。

——托茲（Adam Tooze），

《大洪水》（*The Deluge*），2014年

歷史是媒體短暫注意力的第一個受害者。佔領各種頻道的假專家大軍解釋說，關稅有害無益、貿易戰會傷害成長，而重商主義（累積外匯準備的手法）是退步到十七世紀。這些主張來自主流自由派和保守派，以及受過所謂自由貿易正統教育的新聞記者，他們深信貿易逆差是資本剩餘的反面這類自欺欺人的信念。那麼，問題是什麼？

問題是持續不斷的貿易逆差已使美國走在一條美元信心危機的道路。資本剩餘是公司和財政部過度發行債券的委婉說法，零關稅無異於對委外生產和摧毀高薪資美國工作的邀請。重商主義造就中國成為成長最快的主要經濟體，而自由貿易則使美國淪落到近乎蕭條的經濟水準。自由經濟學珍視的真理大多是垃圾科學，欲蓋彌彰的掩護正假借全球化之名遂行全球治理和課稅的真正目的。

到圖書館尋找歷史類藏書將可發現，自由派英雄漢密爾頓（Alexander Hamilton）是堅定的保護主義者，他以獎勵、關稅等阻擋自由貿易的障礙來扶持美國工業；進步主義偶像老羅斯福（Teddy Roosevelt）支持金本位和強勢美元；美國第一位全球主義總統威爾遜（Woodrow Wilson）想要的不是以整合供應鏈為基礎的全球主義，而是能壓倒獨裁主義德國和俄羅斯、帝國主義法國和日本及英國的美國霸權。威爾遜達成目標的方法不是武力，而是黃金、美元和華爾街的信用。保守主義倡議者雷根對日本汽車課徵高關稅，迫使日本汽車公司遷移工廠到田納西州和南卡羅來納州，那些工廠持續運作到今日。事實上，美國最長的繁榮期都與關稅和重商主義有關，一直到一九九〇年代債務和戰爭取代了對美國工廠的投資為止。現在債務榮景即將告終，結算的日子已經迫近，而假經濟祕方將救不了我們。

實務上管用的策略（保護和重商主義）與現代的錯誤教育（自由貿易和全球主義）之間的問題必須解決，才能確保美國未來的強大和穩定。有很多方法可以消弭重商主義的缺失，但只能由睿智和有歷史訓練的談判者承擔這項重任。軟弱的全球主義者樂於見到美國的相對衰頹，只要「世界」變得更美好。問題是世界大部分地方充滿暴力、獨裁統治、道德淪喪，且與美國的價值觀牴觸。讓日益富裕的中國佔美國便宜不只是軟弱全球主義者的利益交換，它也提供集中營和工業奴役的財源。全球主義倡導者如沙克斯（Jeffrey Sachs）和彭博（Mike Bloomberg）堅定否認這個觀點，但這是事實。

解決這個難題有賴於遠超越經濟學的才能。其中的疑惑只能靠聚集地緣政治、歷史、社會學、法律和複雜動力學的專家才能解答，而這類從國家安全觀點出發的高層次專家整合正是中央情報局（CIA）擅長的工作。我們可以求助中情局以一窺美國是如何運用這種數百年歷史的工具，來因應這個來自二十一世紀全球化的威脅。

蘭格利樹林中的小屋

中情局總部是一個安全的建築群，進出受到嚴格管制。但它的地點不是祕密，大門是在維吉尼亞路一百二十三號，這條馬路又稱朵莉麥迪遜大道，距離喬治華盛頓大道約一哩路，靠近波多馬克河南岸。

好像是為了困惑一般的探問者，總部四周的大多數路牌似乎都有三個名稱。朵莉麥迪遜大道在一些地圖上標示為鏈橋路（Chain Bridge Road），記者經常稱中情局總部為蘭格利（Langley），但維吉尼亞州這個地區沒有這個城鎮，總部是位於麥克連鎮（McLean）。中情局的縮寫並未出現在總部的正式名稱之中：喬治布希情報中心（George Bush Center for Intelligence）。雙重和三重的命名似乎符合中情局欺敵的主要任務。

任何駕駛人都可以從朵莉麥迪遜大道轉到連接中情局總部的道路，但如果你手上沒有拿著正式識別證或訪客證，走不了多遠就會有人在靠近大門的一棟警衛樓等著你。如果你是訪客，就會被嚴格過濾，然後才能到會客室拿你的訪客證。

進了大門後，中情局園區有一種開敞、輕鬆的氣氛，和許多坐落在大城市郊區的大企業園區沒有兩樣。建築物的風格明顯屬於二十世紀中葉，完全不像西雅圖的Amazon和矽谷的Apple採用的二十一世紀圓頂和星艦設計。兩座主建築——舊總部建築（OHB）和新總部建築（NHB）——的一樓以玻璃走廊連接，形成兩座建築間的小公園。

我從二〇〇三年開始置身全球金融戰的前線，在中情局總部和戰場工作。我的專案牽涉恐怖攻擊前的內線交易，利用市場數據進行預測性分析，並研究外國在美國投資對國家安全的影響等內容。在總部工作的樂趣之一，是漫步穿過舊總部建築主樓層的中情局博物館，這在大雪天許多員工請假時特別令人心曠神怡。我長期居住新英格蘭，從來不認為下雪是請假的理由，但許多維吉尼亞同事遇雪就癱瘓。高層管理當局體諒當地人，照慣例會像小學那樣准請下雪假。這表示得取消會議，也給我閒暇時間探索大多數員工來去匆匆於辦公室間忽略的總部祕寶。前中情局局長海登（Mike Hayden）稱中情局博物館為「你可能從未見過的最佳博物館」[6]，可惜的是大眾無緣親眼目睹。

這座博物館蒐集了來自私人收藏的捐獻、來自外國情報單位俘獲的物品，和中情局自己的資源。焦點之一是一位德國工程師發明的「謎式」（ENIGMA）密碼機，納粹當局在二次大戰曾用來傳送加密訊息給德國部隊。波蘭、法國和英國解碼員最後破解了密碼，二〇一四年獲得奧斯卡獎的電影《模仿遊戲》（*The Imitation Game*）演的就是這項值得紀念的壯舉。很少原型密碼機存留至今，私人手中少見的謎式密碼機曾在佳士得（Christie's）拍賣會上拍出五十萬美元。我有幸看到兩架謎式的原型機，一架在中情局總部，一架保存於倫敦帝國戰爭博物館。中情局博物館中我最愛的展示是一把唇膏槍，又名「死亡之吻」。它是一支小口徑單發手槍，偽裝成一支唇膏。女情報員在關鍵時刻可以從容不迫地從皮包中拿出這支唇膏，在近距離殺死她的目標。

博物館的一端有一個展示物可以用來上一堂諜報工作課。那是一幅華盛頓特區白天的黑白照，以高空間諜照相機拍攝。照片有二十呎長、五呎寬，鑲在地板上。不注意的參觀者可能踏過它，完全未加注意。較有趣的作法是轉向訪客，指著照片要求他們說出這幅照片拍攝的確切日期和時間。

通常的第一個反應是「我不知道」。然後訪客會開始思索。照片顯示的樹林是光禿的，所以你可以縮小到十月到三月的期間。停車場是空的，所以你可以再縮小到週末和假日。現在你已縮小到六十天，去除日曆的八五％。好的開始。

接下來你可以尋找已知興建日期的特定建築。甘迺迪中心在照片中清晰可辨，所以你可以確定是一九七〇年以後拍的。一個較專精的分析師可以取得華盛頓特區發出的建築許可公共紀錄，按照特定建築的存在或不存在，逐區地縮小日期到特定的年份。

至於一天中的時間，一旦你縮小可能的日期，並查到這些日期的太陽方位，華盛頓紀念碑的陰影是世界上最大的日晷。你的訪客離開博物館時，將感覺剛做完一天在國家地理空間情報局分析影像的輪班工作。

當然，唇膏槍和黑白照片比起今日情報界常用的數位微型光譜技術似乎很原始，但重點不在這裡。中情局博物館的獨特展覽本身就令人印象深刻，能激起冷戰時期間諜戰既浪漫又致命的聯想。複雜的駭客存取裝置已使最先進的數位系統極容易被侵入，情報局正恢復採用非數位裝置以避免這類入侵。近來俄羅斯繼承蘇聯國安會的情報單位聯邦安全局，下令準備內部報告和備忘錄時一律改用打字機。打字機不會遭駭客入侵，也不會留下數位足跡。老式的情報手段如擦肩而過（以交換情報）、死信箱和一次性加密器，在特務間又再度流行起來。

情報的反向稱為反情報，目的是尋找以你的組織為目標的間諜。最好的反情報工具是分隔化，也就是把情報的通路打散成區塊或情報網中的細胞。這些細胞通常由一群為一個打散的問題工作的個人組成。一道最高機密的安全通關程序如果包括跨越最高機密的特殊通關程式，將無法取得各類機密資訊。「需要知道」（need to know）原則也是必要的機制，它以書面或口頭方式陳述，並向安全人員提出申請。確認需要知道後，等待通關者仍需要經過專案主任或團隊領導人「准入」某項計畫。即使通過這些障礙，尋求通關者仍必須與資訊管理者合作，以打開中情局內部安全伺服器內的必要連結或頁面。每次指派一個新任務時，都必須重複這個程序。

中情局人員被訓練要對「社交工程」（social engineering）保持警覺。社交工程只不過是「對陌生人友善」的技術名詞。如果你在星巴克排隊買一杯咖啡，與一起排隊的人進行禮貌性的攀談天氣、服務太慢或其他話題似乎不值得大驚小怪。中情局在舊總部建築一樓的自助餐廳附近有一家星巴克，據說是世界上生意最好的一家星巴克，因為它每週七天、每天二十四小時營業，有眾多對咖啡因上癮卻沒有地方買咖啡的顧客。在這裡與一起排隊的陌生人攀談是壞習慣，因為你攀談的對象受的訓練是會問自己「為什麼他找我說話？他想幹什麼？他是想打探什麼訊息？」諸如此類，好像你是另一個艾姆斯（Aldrich Ames；譯注：擔任蘇聯反間諜的中情局叛徒）。這讓每天碰到的事都染上工作的氣氛。這裡不是很友善的工作環境，但保持這種社交距離有其必要。

分隔化可能笨拙而緩慢，但它的效果很好。近年來最具破壞性的機密資料外洩包括曼寧（Chelsea Manning）和史諾登（Edward Snowden）事件，但洩漏的不是中情局的檔案。曼寧洩漏國務院的資訊，史諾登洩漏的資訊來自國家安全局。中情局過去曾吃過內部臥底間諜的虧，而且將來仍會如此，但整體而言，中情局保護機密的工作做得比其他情報單位好。

我工作過最隱密、也最直接牽涉反情報的機構是國家反情報局（NCIX）。這個機構把傳奇性臥底間諜獵人安格頓（James Jesus Angleton）的工作發揚光大，安格頓本人從一九五四年到一九七五年擔任中情局反情報部主任。國家反情報局人員是間諜獵人，他們不僅搜尋外國間諜，也獵捕情報界的臥底、叛徒和洩密者。國家反情報局也追獵原本是雙面間諜（美國間諜假裝成俄羅斯間諜，效忠於美國）、實際上卻是三面的間諜（美國間諜假裝成俄羅斯間諜，實際上效忠於俄羅斯）。這種謊言和欺騙的世界被稱為「鏡之蠻荒」（wilderness of mirrors）。

我第一次拜訪國家反情報局包括參觀「恥辱堂」——一個掛滿八乘十吋照片的陳列廳，照片中是美國自二次世界大戰以來最惡名昭彰的叛徒。陳列的照片從富赫斯（Klaus Fuchs）開始，是一位在曼哈頓計畫工作的德國物理學家，把原子彈機密洩漏給蘇聯，加快了蘇聯崛起成為核子強權。陳列廳按照年代順序展出總共約一百人的照片，包括聲名狼藉的間諜羅森堡（Julius Rosenberg）、艾姆斯（Aldrich Ames）、漢森（Robert Hanssen）、沃克（John Walker）和蒙特斯（Ana Belen Montes）。蒙特斯是潛伏在國防部情報局為古巴工作的間諜，她的照片特別值得紀念，因為陳列廳掛的是她在一九九七年獲得前中情局局長譚內特（George Tenet）頒發傑出貢獻獎時的照片。

恥辱廳裡的叛徒對美國國家安全造成的傷害無法估計，這種破壞不只包括技術資訊的公開，還包括導致在俄羅斯和其他情報界視為禁區工作的美國情報員曝光。當這些人因此被處決或囚禁後，美國就喪失了他們提供的寶貴情報來源。這種損失也使未來的召募更加困難。恥辱廳令人不寒而慄，在你走出陳列廳，進入美國反情報作業的神經中樞後，這種感覺仍驅之不散。

我與俄羅斯間諜最難忘的一次遭遇既嚴肅、又充滿鬧劇意味。它發生在二〇〇九年一月二十六日，地點是邁阿密海灘的楓丹白露酒店。我正準備在上午九點鐘發表一篇以「地緣政治特別演說」為題的主題演說，聽眾是大約一千名避險基金和另類資產經理人。那是一項年度最受矚目的投資會議，在二〇〇八年金融恐慌後不久舉行。會議資料印著我的副主題「中國和俄羅斯」，以及「與伊朗和北韓的緊張關係」等內容。

一九五四年開幕的楓丹白露酒店是美國建築的代表作之一，由著名的建築師拉皮迪斯（Morris Lapidus）設計。它最為人知的特色是主建築的優美拱形，形成一個俯瞰旅館游泳池和大西洋的明亮白色半圓。楓丹白露酒店是法蘭克・辛納屈（Frank Sinatra）與鼠黨（Rat Pack）在一九五〇年代末巡迴邁阿密時駐唱的地點。

那是我第一次住在楓丹白露。從我看過一九六四年的經典龐德電影《金手指》（*Goldfinger*）開頭片段後，對這家酒店就有很誇張的想像。在電影場景中，由史恩康納萊飾演的龐德在酒店裡破壞一場金手指出老千的牌局。故事的經過令我難以忘懷，所以我決定總有一天要住進楓丹白露，純粹為了樂趣。二〇〇九年，我的機會來了。楓丹白露是那年冬天邁阿密海灘最受矚目的地方。

主題演說發表完後，我回到房間放鬆並欣賞外面的風景。我床頭電話的紅色訊息小燈號閃爍起來，我聽過訊息後回撥了電話。

打電話給我的男子有著低沉的聲音，略帶歐洲口音。他說：「早上我聽了你的演說，很有意思。有關金融戰的部分我從未聽過，我想和你見面，進一步討論這些主題。我可能也有一些顧問的機會可以給你。」除了情報工作和公開演說外，地緣政治顧問是我當時想做的事，也許值得聽聽這個人到底有什麼想法。

「好的，謝謝你。我只在這裡停留一天。我們可以三點鐘在大廳酒吧見面，到時候再聊。」我說。酒店有好幾個酒吧，我給他我的行動電話號碼，以便他找得到我。反正我計畫要到大廳酒吧去，可以順便在那裡和打電話的男子見面。我在工作日通常不喝酒，但住在楓丹白露而不到酒吧體驗一下氣氛似乎很可惜。

「謝謝。」男子回答道。「我會跟我的同事一起去，我們到時候見。」電話掛斷了。

我在兩點四十五分來到大廳餐廳高森牛排（Gotham Steak）的酒吧，餐廳在這個時候已經休息，我可以在訪客到來前享受一杯飲料。我點了常喝的奇峰蘭姆酒加萊姆，然後輕鬆地環顧四周。

我的訪客很快就找到我。酒吧在一天中的那段時間生意很清淡，而且他們在我演說時見過我。他們走到我的桌子，向我自我介紹，但沒有坐下來。我看著他們，無法相信我看到的。

那個人矮胖、黝黑，身高大約五呎四吋，穿著西裝和襯衫，但沒有打領帶。他的同事是一個女人，穿著高跟鞋，比他高出一個頭，一頭烏黑的頭髮，穿著一套絲質長洋裝，搭配低胸露肩領。她是亞洲人，但未必是華人，比較可能是中亞人。

我心裡想：「這真不可思議，簡直是鮑里斯和娜塔莎。」

我成長於一九六〇年代初，是電視劇《洛基與布爾溫克秀》（*The Rocky and Bullwinkle Show*）的忠實觀眾。這個節目最早由美國廣播公司（ＡＢＣ）播放，時間在下午稍晚《美國舞台》（*American Bandstand*）播完後接著演出。那是我下課後寫家庭作業之前的休息時間。我經常目不轉睛盯著電視螢幕。

節目經常出現的角色中有兩個像俄國人的間諜，名字就叫鮑里斯（Boris Badenov）和娜塔莎（Natasha Fatale），他們聽命於一個叫無畏領袖（Fearless Leader）的獨裁者。這個節目在冷戰高峰時很受歡迎，當時美國瀰漫著後史普尼克（Sputnik）的歇斯底里，恐懼俄國超越西方。鮑里斯和娜塔莎只是卡通人物，但他們似乎是邪惡、詭詐的俄國情報員縮影，雖然他們可笑又無能。我的談話對象模樣與他們酷似，但沒有戴鮑里斯的氈帽和蓄小鬍髭。我好像在真實生活中看著一對卡通情報員。

我問他們是否要點一杯飲料。鮑里斯說：「不。」他們不會久留，寧願站著。他直接說重點。

「你早上的演說顯示你對金融戰和對伊朗、俄羅斯和北韓的制裁有很淵博的知識，你顯然是個專家。我有客戶願意付很多錢和你見面，他們想了解你知道的事。」

「很多錢。」娜塔莎強調地補充道。

「這些客戶是誰？他們在哪裡？」我問。

「他們在俄羅斯。」鮑里斯說，但沒有具體說明。「你必須到那裡和他們見面。」

「很多錢。」娜塔莎又說一次。也許她擔心我沒有聽到她第一次說的。

在這次遭遇前，我正積極參與規劃五角大廈歷來的第一次金融戰演習。演習預定二〇〇九年三月舉行，參與者包括軍方、中情局、財政部、聯準會，和一群智庫學者及與這個主題有關的專家，地點則在華盛頓特區附近的應用物理實驗室。截至二〇〇九年一月，演習設計團隊已快要擬出金融戰演習的假想情況，而假想情況不可避免地牽涉到俄羅斯。

鮑里斯和娜塔莎找上我顯然是想召募。他們知道我對金融戰的了解超出我在公開演說中透露的內容，他們遠在俄羅斯的客戶願意花錢來獲取這些祕密。鮑里斯和娜塔莎直言不諱提出建議，就是用錢交換向俄羅斯人透露這些祕密，一清二楚。我知道我會向中情局反情報單位舉報他們，但決定虛與委蛇，儘可能套取所有訊息。

「我必須考慮一下。」我對鮑里斯說。「我沒辦法今天給你答覆。你有名片或聯絡你的方式嗎？」

他從口袋拿出名片遞給我。彷彿為了配合卡通情節，名片是用紅紙印的，最能讓人聯想到俄羅斯的顏色。

「謝謝，我會聯絡你。」我說。

「謝謝你和我們見面。我們的客戶真的很希望見你。我們會等候你的消息。」

我有點期待娜塔莎再說最後一次「很多錢」，但他們轉身離開酒吧，就這樣結束了這次約會。

所有中情局工作人員必須立即回報與外國人的接觸。與維護安全有關的繁複文書報告，讓這份工作變得沒有外人想像中那麼光鮮，儘管如此，報告的要求有其必要，而且被很嚴肅地看待。但我把這次遭遇鉅細靡遺地寫在一份與外人接觸報告中，包括實體的描述，並把那張紅名片交給我的安全官。就這樣，這份報告現在在反情報官員手中。

後來我再也沒有這件事的消息；也沒有後續追蹤或面談。這類程序不會困擾我，那都是置身情報界的人學會順應的分隔化的一部分。但有一件事確實讓我煩惱。如果鮑里斯和娜塔莎不是俄羅斯情報員呢？如果他們是美國反情報單位派來測試我忠誠度的演員？這不像聽起來那樣奇怪，因為我的工作確實很敏感，而且我的公眾知名度也不尋常。如果是這樣，我已通過面試。歡迎來到鏡之鑾荒。

中情局總部和周邊的建築環繞著數百英畝的樹林，樹林裡密布著員工在早晨和午餐時間慢跑和散步的小徑。校園氣氛正是傳奇性間諜杜勒斯（Allen Dulles）想創造的。杜勒斯在一九五三年到一九六一年間擔任中情局局長，他把中情局總部從華盛頓特區西郊E街二千四百三十號的舊地點，遷移到目前維吉尼亞州的麥克連。杜勒斯希望兼具兩個世界的優點——一個田園式的環境，不受附近其他機構的嘈雜官員影響；但距離白宮夠近，讓必要時中情局局長可以幾分鐘內趕到白宮橢圓形辦公室。

在寬敞的樹林和步道、雕像和博物館，以及玻璃帷幕辦公室間，有一棟建築特別顯眼。那是一棟三層樓的木造農舍，只有少數中情局人員會進出那裡，甚至屬於最高安全層級的人員也很少見。那棟建築存在的歷史比中情局早數十年，是一座歷經獨立戰爭、南北戰爭和後續每個美國歷史轉捩點的莊園的一部分。該建築的正式名稱為史凱特古德—桑恩（Scattergood-Thorne）小屋，即中情局內部人員所知的史凱特古德屋。

我從二〇〇六年到二〇一三年連續七年在史凱特古德屋待了許多日子，我在那裡不是去拜訪情報主管或參加典禮儀式。雖然大多數中情局官員幾乎不知道這棟小屋的存在，我所組織的一群人卻把這棟小屋當成主要集合地點，執行中情局歷來最具政治敏感性的一些工作。這些工作牽涉一個很少美國人曾聽過的政府單位——被稱作CFIUS的機構。

十二金剛

在我為美國政府從事情報工作的歲月裡，每次我提到我參與CFIUS的工作時，人們臉上總是露出疑惑又覺得好玩的表情。當然，CFIUS這個名稱聽起來很可笑（發音為「SIFIus」）。機智的人可能問：「它會癢或灼痛嗎？」我遇見的非情報界人士都不曾聽過它。

ＣＦＩＵＳ是美國外國投資委員會的縮寫。這個委員會是一九七五年五月七日福特總統根據一一八五八號行政命令設立的，有趣的是，福特的行政命令引用一九三四年的黃金準備法案作為委員會法律職權的基礎之一。引用黃金準備法案是因為，ＣＦＩＵＳ運作資金的來源是美國政府從小羅斯福一九三三年沒收黃金內線交易得到的獲利。

初始的委員會由國務卿、財政部長、國防部長、商務部長和幾個白宮官員組成。從一九七五年以來委員會大幅擴編，現在已納入國土安全部長、能源部長和司法部長。

ＣＦＩＵＳ是決定敏感的外國併購美國公司案是否被允許進行的守門人。該委員會嘗試在美國所鼓勵的善意外國投資，和惡意的滲透關鍵基礎設施間取得平衡。廣泛地說，關鍵的基礎設施包括電信、網際網路和雲端運算、電力網、水力發電廠、金融、交通、港口和航道、國防和太空，以及自然資源；換句話說，任何保持美國安全和持續運作的網絡皆歸類於此。ＣＦＩＵＳ保衛美國免於被外國敵人滲透這些部門。

情報界不是ＣＦＩＵＳ的成員，反而是ＣＦＩＵＳ交付情報界任務，根據買家的身分和意圖，研判潛在的外國收購案是不是危及美國的國家安全。情報機構蒐集外國併購者是否與犯罪集團或與美國對手的情報機關有關係的情報。

ＣＦＩＵＳ的決定充滿不斷演變的緊張。從一方面看，美國保持開放的經濟並歡迎外國投資。一些在美國最知名的品牌是由外國公司所製造，例如Sony和三星。過去稱作ThinkPad的筆記型電腦是由中國的聯想（Lenovo）公司製造，但聯想後來收購美國ＩＢＭ的筆記型電腦事業。德國的寶馬汽車（ＢＭＷ）在南卡羅來納州的工廠生產。在美國的外國投資帶進就業、技術和經濟的成長。儘管如此，美國保有企業界皇冠上的珠寶，這些企業不許外國投資人收購，除非經過嚴格的國家安全評估。

如果一家與克里姆林宮有關係的俄羅斯公司收購那斯達克股市（Nasdaq），它就可以改變下單系統的程式以使Apple、Amazon、Facebook和其他美國知名公司的假賣單湧進市場。如此將觸發比二〇〇八年恐慌更嚴重的股市崩潰，進而摧毀美國人的儲蓄。俄羅斯可以藉由操縱股市抹除比投擲核子彈更多的財富。俄羅斯收購那斯達克肯定會遭遇ＣＦＩＵＳ拒絕，不過，許多ＣＦＩＵＳ的案件更加曖昧不清而難以決斷。ＣＦＩＵＳ需要蒐集更多原始情報，並把點串連成線。

為了做到這一點，包括中情局和國防情報局等情報機構透過專案官員、祕密情報員和技術手段，滲透敵方間諜用來偽裝他們身分的層層法律掩護。這可能牽涉在情報界認定為禁區的地方進行危險的行為，例如莫斯科、北京和德黑蘭。一旦蒐集情報後，原始報告便交給蘭格利的中情局總部分析師。分析師藉由比較蒐集的情報和其他資料來串連各個點，包括藉由技術手段蒐集的資料，而這些資料的蒐集者可能不知道它們的用途。

整個檔案變成一幅大拼圖，供情報機構的高層管理團隊用來評估買家是不是威脅。通常結果不是非黑即白，而只是存在一些疑慮，可以供ＣＦＩＵＳ考量。這些評估將以ＣＦＩＵＳ

的名義交給財政部，經過委員會全體進一步考慮後，CFIUS將對白宮提出最終建議。財政部扮演協調者和CFIUS的母機構，但無法做最後決定，白宮才是最終定奪者。委員會的成員機構通常會達成共識，萬一無法達成共識，案件將由層級最高的總統做最後決定。

我參與CFIUS的工作始於二〇〇六年，就在臭名遠播的杜拜環球港務公司（DP World）違約事件後不久。該事件是一家中東公司計畫收購美國最大的港口設施營運商，交易包括紐約、費城、邁阿密、巴爾的摩和紐奧良等港口。這些港口處理一大部分美國的食物和能源進出口，以及郵輪業的營運，它們也是美國最敏感的關鍵基礎設施之一。在提議收購前，這些港口的業主是英國業者鐵行輪船公司（P&O），顯然來自一個友好的管轄地。

提議的買家杜拜環球港務屬於杜拜酋長國，是阿拉伯聯合大公國（阿聯）的一部分，由杜拜酋長謝赫穆罕默德（Sheikh Mohammed bin Rashid Al Maktoum）統治。儘管阿聯位於荒瘠之地，卻被情報界視為對美國友善的國家。阿聯在美國對抗恐怖主義、伊斯蘭國和殘酷的敘利亞阿薩德政權中是活躍的盟邦。

杜拜環球港務知道這樁交易從美國國家安全的觀點來看很敏感，並在二〇〇五年十月要求CFIUS的許可。負責港口安全的情報單位美國海岸防衛隊情報局提出他們的疑慮，杜拜環球港務則透過一個稱作「緩解」的程序解決這些疑慮，對治理、分隔化和透明度作出讓步，以減輕美國政府的疑慮。根據緩解協議，CFIUS和白宮批准這項協議，鐵行輪船公司的股東在二〇〇六年二月通過出售港口給杜拜環球港務。

但接下來發生的事件是一次比喀拉喀托火山（Krakatoa）更大的政治爆發。當一家港口營運商對手看到交易公開後，他們僱用遊說者說服參議員舒默（Chuck Schumer）提出反對。舒默抓住這個機會以幾近種族歧視的用語譴責這樁交易，形容這是一樁讓「阿拉伯人」接管的交易，忽視地區盟邦如杜拜和地區敵人的差別。舒默利用與九一一恐怖攻擊受害者家屬共同出席記者會來達成目的。狂熱的反對不分黨派：共和黨眾議員哈斯特爾特（Dennis Hastert）計畫提出法案以阻擋杜拜環球港務的併購案。民主黨紐約參議員希拉蕊・柯林頓和新澤西參議員梅南德茲（Robert Menendez）加入舒默反對杜拜環球港務，並各自草擬反對的立法草案。面對沒有威脅性的港口收購被泛政治化，小布希總統加大他的支持力道。二〇〇六年二月二十二日，白宮揚言否決任何阻止這樁交易的立法草案。

在這場政治風暴的最高點，杜拜環球港務僱用前總統柯林頓（Bill Clinton）擔任他們的CFIUS顧問。這製造出奇特的場面——柯林頓站在協助這樁交易的一方，而希拉蕊・柯林頓反對交易。柯林頓夫婦站在不同邊。

媒體和政治狂熱遺漏的是，杜拜私下同意讓中情局布署人員在杜拜環球港務的其他設施，作為緩解協議的一部分。這些布署將使中情局利用其他方法難以獲得的來自非洲、中東和南亞港口的寶貴情報來源。如果舒默和希拉蕊・柯林頓成功阻止這樁交易，將損及情報機構協助保護美國安全的能力。

杜拜環球港務在二〇〇六年二月繼續進行收購鐵行輪船的港口的行動，但面對強大的政治阻力，它很快同意出售備受爭議的美國港口營運給一家可被接受的營運商。等到轉售協議達成時，國會也已撤回取消該交易的威脅。二〇〇六年十二月，杜拜環球港務履行出售美國港口營運的承諾，將它賣給美國保險巨人美國國際集團（AIG）旗下的事業。

這場慘敗使CFIUS和白宮大失顏面。從國家安全的角度看，交易的支持者做了一切該做的事。美國海岸防衛隊評估了風險，杜拜環球港務也提出緩解讓步，美國將有確保港口安全營運所需的所有監督和透明度，杜拜在其他地區的合作對美國獲得情報很有利。儘管如此，CFIUS暴露了它在外界觀感方面的盲點。這引發國家安全圈內部的警醒：未來必須避免再遭到這種羞辱。

情報界的因應是尋求蘭德里（John R. Landry）少將的協助。蘭德里是一位得過許多勳章的西點軍校和哈佛大學畢業生，參加過從越戰到沙漠風暴行動的眾多戰役，從一九九三年擔任主管軍方事務的國家情報官直到二〇一三年退役。國家軍事情報官向國家情報委員會主席報告，是評估軍事事務的最高層級情報官。蘭德里並非CFIUS控管傷害的第一人選，因為他的報告偏重軍事而非經濟。儘管如此，他具備一項寶貴的特質——他在蘭格利以使命必達和不遷就愚蠢聞名。蘭德里省略繁文縟節，比一般官僚更快達成重大任務。CFIUS需要快速補丁，而蘭德里是執行任務的理想人選。

二〇〇六年五月，杜拜環球港務的交易災難幾週後，我的中情局聯絡人之一問我能否儘快與蘭德里將軍見面。我答應並安排幾天內在總部會見。抵達總部後，我被帶進蘭德里辦公室。他身材矮小、精壯、英俊中帶著堅毅、一頭銀髮，有著一般人期待戰場將領會有的粗獷和勇猛特質。

蘭德里開門見山說：「吉姆，我們剛經歷杜拜環球港務交易的風暴，我希望你召募並組織一個專家團隊，協助我們避免魯莽行動。這個案子的情報沒有問題，但我們需要外部人員提供真實世界的觀點。如果我們增加這個面向，就能預先看到政治地雷。我們希望擁有華爾街對這類交易的觀點。你能為我們組織一個團隊嗎？」

當然，我接了這個任務。我從二〇〇〇年開始就在華爾街做許多召募工作，協助中情局執行預言計畫（Project Prophesy）。這是一項與預防內線交易攻擊有關的後九一一戰略研究，運用華爾街的專業知識來建立和測試預測性的分析系統，以利用市場資料預知新恐怖攻擊。這項計畫最令人滿意的部分是，在我打電話給華爾街人士自願參加時，從來沒有遭到拒絕過。我召募的每個人，從大銀行的投資長到避險基金億萬富豪，都願意放下手中的事，竭盡所能地協助我們。我很高興有為CFIUS的任務再度召募自願軍的機會。

在接下來幾個月，我召募了一隊最佳人選，有交易律師、風險套利者、領域專家，以及私募股權業者，他們深知新興市場最可能是威脅的來源，特別是中國和俄羅斯。

每次我確認召募人選時，會安排蘭德里將軍在中情局總部會見這個人，然後才正式提議參與這項計畫。我最愛的面談故事牽涉一位金髮藍眼的投資銀行家，來自康乃狄克州，並有深厚的中東關係。和大多數我召募的人一樣，那是他第一次來到蘭格利，而蘭德里很懂得如何展現他的魅力。我們陪著訪客進行一次特別的總部參觀，包括瀏覽局長在七樓的辦公室套房。蘭德里早已參觀過總部園區，因為他長期任職許多機構，也因為他對同僚的尊敬態度。

回到蘭德里辦公室後，我們完成了面談。候選人顯然是理想人選，蘭德里很高興邀請他加入。當我們即將結束時，蘭德里從他的書桌抽屜拿出一枚鍍金的中情局紀念幣，上面鑄著中情局的標誌。他遞給我們的召募人選說：「這是你來訪的紀念品，回去後可以展示給你的小孩看。」新隊員將它放進口袋說：「謝謝你，將軍。」這時候蘭德里變得嚴肅起來，他說：「很好。因為一旦你把紀念幣放進口袋，我們就把你放進我們口袋裡了。」新隊員頓時臉色蒼白。

我必須極力忍住不笑出來。我心想，不知道將軍對新人用過多少次這套詞。蘭德里側眼看我一下，因為剛說了這個行內人的笑話而嘴角略帶笑意。新隊員緊張地微笑。在中情局，一切似乎都意在言外。總之，我們的康乃狄克銀行家已加入團隊。

當我完成召募工作，所有隊員都收到委任信後，我們已正式組成一個情報界CFIUS支援團的顧問小組。私底下，我們是協助保衛美國免於外國金融威脅的「十二金剛」（dirty dozen）。

我們執行計畫七年，獲得不錯的成果。在二〇〇七年初，情報界擔心電信業併購，我們警告金融機構將是下一個戰場，後來證實是先見之明。二〇〇七年底，在金融恐慌期間，華爾街尋求中國、南韓、新加坡和阿布達比主權財富基金挹注現金，以解救無法償債的銀行業者如貝爾斯登（Bear Stearns）、雷曼兄弟、花旗銀行和摩根士丹利，這些交易引發的國家安全威脅一如我們的警告。十二金剛的工作如此成功，所以五角大廈官員有一天在蘭格利與我見面，問我能否在國防部成立一個類似的單位。這個新單位將協助國防部執行自己的CFIUS情報工作，以及包括美國武器系統出口控管等事務。

從二〇一三年年中開始，我們的團隊悄悄分階段解散。我們接獲通知說二〇一三年十月的定期會議因為當時的政府停擺而延期，而且該會議後來未再重開。我們在二〇一四年一月收到正式停止運作的通知，所以因為會議取消和這項通知，我們最後一次開會是在二〇一三年四月，雖然當時並不知道是最後一次。十二金剛已被解散，我們的服務已成多餘。我繼續為情報界執行其他任務，我的CFIUS工作已告終。

我們被告知CFIUS小組的解散是因為預算原因，但我始終不相信。我們大多是自願者，只領取差旅費和極少費用，甚至在蘭格利開會期間還自掏腰包吃自助餐。我們可能是花最少錢請來為政府節省最多錢的人。儘管如此，命令就是命令。蘭德里將軍已退伍，而且很遺憾在二〇一五年去世。我私下被告知，二〇一三年的國家情報局局長克拉柏（James Clapper）將軍希望我們停止運作。我一直不知道原因，但始終懷疑原因絕非午餐錢和幾張機票。

柯林頓氏、俄國人和鈾壹公司

在我們的顧問小組協助情報界評估外國威脅時，CFIUS的長官正和奇怪的鈾壹（Uranium One）案搏鬥。在二〇一六年整年，鈾壹公司是CFIUS自二〇〇六年的杜拜環球港務案以來最引人注目、也最被政治化的案件。鈾壹併購交易是一個備受渲染的傳奇故事，淵源可追溯到二〇〇五年。幕後的故事對了解鈾壹的交易後來為何變成CFIUS的政治毒藥十分重要。

二〇〇五年，財力雄厚的加拿大創業家古斯特拉（Frank Giustra）跨入鈾礦開採業，在此之前，他有炒作低價金礦股和製作電影的背景。鈾是一種銀白色的稀有元素，原子價為92，被用於和平用途的核電廠發電，也供軍方用在船艦動力和製造核武器。鈾是地球上最具戰略敏感性的自然資源之一。

古斯特拉和他的同事創立一家名為UrAsia能源的公司，計畫收購中亞哈薩克的鈾礦開採權。古斯特拉徵募柯林頓協助他的計畫，他說：「我所有的籌碼幾乎全押在柯林頓身上。他是……世界知名品牌，而且他可以做沒有人能做的事，要求沒有人能要求的東西[7]。」二〇〇五年九月六日，古斯特拉和柯林頓訪問哈薩克首都阿拉木圖，柯林頓私下與冷酷無情的哈薩克獨裁者納扎爾巴耶夫（Nursultan Nazarbayev）會面。UrAsia在與澳洲、俄羅斯和其他國家更有經驗的礦業公司激烈競爭後，獲得了哈薩克的鈾礦開採權。在後續幾年中，古斯特拉為柯林頓基金會募集了數億美元捐款。

取得哈薩克鈾礦開採權後，UrAsia展開一連串交易。二〇〇五年十一月，UrAsia股票在多倫多證券交易所掛牌交易。有了上市股票作為更多交易的銀彈後，UrAsia在二〇〇七年二月十二日宣布，將與另一家加拿大和南非的大型鈾製造商鈾壹公司合併。合併交易完成後的新公司沿用鈾壹的名稱，由古斯特拉和其他UrAsia股東控制，並開始收購美國的鈾礦開採資產。在短短二年內，UrAsia能源從排名落後的小礦業公司，一躍而成世界主要鈾製造商。

在這段期間，希拉蕊．柯林頓積極尋求競選美國總統，並被媒體認為是最有勝算的候選人。柯林頓繼續與納扎爾巴耶夫會面，這位哈薩克獨裁者曾被任命為人權組織歐洲安全與合作組織（OSCE）的主席，雖然他有侵犯民權的殘暴紀錄，而且遭到拜登（Joe Biden）等資深參議員反對。納扎爾巴耶夫獲邀參加二〇〇七年九月在紐約市舉行的柯林頓全球倡議（CGI），並擔任特別來賓。古斯特拉宣布一項新承諾，將捐款一億美元給柯林頓基金會。柯林頓夫婦、古斯特拉和獨裁者納扎爾巴耶夫間一連串互利的金錢往來、任命和安排，交織得愈來愈緊密。

古斯特拉進行他最後階段的計畫——出售包括美國鈾礦資產的鈾壹公司給俄羅斯國家原子能公司（Rosatom）。二〇〇九年六月十五日，Rosatom透過它的礦業子公司俄羅斯國家鈾控股公司（Atomredmetzoloto，ARMZ），宣布將收購鈾壹的一七％股權。在幾個月前的二〇〇九年一月二十一日，希拉蕊．柯林頓出任剛當選的歐巴馬政府國務卿。身為國務卿，她立即變成CFIUS中最有力量的聲音之一。

在一連串收購中，Rosatom於二〇一〇年六月宣布計畫收購鈾壹的五一%控制股權。這樁交易在希拉蕊．柯林頓的支持下，於二〇一〇年十月二十二日獲得CFIUS認可，並在年底完成交易。二〇一三年一月，Rosatom取得鈾壹的控制權，並讓公司下市。今日Rosatom擁有前鈾壹公司的大量美國鈾資產。

這樁交易有許多奇怪之處。鈾壹故事的時間軸從二〇〇五年到二〇一三年，幾乎完美地與十二金剛從二〇〇六年到二〇一三年的工作重疊。該交易完全符合通常會被拒絕的範圍，亦即一個敵國（俄羅斯）收購一個高敏感性資產（鈾）。最奇怪的是，這樁交易從未交到我們手上分析，鈾壹從未在我們顧問小組全體或個別出席的機密或非機密會議中被提起。似乎這樁交易是交由一個專門的情報單位處理，以避開我們這個為了提供分析而設置的團隊。鈾壹是一個啟人疑竇的案例。

雖然該交易在古斯特拉展開計畫時吸引新聞媒體的報導，但直到它在二〇一六年總統大選和史威哲（Peter Schweitzer）深入報導鈾壹故事的書《柯林頓的現金》（*Clinton Cash*）[8]出版後，才變成一樁政治醜聞。在當時，希拉蕊．柯林頓的代理人匆忙地以禁不起檢視的遮掩之詞為她辯解。

第一個辯解是，希拉蕊．柯林頓只是CFIUS九個有投票權的人之一，無法單獨影響鈾壹案的結果。CFIUS確實有九票（內閣閣員八票，加上總統的科技顧問一票），而鈾壹交易是所有人一致通過。所以希拉蕊．柯林頓的這個辯解表面上說得通。

但這個辯解與實務上CFIUS如何運作無關。事實上，只有四票算數——國務卿以及國防部、能源部和財政部部長。財政部的份量最重，因為財政部長擔任委員會主席並決定議題。情報界所稱的「城區」長官會議是在財政部大樓舉行，國務卿和國防部長是國家安全的首要負責單位，其他人都是陪襯者。商務部被認為是支持投資的啦啦隊，並不被認真看待。美國貿易代表處和總統的科技顧問可以投票，但大體上是四大部門的橡皮圖章。司法部和國土安全部透過聯邦調查局和其他蒐集者貢獻情報，這些情報再與中情局、國防情報局和國安局蒐集的匯集，但這些情報機構很少在交易的優劣上表達強烈觀點。

CFIUS是一個共識導向的委員會，如果國務卿大力支持鈾壹案，國防部長和財政部長會接受，因為他們的職權並未被侵犯，特別是武器系統和恐怖份子財源。其他成員會保持緘默。如果白宮不反對國務卿，那麼她對交易的強力支持就能隻手遮天。

希拉蕊．柯林頓扮演角色的第二個辯解歸結為「鈾不會落入外人手中」。鈾壹控制的美國鈾礦在懷俄明州，礦場確實無法遷移，而且那裡生產的鈾不會出口到海外給伊朗等敵國。但這又是一個膚淺的辯解。

這個辯解沒有說明的是，通常以低濃縮鈾（U_3O_8）形式保存的鈾被稱為黃餅（yellowcake），是一種可在世界市場找到替代品的商品。鈾壹在哈薩克、美國和坦尚尼亞有礦場，透過母公司Rosatom，它在世界各地有直接或間接的顧客，包括伊朗、俄羅斯和中國。在Rosatom收購鈾壹前，美國的核電廠可能是由哈薩克的礦場供應鈾原料；在收購案後，Rosatom可以分派這項供應給鈾壹，使交易變成美國供應美國的交易，而哈薩克的生產則可空出來供應給伊朗。因此，實際上懷俄明的鈾只要透過在三方結構的供應商來替代，就可以供應給伊朗。

Rosatom也可以暫時關閉懷俄明礦場。短期來看，暫停懷俄明州的鈾生產可能代價高昂，但供應突然短缺可以拉抬世界價格，使Rosatom擁有的其他礦場受益。由政府擁有的全球性業者可以執行這種價格操縱策略，但若美國的礦場是由較小的獨立業者擁有，Rosatom將難以達成操縱市場的目的。

發現這類像是供應替代和價格操縱的市場策略並向CFIUS提出報告，正是我們顧問小組設置的目的。大多數官僚對這類技術並不敏感，他們只專注在表層的出口許可核發。

總之，鈾壹的交易通過是因為國務卿和白宮希望它通過，這個交易屬於通常被否決的類別卻遭到忽視。顧問小組設置的初始目的就是對敏感案件貢獻專業知識，但沒有人徵詢過我們的看法。杜拜環球港務案後為控管傷害而組成的十二金剛，在歷來最具政治爆炸性的交易中遭到克拉柏將軍的冷落。其結果是，透過柯林頓夫婦上下其手，俄羅斯控制了美國的鈾。

直到今日，鈾壹的故事仍然延續中。二〇一七年十一月十六日，路透報導遊說人員和聯邦調查局線民坎貝爾（William D. Campbell）的說法[9]，坎貝爾宣稱擁有Rosatom影響CFIUS批准鈾壹收購案的資訊。坎貝爾也與另一個案件有關，在這樁案件中，Rosatom子公司Tenet的美國營運主管密克林（Vadim Mikerin）承認賄賂，並被判監禁四年。賄賂的指控牽涉用船運送俄羅斯鈾到美國的合約。外界預期還會有更多事實爆出，希拉蕊．柯林頓在CFIUS的角色將受到嚴厲的檢視。

國家主義和全球主義

二〇〇〇年代初期，我為CFIUS和中情局的其他事務做分析工作，我探索的事情在二〇一五年爆發成報紙的標題。川普從二〇一五年六月十六日展開的總統競選，是從一九九六年布坎南（Pat Buchanan）爭取共和黨提名以來美國主要黨派候選人最直言不諱的國家主義競選活動。結果是川普在二〇一七年一月二十日宣誓就職，成為老羅斯福（Theodore Roosevelt）以來國家主義意識最強烈的總統。經過一百多年，美國再度出現一位堅定的國家主義者坐鎮橢圓形辦公室。

歐巴馬、兩位布希和柯林頓都是全球主義者，其定義是願意交換或妥協美國的利益以造就更強大的全球社群。即使保守鷹派如雷根和甘迺迪（John F. Kennedy）也是堅定的全球主義者，因為他們仰賴北約、聯合國和國際貨幣基金（IMF）等國際機構，以追求他們的冷戰目標。尼克森以向中國開放著名，詹森（Lyndon Johnson）願意為半個地球以外的越南發動戰爭，還有福特一九七五年成功締結赫爾辛基協議，都是美國積極參與盟國和敵國國際體系歷史上的里程碑。在這種國際體系中，美國的利益有時候得屈從於更大的利益。

讓老羅斯福和川普與眾不同的不是孤立主義，而是單邊主義。美國總統永遠無法是真正的孤立主義者，美國太大、太富有而無法與世界分隔，而且也不應這麼做。區別在於美國總統是否在多國架構下與盟邦合作，或者總統單邊地先追求自己的主張，只有在美國的方向變得更清楚時才與盟邦合作。

老羅斯福是一個不折不扣的單邊主義者和帝國主義者；川普一樣是無悔的單邊主義者和排外主義者，只因為聯合國大會輕微的冒犯就準備停止支付美國給聯合國的會費。老羅斯福在一九一二年與威爾遜（Woodrow Wilson）角逐總統時主張課徵關稅[10]，而威爾遜說美國的關稅「高得愚蠢」，今日的川普正積極課徵新關稅。

川普的口號——「讓美國再度偉大」和「美國優先」——呼應了老羅斯福的「輕聲軟調但帶著一根大棒子」，和熱血沸騰的「太棒了！」（Bully!）。老羅斯福甚至發明「扒糞者」（muckraker）這個詞，稱呼不道德的新聞記者，他描寫這種新聞記者[11]「很快就變成社會害蟲，無助於促進良善，而是一股邪惡力量」。這些描述和百年後川普指控新聞記者製造「假新聞」、是「人民公敵」如出一轍。

老羅斯福和川普都是名義上的共和黨員，但他們都與自己的黨激烈對抗。老羅斯福一九一二年拂袖離開[12]共和黨大會，並咒罵共和黨是賊黨；川普經常在Twitter上嚴厲指責共和黨徒。老羅斯福和川普都可以說是從舊有的政治人物和富有的捐款階級手中，劫持了共和黨。

川普和老羅斯福的比較不能太過火。老羅斯福是一個傑出的學者、貪得無饜的讀書者、十八本書的作者和諾貝爾和平獎得主；川普絕少顯露出對讀書的興趣，而且不熟悉歷史或國際事務。

但他們的政治本能卻詭異地很類似。一九一二年，老羅斯福以第三黨候選人競選總統，提出他稱之為新國家主義的計畫，這套計畫攻擊民主黨和共和黨人的裙帶主義與政治貪腐。老羅斯福的主要政綱之一[13]宣示「摧毀無形的政府，解散貪腐企業與貪腐政治的邪惡聯盟，是今日治國的首要任務」；川普的文采略遜一籌，他高喊「排乾沼澤」。儘管如此，他們相同的憤慨無庸置疑。

這個歷史比較的重點是，川普不是獨一無二的人物，而是一個類型，一個美國人百年來首次看到白宮有一個真正的國家主義者。老羅斯福之前還有其他總統如波爾克（James Knox Polk，一八四五年到一八四九年）和傑克遜（Andrew Jackson，一八二九年到一八三七年）符合國家主義者的典型。華盛頓（George Washington，一七八九年到一七九七年）可能不會反對「美國優先」的口號。那就像美國人每隔一百年就需要一次純粹國家主義的震撼，才能維持其的身分認同和對抗多邊主義誘惑的命運。川普就是二十一世紀版的震撼。

今日國家主義者和全球主義者間最深的政治歧見在於邊界事務，這超越川普想在墨西哥邊界修建高牆和加強移民執法的老生常談。邊界可以是實體的、法律的或心理上的邊界，川普和全球主義者同時在這三方面爭鬥。

全球主義的試金石是無邊界世界。這表示全世界的資本、人員、產品、服務和觀念可以自由流動，不分國家邊界、國家資源和國家目標。全球主義者的觀點對民族國家的威脅在最好的情況下是謬論，在最壞的情況則是危及民族國家理想的實現。

自由資本流動、自由貿易、自由浮動匯率和無摩擦移民的美麗新世界未談到的是，國家治理不會被縮小，而是會被取代。國家議會和立法機構將淪落為城鎮會議，處理地方性的小問題。牽涉資本、勞動力、應用科技和預算與金融政策的重大問題，將由全球的各種機構來決定，例如IMF（金融政策）、經濟合作發展組織（OECD；稅務政策）、聯合國（氣候變遷）和二十國集團（G20）。這種領導方式大體上未經選舉且可以自我延續。一些G20領導人偶爾必須參加全國選舉，但選舉都經過精心安排，以使不管哪一黨的領導人被選出都能確保全球主義者的目標獲勝。全球主義者知道他們的目標在明白表達時會多麼不受歡迎，因此全球主義者訴諸欺騙的詭辯，並經由對檢視根本假設毫無興趣的媒體反覆宣傳。

全球主義者對「自由貿易」的幻想，根據的是十九世紀初由卓越的古典經濟學家李嘉圖（David Ricardo）提出的比較優勢理論。李嘉圖的理論始於一個觀點，即國家不應嘗試在製造業、礦業和農業的所有方面都自給自足，反而應根據勞動、資本或自然資源的優勢，專精於它們擅長的項目，並讓其他國家也專精於各自所長。然後各國只要交易它們製造的產品，以交換其他國家製造的產品，如此對各國都有利，因為與專精於有自然優勢的貿易夥伴交易將使產品價格下降。

但組成比較優勢的要素投入並非靜態的，如果A國藉由稅務和其他誘因從B國吸引資本，然後在擁有基本製造業和廉價勞動力的情況下建立高科技自動化產線，那會是何種情況？現在A國擁有所有的就業和技術，而B國沒有就業，有貿易逆差，而且只留住它在B國的直接外國投資和組合投資。

這似乎是個極端的例子，但與中國和美國的關係很類似，美國在資本形成上的優勢被中國吸走，所以最後中國擁有勞動力、資本和龐大雙邊貿易順差的比較優勢。

比較優勢不但是動態的，而且可以無中生有。台灣在一九八〇年代沒有半導體製造的比較優勢，但台灣政府做了一個政治決定，創造了國家資助的台灣積體電路公司。台灣政府以關稅和補貼在台積電草創時期無力與外國競爭時，扶植了台積電。今日台積電是一家上市公司，也是全球最大半導體供應商。台積電若沒有政府的協助將難以達到今日的地位，這是比較優勢並非靜態的好例子。如果比較優勢理論是靜態的，台灣和日本將還在出口稻米和鮪魚，而不是汽車、電腦、電視機、鋼鐵和半導體。

自由浮動匯率是芝加哥大學教授傅利曼（Milton Friedman）一九七〇年代初提出的假自由市場處方的瑕疵殘餘，也是另一個全球主義者的詭計。浮動匯率最初是被用來取代一九七一年前傅利曼鄙視的金本位制。傅利曼喜歡有彈性的貨幣概念，以給央行規劃者微調貨幣供給、把實質成長和價格穩定最大化的能力。黃金被認為沒有彈性，不適合可做必要性微調的自由裁量貨幣政策。

傅利曼希望漸進改變匯率提高或降低貿易夥伴間的相對價格，而這在貿易上帶來的改變將可扭轉貿易逆差，縮小貿易順差，不需要經歷像英國在一九六四年和一九六七年的貶值震撼就可恢復貿易平衡。傅利曼的實驗室方法忽略了真實世界中金融中間人的行為，例如製造了槓桿和衍生性金融商品的銀行和避險基金。金融化支配並放大了傅利曼想像的平穩匯率調整，後來發生的就是一九七〇年代末瀕臨惡性通膨的情況，和一連串資產泡沫的興起與爆破，如拉丁美洲債務（一九八五年）、美國股市（一九八七年）、墨西哥披索（一九九四年）、亞洲債務（一九九七年），俄羅斯債務和衍生性金融商品（一九九八年）、網路股票（二〇〇〇年）、房貸（二〇〇七年），和再一次的衍生性金融商品（二〇〇八年）。在一九九八年和二〇〇八年兩次的危機中，全球資本市場都陷於全面崩潰邊緣。

如果自由貿易、開放資本帳和浮動匯率是經驗證明有缺陷的理論，為什麼達弗斯的菁英擁抱它們？答案是這些理論是菁英隱藏目標的煙幕彈。這個目標是以美國為代價來宣揚全球成長，減損美國在世界事務的力量，並提升崛起中國家的力量，尤其是中國。

從歷史上來看，美國因為高關稅和保護其工業而繁榮興盛。從漢密爾頓（Alexander Hamilton）的初階工業計畫到克萊（Henry Clay）的美國計畫，美國向來知道如何保護它的工業和創造美國的就業。川普正回歸這項美國傳統。川普在二〇一七年第一年上任時，聽從當時的國家安全團隊建議而避免提高關稅，這個團隊包括國家安全顧問麥馬斯特（H. R. McMaster）、國務卿提勒森（Rex Tillerson）和國防部長馬提斯（James Mattis）。他們敦促川普不要輕啟貿易戰，因為美國需要中國協助以避免與北韓開戰。不過，中國未盡全力對北韓施壓，可靠的情報顯示中國協助北韓欺騙聯合國決議施加的制裁。傷口上抹鹽的是，中國二〇一七年對美國的貿易順差達到二千七百五十億美元，為歷來最高紀錄。

既然中國在北韓問題上不願合作的態勢逐漸明朗，川普認為可以放手對中國展開貿易戰，這是他從二〇一五年競選初期就主張的政策。結果就是川普從二〇一五年競選時計畫的貿易戰在二〇一八年初全面爆發。

在新貿易戰中，CFIUS回到扮演關鍵的強大武器。二〇一八年一月十八日，路透報導CFIUS決定[14]不批准中國私人公司海航集團收購美國企業的案子，直到海航集團提供其股東真實身分的更多消息。海航集團稍早收購了希爾頓飯店（Hilton Hotels）和德國德意志銀行（Deutsche Bank）的部分股權。海航集團披露它超過半數的股權是由兩家慈善基金會所持有，一家是中國基金會，一家是美國基金會，但這兩家基金會的受益人和控股者是誰仍不透明。

接著在二〇一八年三月十二日，CFIUS提出歷來最強烈的建議，促使白宮否決新加坡公司博通（Broadcom）敵意併購美國半導體巨人高通（Qualcomm），交易金額估計達一千一百七十億美元。這個行動從兩方面來看並非不尋常，這是一樁敵意併購，因此買家和賣家沒有達成任何協議可供CFIUS參考，因此雙方沒有機會提出緩解條件。其次，美國財政部的公開聲明說，拒絕這樁交易的原因「大部分……屬於機密」，但提到博通雖是新加坡公司，但大體上是由「第三方外國實體」控制，且據了解是中國實體。現在川普政府已把CFIUS武器化，讓它變成美國與中國間方興未艾的貿易與金融戰爭的第一線武器。這與CFIUS在鈾壹案中扮演無足輕重的角色有天壤之別。

二〇一八年八月十三日，川普總統簽署強化CFIUS角色的新法案，責成它在國家安全的把關工作更多的職責，明顯改變了前朝開放邊界歡迎外國直接投資的政策。這項新法案稱作外國投資風險審查現代化法案（FIRRMA），是由共和黨參議員康寧（John Cornyn）和民主黨參議員范士丹（Dianne Feinstein）共同草擬。FIRRMA大幅增加了需要CFIUS批准的交易類別，並增添審查的新類別，包括「關鍵材料」和「新興科技」。FIRRMA製作一份「認定國家」名單，基於這些國家與美國的友好關係而可免於新的嚴格審查，包括有簽訂共同防衛條約的國家。諷刺的是，這只是十二金剛十年前向CFIUS建議的分析方法較嚴格執行的版本，這個方法在CFIUS批准鈾壹案時被束諸高閣。

投資祕訣一

關稅和貿易順差再度流行，準備迎接更加重商主義的世界

投資人應準備因應一個更加重商主義的世界，在這個世界中，貿易順差和累積黃金本身就是目的，代表有利於國內生產的關稅、互惠的要求和稅務條款將成為常態。這與自二次世界大戰以來全球主義者偏好的、並在冷戰結束後積極追求的多邊自由貿易體制，呈現鮮明的

反差。

主要強權國家從未完全放棄重商主義，它一直潛藏在表面之下，已開發經濟體的自由貿易只是空話。全球貿易體系向來要求順差國家在加諸逆差國家金融痛苦時有所節制，凱因斯在一九四四年的布列敦森林協定中強調這點，但他提議的順差調整機制遭到美國忽視。

中國和德國是最惡劣的貿易違犯國。德國利用歐元和歐洲央行對歐元區周邊的貿易夥伴賺取順差，其程度已達到某種賣方融資詐騙，直到西班牙、義大利和希臘在二〇一〇年瀕臨破產。然後德國在IMF和美國的協助下再融資其歐元區顧客，重新啟動這種遊戲，但這些南歐的鄰國已付出龐大的社會支出。中國利用廉價勞力、低匯率、低成本的國內融資和浪費的投資，以刺激對美國的貿易順差。近年美國在川普執政下拒絕再玩自由貿易的遊戲，美國將對中國、德國、南韓和其他順差大國的關稅和補貼，採取以其人之道還治其人的措施。

美國投資人應尋找鋼鐵、汽車、再生能源和運輸業的國內領導廠商。全球成長可能減緩，但像波音、太陽能世界（SolarWorld）、Mission Solar、紐克鋼鐵（Nucor）、美國鋼鐵（U. S. Steel）和通用汽車（GM）等公司都將從保護美國國內市場的政策中獲益，它們的獲利在世界上仍是數一數二。

累積實體黃金和白銀是重商主義的標誌。美國和加拿大的黃金與白銀礦業公司都因中國和俄羅斯持續的強勁黃金需求而欣欣向榮，它們的股價也將受到一波併購活動的拉抬，因為大礦場將整併小礦場以達成經濟規模。

崛起中的新重商主義世界，將是一個最適合漢密爾頓和克萊的世界。美國將善加利用自己的強項，如同一樣善用優勢的中國、俄羅斯和德國。

| 第二章 |

火上澆油

在和平時期為必要的戰爭做準備[15]，或預先囤積財富作為征服或防衛的手段，似乎是古老的共同作法：不要相信在脫序和混淆的時代訴諸特殊徵稅，借貸當然更是等而下之……我們總是會發現，當政府抵押稅收來借貸時，必然使國家陷入虛弱、停滯和無能。

——休謨（David Hume），

〈論公共信用〉（Of Public Credit），1752年

警告債務可怕的大合唱現在已默不作聲。這似乎很奇怪。從一九八〇年代開始到二〇一〇年茶黨的勝利，沒有一場政治辯論少得了任何一黨警告對美國債務和美元本身的信心，將因肆意支出和債務佔GDP比率升高而遭到傷害。這些警告不分黨派，雖然發出的時機和目標視抨擊的是哪一黨派而定。

在一九八〇年代，民主黨和部分共和黨人（例如斯托克曼〔David Stockman〕）對雷根的赤字大加撻伐。雷根確實因巨額支出而推高赤字，但這些批評真正反對的可能是新支出流向國防而非民主黨偏愛的權益計畫。在一九九〇年代，在野的政黨照例會抱怨執政黨的支出，但實際上老布希和柯林頓在控制債務佔GDP比率上令人刮目相看。到了二〇〇〇年代，民主黨抱怨小布希上兆美元的戰爭支出，共和黨則抱怨歐巴馬上兆美元的刺激方案對恢復長期成長趨勢的效用乏善可陳。然而至今的傷害已很嚴重。小布希讓國家債務增加一倍，而歐巴馬讓已大幅升高的國債再增加一倍。當川普二〇一七年宣誓就職時，布希－歐巴馬團隊交給他高達一〇五%的債務佔GDP比率，高於大多數歐洲國家，直追債台高築的花花公子義大利。

儘管政黨和運氣都已物換星移，過度支出的批評從未停止——直到川普上任。現在，兩黨都三緘其口。川普並未攻擊民主黨偏好的權益計畫，所以他們沒有抱怨的理由；川普已擴增軍事支出，因此共和黨已心滿意足。取消自由裁量支出上限和回歸肉桶政治計畫分配討好了兩黨，川普重現了歐巴馬第一任以後未再出現的上兆美元赤字時代。權益計畫和國防都分到好處，所以華盛頓特區已聽不到異議。

唯一的輸家是美國。債務佔ＧＤＰ比率緩緩上升可以用腫瘤或白蟻蛀木來譬喻，初期階段不痛不癢，沒有人在意；不過，過了一段時間終究會達到傷害已無法挽回、完全滲入，甚至致命的點。美國已接近這個點。了解美國債務的歷史是徹悟我們今日的處境，以及為什麼目前的債務情況已無法「照舊過日子」，而是一個已危及數世紀的民主基石和國家安全的新情勢。

美國債務簡史

經濟學家和專家能把簡單的經濟概念誇大到一般美國人無法理解的程度實在令人驚嘆。赤字、債務和債務佔ＧＤＰ比率也是如此。沒有任何一種經濟指標能比它們更令人漠不關心，也沒有任何一種經濟指標在永續自由上比它們更為重要。事實上，一旦去除術語後，這些概念都很簡單。

赤字只是支出超過收入。美國每年記錄其收支情況，如果某一年的收入是三兆美元，而支出是四兆美元，那麼該年的赤字就是一兆美元。債務是所有以前的赤字減去偶爾有盈餘的總數。美國從一九九九年和二〇〇〇年財政年度後就未曾有過盈餘，在這兩個年度之前則是一九六九年才有盈餘。今日美國的國家債務達二十二兆美元。債務佔ＧＤＰ比率只是以國家債務除以用ＧＤＰ形式計算的全國生產。如果國家債務是二十二兆美元，而ＧＤＰ是二十一兆美元，那麼債務佔ＧＤＰ比率就是一〇五％（22÷21＝1.05）。就是這樣。粗略了解這三個概念

——赤字、債務和債務佔ＧＤＰ比率——後，就能清楚掌握有關財政政策、貨幣主義、凱因斯主義和央行技倆的辯論。

天真的人認為，美國自一七八九年從零債務開始舉債，十九世紀起累積了小額債務，然後到二十世紀大舉增加，直到二十一世紀初期的今日達到無法永續的階段。這個觀點並不正確。

美國的國債歷史不像這個天真的觀點認為的那樣線性發展，而是可以更精細地分析。美國在尚未立國前就已有國家債務，這些債務後來的演進顯示出赤字和盈餘交替出現的模式，視當時的需求而定。大致說來，美國舉債融資戰爭並在承平時期償付債務[16]。其結果是美國的債務佔ＧＤＰ比率時而上升、時而下降，並在罕見的情況下逼近極端。正如過去十年來美國的債務佔ＧＤＰ比率達到極端的水準，而且沒有可行的計畫以緩解這個趨勢。這種債務危機是高基準的支出結合了三位總統的政策偏好：小布希（戰爭支出）、歐巴馬（社會支出）和川普（減稅）。小布希增加了五兆八千五百億美元債務；歐巴馬增加八兆五千九百億美元；根據財政部的估計，川普的第一任又再增添八兆二千八百億美元。這表示在二十年間美國的債務增加二十二兆七千二百億美元，比柯林頓政府結束時的逾五兆八千億美元增加了三倍。簡單地說，經過二百三十年的審慎債務管理，美國的國家債務現在已經失控。

當美國在一七八九年根據憲法創立為國家時，它面對從一七七五年到一七八三年由各州和大陸會議累積的革命戰爭債務問題。根據漢密爾頓一七九〇年擬訂的計畫，美國同意承擔這些債務。漢密爾頓發行新公債以償付革命戰爭債務，並以關稅來支應新公債，同時保護萌芽的美國工業免於英國的競爭。這些新債務標記了美國公債市場的發軔。美國的信用市場建立後，漢密爾頓和他的繼任者持續發行新債以償付到期的債券，實際上等於展延那些公債。

從第二任總統亞當斯（John Adams）上任後到麥迪遜政府初始，美國在一七九六年到一八一一年間有十四年出現財政盈餘。亞當斯將國家債務維持在八千三百萬美元，傑佛遜雖然舉債來融資路易斯安那購地，但在兩任期間把債務降到六千五百萬美元。亞當斯和傑佛遜並未消除國債，但讓它保持在可管理的水準，使美國的債信高於歐洲任何國家。傑佛遜也建立了兩根美國審慎債務管理支柱的第一根——債務在承平時期降低。

麥迪遜政府在最後二年的一八一二年戰爭期間，美國展現債務管理的第二根支柱——債務在戰爭期間增加。美國的公共債務幾乎增加一倍，在麥迪遜總統任內從六千五百萬美元增加到一億二千七百萬美元。傑佛遜和麥迪遜共同建立了美國國債的兩大特徵：美國債務並未持續增加，而是在戰時增加，承平時減少。財政盈餘在承平期間出現，雖然未完全消除債務，而是保留一筆未雨綢繆的基金，以使美國在戰爭期間保有充沛的舉債能力。舉債能力是財政彈藥，其目的與囤積彈藥以備不時之需沒有兩樣。

門羅（James Monroe，一八一七年到一八二五年）和約翰·昆西·亞當斯（John Quincy Adams，一八二五年到一八二九年）持續這種高低起伏的模式，他們共同把國家債務從一億二千七百萬美元降低到六千七百五十萬美元，幾乎減少五〇%。約翰·昆西·亞當斯的繼任者傑克遜（Andrew Jackson，一八二九年到一八三七年）把這個模式發揚光大，清償了所有的國債。美國在一八三六年實際上是零負債。傑克遜也關閉扮演央行角色的美國第二銀行，他任內最後一年是美國國債史上唯一零負債的時候。而且從傑克遜開始，美國有二十七年時間沒有央行，直到一九一三年創立聯邦準備銀行。傑克遜的功績是沒有債務而且沒有央行。

國家債務很快又出現，到范布倫（Martin Van Buren，一八三七年到一八四一年）任期結束為四百萬美元，並穩定增加到一八六〇年林肯（Abraham Lincoln）參選時的六千五百萬美元。這段期間最突顯的增加是波爾克（James Knox Polk，一八四五年到一八四九年）一個任期內從三千三百萬美元增加到四千七百萬美元。這次債務增加主要與波爾克發動的美墨戰爭（一八四六年到一八四八年）有關。這些戰爭成本花得很值得，因為美國取得今日加州、內華達州、懷俄明州、科羅拉多州和亞利桑納州的全部或部分領土。德州在一八四五年同意併入美國，但與墨西哥的邊界尚未決定，波爾克的戰爭讓德州確定成為美國的一部分。儘管有戰爭支出，美國國債到布坎南（一八五六年到一八六一年）任期結束時為六千五百萬美元，和五十年前一八一一年傑佛遜卸任時一樣。美國在這五十年間經歷兩次主要戰爭——一八一二年戰爭和美墨戰爭——和無數較小的衝突，債務並未增加。這是因為在承平時期有財政盈餘和審慎的支出之故。

林肯的第一任期間——他在第二任就職六週後遭暗殺——經歷美國以總傷亡人數來看最血腥的戰爭，直到第二次世界大戰的傷亡才超過它，而美國的國債也首度出現巨幅的增加。

在南北戰爭期間（一八六一年到一八六五年），國家債務從六千五百萬美元增加到二十七億美元，增幅為四〇〇〇%，這個增幅符合攸關生存的戰爭危機期間債務通常會激增的歷史經驗。如果舉債國輸掉戰爭，那麼債務就已無關緊要，因為它將拒絕償債或滅亡，或以賠償金取代債務。如果舉債國贏得戰爭，就可透過破壞或重建獲利來減少債務。不管哪一種情況，一般市民和特別是國內的融資者，很少質疑政府在戰爭期間必須舉債的決定——債權人和國家本身將共存亡。

美國南北戰爭的債務分階段償還，從戰爭結束時的二十七億美元到一八九三年減少到十六億美元，在哈瑞森（Benjamin Harrison）單任結束時減少了四一%。一八六五年到一八九三年這段期間，美國經濟欣欣向榮，債務佔ＧＤＰ比率降低得更加快速。債務在麥金利（William McKinley，一八九七年到一九〇一年）任內再度因為美西戰爭（一八九八年）而增加到二十一億美元，又是美國債務和戰爭息息相關的另一例證。

這個模式持續進入二十世紀。從老羅斯福（一九〇一年到一九〇九年）到塔虎脫（William Howard Taft，一九〇九年到一九一三年）期間，美國國債從二十一億美元小幅增加到二十九億美元，雖然老羅斯福實行巨棒外交和花了五千萬美元購買興建巴拿馬運河的土地和權利——摩根（J. P. Morgan）在這項交易中扮演美國財政部的代理人。

南北戰爭後的美國債務第二度激增發生在威爾遜任內（一九一三年到一九二一年），原因與支應美國加入第一次世界大戰（一九一七年到一九一八年）有關，國債從二十九億美元暴增到二百七十四億美元，增幅達八四五％，這些債務一部分由向大眾發行自由公債支應。之前的戰爭由富裕的私人金融家提供融資，包括較早的費城人莫利斯（Robert Morris，獨立戰爭）、吉拉德（Stephen Girard，一八一二年戰爭）、畢德爾（Nicholas Biddle）和庫克（Jay Cooke，南北戰爭），以及後來的紐約人摩根和他兒子傑克．摩根（第一次世界大戰）。南北戰爭期間的財政部長蔡斯（Salmon P. Chase）以發行一部分小面值的無息即期票券以支應南北戰爭軍費，初期可兌換硬幣，但後來停止贖回。這些票券稱作綠背紙幣（greenback），因為背面是以綠色油墨印刷，比較像是一種原型紙鈔而非真正的債券，並且被當成法幣流通。第一次世界大戰時發行的自由公債是戰爭融資的一項創舉——它們是美國公債。對數百萬名美國人來說，購買自由公債是他們第一次投資債券。自由公債連結了美國一般大眾心中的愛國主義和戰爭融資兩者。

美國及其盟國在一九一八年獲得勝利後，美國國債再度減少。哈定和柯立芝政府從一九二一年到一九二九年連續八年財政有盈餘，使國債從戰後的高峰減少三六％至一百七十六億美元。國家債務在胡佛主政期間（一九二九年到一九三三年），儘管經歷了大蕭條最艱困的幾年，但僅有小幅增加。胡佛卸任時的國債為一百九十億美元，仍比十二年前威爾遜卸任時低三一％。從一七八七年以後的擴張然後緊縮債務的模式保持不變。

小羅斯福政府頭兩任（一九三三年到一九三七年，和一九三七年到一九四一年）標記了近一百五十年來只在戰爭時期擴張債務的模式出現決定性的轉變。小羅斯福把國家債務從一百九十億美元擴增至四百二十億美元，增幅達一二〇%。在那段期間沒有戰爭，有的只是胡佛任內延續而來的大蕭條，包括一九三七年至一九三八年的嚴重衰退。在小羅斯福的頭兩任，他打的「戰爭」不是對抗外國敵人，而是對抗國內的失業、營養不良、通貨緊縮和農村低度開發。聯邦赤字在這場戰爭中被徵募，部分原因是英國凱因斯的建議。但小羅斯福頭兩任對國家債務的影響遠超過典型的承平時期增加支出，他對大蕭條的緊急反應使小政府的時代永遠結束。一九三五年小羅斯福和國會實施社會安全計畫，是歷來最早且至今仍是大規模的權益計畫，以對退休者承諾的形式創造了預算外的或有負債。社會安全計畫的政治口號「薪資稅提撥交換保險給付」在一九三五年就是空話，且至今仍然如此。社會安全向來是一種隨收隨付制計畫，由年輕的勞工支付退休者的福利，不像真正的保險支付和福利之間有特定的延續關係。當時和今日的差別是，戰後嬰兒潮世代長大並在一九六〇年代初進入勞動力時的數十年間，社會安全的現金流是正的，而今日隨著嬰兒潮世代從二〇〇八年開始進入退休年齡，社會安全的現金流已變成負值。這個錯不能怪到小羅斯福頭上，近幾十年來，國會和白宮在權益計畫管理上的錯誤，應負更大的責任。儘管如此，今日財政定時炸彈的引信是在一九三五年點燃的。

儘管小羅斯福在一九四一年前製造了無戰爭的赤字，他或他的繼任者仍可能降低赤字，因為後續幾年的經濟可能復甦。這個想法因為一場真實的戰爭——第二次世界大戰——和美國從一九四一年到一九四五年的參戰而粉碎。

小羅斯福一九四四年第四度當選總統，但一九四五年在宣誓就職不到三個月後的四月十二日去世。小羅斯福的第三個任期（一九四一年到一九四五年）與美國參與第二次世界大戰重疊，這段期間美國國債因為面對納粹德國和日本帝國對國家安全的生存威脅而出現史無前例的擴張，從四百二十億美元增加到二千四百五十億美元。在這四年間，美國的債務佔GDP比率從五〇％升高至近一二〇％，為美國史上最高紀錄。國債從一九四一年到一九四五年增加二千三十億美元，讓小羅斯福在頭兩任內增加的二百三十億美元相形見絀。小羅斯福的財政政策與過去的總統從一七八九年以來的政策相似：美國根據需要擴張債務以贏得戰爭，並在戰後減少債務。美國歷來在死傷人數上最血腥的戰爭，需要歷來以美元計算的最大幅度國債擴張。這次的戰時擴張國債符合美國建國以來的財政政策。

接下來四任政府——杜魯門、艾森豪、甘迺迪和詹森——在國會的合作與聯準會公開和暗中協助下，大幅降低了美國的債務佔GDP比率，從小羅斯福政府結束時的一二〇％，降到一九六九年一月詹森任期結束時的三八．六％。達成這麼大降幅是透過偶爾出現的財政盈餘（一九四七年到一九四九年、一九五一年、一九五六年到一九五七年、一九六九年）、強勁的實質成長（從一九四五年到一九四七年的戰後衰退後，美國經濟連續多年大幅成長，包括一九五〇年成長八．七％、一九五一年成長八．一％、一九五五年成長七．一％、一九六五年成長六．五％，和一九六六年成長六．六％；分析師只要拿這些成長率來比較從二〇〇九年六月到二〇一八年六月的九年間平均每年實質成長率只有二．二％，就能明白為什麼強勁的實質成長是高債務佔ＧＤＰ比率的最佳解方），以及聯準會的金融壓迫政策（維持名目利率在略低於通貨膨脹一段較長的時期，以降低名目債務的價值）。這段期間美國參與兩次重大戰爭——韓戰和越戰——但債務佔ＧＤＰ比率持續下降，因為韓戰軍費以加稅支應，而越戰軍費因為甘迺迪－詹森任內強勁的實質成長而有能力負擔。

戰後債務佔ＧＤＰ比率穩定下降在尼克森、福特和卡特任期（一九六九年到一九八一年）得以持續原因不太一樣。一九七〇年代的實質成長不如一九六〇年代那般強勁（一九七四年到一九七五年和一九八〇年出現衰退），但高通膨——特別是一九七六年以後——的影響卻和一九五〇年代一樣大。提高利率未能阻止通膨上揚，直到伏克爾（Paul Volcker）在一九八〇年以二〇％的利率澆滅通膨。只要名目ＧＤＰ增加比赤字加上利息的支出快，債務佔ＧＤＰ比率在實質ＧＤＰ成長疲弱的情況下仍得以下降。

一九五〇年代的規劃、一九六〇年代的好運，和一九七〇年代的通貨膨脹加起來，終於讓美國的債務佔ＧＤＰ比率在一九八一年一月卡特總統卸任時降至三二．五％，與一七九〇年華盛頓總統頭一任時相當，並創下一九三〇年代以來的最低紀錄。從一九四五年到一九八一年的七任民主黨和共和黨政府期間，戰後國家債務的沉重壓迫逐漸紓解到一個可以永續、甚至令人稱羨的水準。那是一個財政鷹派可以自豪的時刻，只是它稍縱即逝，後來的債務佔ＧＤＰ比率再也沒有那麼低過。

在重溫這段經濟史後，讓我們把故事轉向過去四十年，在這段期間支出逐漸與國家安全或生存威脅脫鉤，國家債務擴張和減少的輪替被長期擴張取代，達到讓國家為之蒙羞的地步。

美國從雷根到川普的崩解

人口結構變遷和生產力下滑已使高成長難以企及，少了高成長的美國，債務解脫之道只有違約、通貨膨脹、變賣資產、IMF的紓困，或其中幾個選項併用。違約將立即造成未清償公債持有人的損失，和其他債券持有人的債券市值損失，因為利率將隨著違約風險升高而飆升。通貨膨脹藉由把損失不加區別地分散給所有形式的美元債權持有人——包括銀行存款、貨幣市場基金、年金給付、保險單、退休年金和長期合約——而減輕政府的債務。變賣資產是國家的恥辱，希臘從二〇一〇年到二〇一五年的主權債務危機後就是個例子。美國的公園和公路等資產對外國投資人沒有價值，因為它們無法遷移、利用或用來創造現金報酬。IMF紓困將要求美國放棄一部分的經濟控制權給不受控制的全球機構，勢必遭遇政治阻力，並可能帶來難以預料的後果，包括IMF的特別提款權（SDR）可能在中國的堅持下，取代美元成為基準全球準備貨幣。

這些悲慘的結果之一將無法避免。若要了解為什麼，得先從思考美國的債務佔GDP比率下手。債務本身無法單獨分析，它必須與支持債務的可得收入比較。比較國家的債務和收入和在分析個人的收支情況時沒有兩樣，二．五萬美元的信用卡帳單會不會成為一個問題，將取決於你的收入：如果你一年賺二萬美元，二．五萬美元的信用卡債利息和罰款將壓垮你，也許迫使你宣告破產；另一方面，如果你一年賺五萬美元，你很可能用銀行帳戶的錢輕鬆償付卡債。重點是如果不看支應債務的可得收入，將無法判斷二．五萬美元的債務是高或低。

國家的情況也一樣。美國今日的債務有二十二兆美元，這是高或低？如果美國GDP是六十兆美元，分析師會認為二十二兆美元債務是低，可以輕易地管理。美國的債務佔GDP比率將是三七％（22÷60＝0.37），和一七九〇年和一九八一年的水準相當。相反的，如果GDP只有二十一兆美元，那麼債務佔GDP比率將是一〇五％（22÷21＝1.05）。當然，美國的情況是後者，債務佔GDP比率為一〇五％，達到危險和不穩定的水準。要知道美國如何走到這個地步，得回顧近四十年在雷根、老布希、柯林頓、小布希、歐巴馬和川普等總統任內的財政政策。從一九八一年到二〇一九年期間的財政政策可以用一個奇怪的句子來總結：餵養野獸，餓死野獸。

野獸是對納稅人的錢貪得無饜的美國政府。餵養野獸指的是以龐大的赤字支持擴張支出；餓死野獸則指削減支出和財政審慎。支出增加和支出減少的輪替被加稅和減稅放大，使赤字變得更大或更小，不同於光看支出的計算。問題是餵養野獸、餓死野獸策略被連續幾任政府用來綑綁繼任者的手，並造成破壞性的結果。這股重複出現的破壞力量加上成長和赤字的簡單數學，導致美國今日發現自己深陷於債務泥淖。一九八一年一月雷根宣誓就職第四十任美國總統時，美國的債務佔GDP比率是三二．五％，是一九三〇年代以來最低水準。雷根上任時面對了許多挑戰，包括高達二〇％的利率、一五％的通貨膨脹，和嚴重的經濟衰退，也是大蕭條以來最糟的情況，讓他上任頭兩年心疲力絀。儘管如此，債務比率低，美國的信用很堅實。

一九八二年聯準會主席伏克爾壓制通貨膨脹後，利率下降，衰退隨之結束，一段強勁的成長期開始，從一九八三年持續到一九九〇年。這是所謂「美元王」（King Dollar）的時代。與流行的神話相反，雷根不是財政保守派，他是大支出者。雷根視他繼承的低債務比率為協助他贏得冷戰的工具，他以過去的戰時總統林肯和小羅斯福一樣的決心，決定要贏得勝利。

冷戰是攸關存亡的衝突，一如南北戰爭或第二次世界大戰。雷根利用財政赤字和舉債能力支應龐大的軍事擴張，包括戰略防衛計畫（SDI；又稱星戰計畫）的反導彈科技，和六百艘船艦的海軍。到一九八〇年代中，克里姆林宮領導階層發現他們在軍事或財力上已趕不上美國。

戈巴契夫在一九八五年出任蘇聯領導人，並與雷根展開談判以降低擴張軍事的緊張，開放蘇聯社會，並給蘇聯人現代化其經濟的空間。談判很成功，但蘇聯的開放過程加上納入赫爾辛基協議的若干保證，導致蘇聯失去控制，中歐爆發抵抗運動，最後造成蘇聯在一九九一年崩潰。除了龐大的冷戰支出外，雷根上任後不久也推動通過大幅減稅，對債務和赤字增添更多壓力。在雷根時代，美國的債務佔GDP比率從三二・五％升高到五三・一％，為一九六〇年代初期以後的最高水準。

值得稱許的是，他打贏了冷戰。蘇聯的崩潰發生在一九九一年十二月二十五日老布希任內，但歷史學家正確地把勝利歸功給雷根的軍事和科技政策。雷根有理由相信美國會保持「舉債贏得戰爭勝利、戰爭結束後再減少債務」的歷史樣板。

但一股新力量在其中運作。雷根政府的早期是一個餵養野獸方法的例子，包括減稅和大舉擴增支出；造成的赤字將迫使後來的政府削減支出，也就是餓死野獸的作法。這股力量即減稅導致政策損失稅收，而高債務比率則迫使政府降低赤字，在低稅率環境下降低赤字的唯一方法是削減支出。這正是雷根當時的財政保守派希望的結果。

雷根政府的大手筆支出、減稅政策在刺激經濟成長和贏得冷戰上極為成功。赤字的清算日將落在後來的政府，迫使它們採取不受歡迎的措施，例如加稅或削減支出。原本的餵養野獸政策將變形成餓死野獸，並使接續的執政者綁手綁腳。後續兩任政府的情況，包括共和黨和民主黨各一任，就是如此。

到一九八八年夏季，雷根政府即將屆滿，下一屆總統的競選活動如火如荼地展開。一九八八年的競選由雷根的副總統老布希對上民主黨的杜卡基斯（Michael Kukakis）。民主黨已呼籲加稅以填補雷根的赤字。

一九八八年八月十八日在紐奧良舉行的共和黨提名大會中[17]，老布希宣稱：「國會將逼迫我加稅，但我會拒絕。他們會再逼迫，而我還是會說不。然後他們再逼，我會告訴他們：『聽清楚了，絕不加稅。』」這個保證的目的是提振共和黨保守派對老布希的支持，他們贊成削減支出，但反對加稅。結果奏效，老布希輕易獲得提名，而且在大選中也輕易擊敗杜卡基斯。不加稅的保證是老布希談論經濟最令人難忘的口號，美國人至今都還記得。

遺憾的是，赤字不支持老布希的保證。在他任期的一半，美國的債務佔ＧＤＰ比率跨過六○%大關。經濟學家認為這是一條紅線，六○%的水準被治理歐盟的馬斯垂克條約當作統一的歐盟財政政策可以容忍的上限。

由達爾曼（Richard Darman）率領的老布希顧問團，必須與共和黨控制的國會達成預算妥協，以調和衝突的財政目標。民主黨堅持加稅是包括削減支出或權益計畫改革方案的一部分。老布希接受了，並獲得共和黨領導人的支持。不過，他失去共和黨選民的支持[18]。一九九○年，《紐約郵報》的標題是：聽清楚了……我說謊。

從財政審慎的觀點來看，老布希的作法有其合理性。債務佔ＧＤＰ比率先是維持平穩，然後開始略微下降，回到關鍵的六○%水準。他的政策可能合乎經濟理論，但在政治上是一大敗筆。老布希在一九九二年大選敗給柯林頓，部分原因是選民不滿他違背不加稅的保證。餓死野獸有效，美國回歸降低債務佔ＧＤＰ比率的道路。對老布希來說，不幸地野獸吞噬了他連任的機會。新總統柯林頓現在必須面對雷根之後的餓死野獸苦果。

柯林頓是十二年來第一個民主黨總統。上一個民主黨總統卡特是一位財政保守派的前南方州長和技術官僚，他的支出選項受到任內發生的高通膨和美元幾近崩潰的嚴重限制。在卡特之前，共和黨掌控白宮八年。柯林頓之前的大支出自由派民主黨總統是一九六九年卸任的詹森。自由派民主黨從詹森到柯林頓等了近一世代，想要有一個再續小羅斯福、杜魯門和詹森執行大社會支出計畫的傳承機會，而柯林頓則代表自由派對重振大支出的希望。

他們的希望很快就破滅了。柯林頓面對和老布希一樣艱困的財政現實。雷根遺留的餓死野獸鬼魅徘徊於白宮西廂辦公室，民主黨和共和黨同意必須採取財政審慎政策以把債務比率降至六〇%以下，唯一不同意的是達成目標所需的稅、削減支出和權益計畫改革的正確比率。柯林頓的首席經濟顧問魯賓（Bob Rubin）警告柯林頓可能發生稱作債券義勇軍（bond vigilante）的新危險，義勇軍指的是對通貨膨脹極其敏感的大銀行債券交易商和機構投資人。一九九〇年代的義勇軍全盛期出現於二〇〇〇年代初通貨緊縮恐慌之前很久，當時高赤字被認為可能引發通貨膨脹，因為投資人擔心聯準會會像一九七〇年代那樣將債務貨幣化。憂慮通貨膨脹導致的高利率，可能減緩經濟成長。魯賓敦促柯林頓削減支出和加稅，以安撫債券義勇軍，讓他們相信赤字並未失去控制。柯林頓最親近的政治顧問卡維爾（James Carville）說[19]：「過去我常想是不是真的有輪迴轉世。我想轉世當總統或教宗，或打擊率四成的棒球員。但現在我想轉世成為債券市場。你可以威嚇任何人。」這段話傳神地描繪了柯林頓第一任之初面對的現實。

柯林頓比較幸運的是，民主黨掌控國會直到一九九五年一月，所以能藉一九九三年的削減赤字法案推動他的加稅計畫。該法案把最高個人稅率從三一%提高到三九．六%，並持續到二〇一七年川普減稅為止。柯林頓也是所謂和平紅利的受益者，也就是削減國防支出。雷根－老布希在冷戰上全面的成功使國防支出得以大幅削減，而不至於危及國家安全。在冷戰後減少國防支出對債務佔ＧＤＰ比率的影響和在第二次世界大戰後一樣：債務比率下降。加稅、削減國防支出，加上聯準會主席葛林斯班穩健的貨幣政策，對債務比率發揮了奇效，使它在柯林頓期間穩定滑落，到第二任結束後降到五六．四％，已遠低於六〇％的臨界門檻。

儘管遭遇政治反對和彈劾，柯林頓的個人支持度仍然很高，他任內出現美國史上最長的承平時期經濟擴張。柯林頓在卸任時創造出一筆小財政盈餘，為一九六九年以來所僅見。當時的債券義勇軍間曾議論美國公債市場可能消失，因為柯林頓可能決定不再展延到期的公債，創下傑克遜總統以來的首例。

老布希和柯林頓都屈服於雷根佈下的餓死野獸陷阱，兩人都因此而提高稅率和付出政治代價：布希輸掉一九九二年的選舉，柯林頓輸掉一九九四年的國會。儘管如此，他們的政策讓債務比率恢復掌控，但朝向永續債務佔ＧＤＰ比率的進步，到了小布希二〇〇一年一月上任和九一一恐怖攻擊後突然中止。小布希宣誓就職不到八個月後，美國再度發動戰爭。這一次不是冷戰，而是熾熱的飛彈戰，但不是針對一個國家。小布希發動反恐戰爭。不難想見，美國的債務佔ＧＤＰ比率開始再度攀升，一如獨立戰爭、南北戰爭、第一次和第二次世界大戰，以及冷戰時期。不同的是，這一次是從較高的水準攀升。冷戰勝利的戰費尚未償付完，反恐戰爭已經開打。

小布希很快從柯林頓和老布希的餓死野獸政策，轉變到雷根餵養野獸策略的新版本。小布希在二〇〇一年和二〇〇三年實施兩輪大減稅，並積極擴增國防和情報支出。到二〇〇三年，小布希同時進行三場戰爭，分別在阿富汗、伊拉克和對抗全球恐怖主義。大多數美國人剛開始不會質疑這些戰爭和擴大戰場的策略，原因是九一一攻擊的創傷未癒，以及了解美國必須保護在中東的利益。大多數美國人也歡迎小布希以減稅紓解二〇〇〇年到二〇〇一年的衰退、網路股市崩盤，和柯林頓時代的重稅。

雖然如此，這對債務比率的影響來得很快且一如預期，從小布希上任時的五六・四％到他兩任總統卸職時來到八二・四％，為杜魯門政府和第二次大戰結束以後的最高水準，也遠超過柯林頓努力避免跨越的六〇％臨界門檻。但這波債務比率攀升符合戰時債務增加的歷史模式，只不過是從較高的基準增加。到小布希任期結束，伊拉克戰爭已經結束，阿富汗戰爭和反恐戰爭轉變成長期鬥爭，支出雖然依舊龐大，但增加幅度已不像二〇〇二年到二〇〇七年間的速度。小布希走的是雷根的老路，採取餵養野獸策略，並留給繼任者歐巴馬餓死野獸的菜單。小布希將綑綁歐巴馬雙手，讓他別無選擇，只能靠削減支出來讓債務比率降回可控制的水準。小布希對歐巴馬做的事，就像雷根對老布希和柯林頓所做的。

人算不如天算，在小布希任期最後幾個月，美國遭遇大蕭條以來最嚴重的金融危機。這給了歐巴馬絕佳的理由來擴大支出以紓解金融危機，而非削減支出。歐巴馬非但沒有餓死野獸，反而以更大規模的餵養野獸來加倍押注。在歐巴馬當家的二〇〇九年，美國跨出走向完全金融毀滅的一步。

歐巴馬第一任（二〇〇九年到二〇一三年）龐大的赤字原因不僅是小布希餓死野獸策略的結果，也是長久以來進步主義民主黨總統和他們的美國願景。柯林頓和卡特都未能達成進步主義民主黨人擴大支出和權益計畫的期待。卡特是一個受惡性通膨箝制的財政保守派，柯林頓承受債券義勇軍的若干壓力，並在一九九四年後遭到共和黨國會的杯葛。

進步主義者只要回顧詹森的大社會計畫和小羅斯福上任頭一百天（一九三三年），就可以看到他們想要的那種政府行動主義。具里程碑意義的社會安全和聯邦醫療補助計畫分別由小羅斯福和詹森實施，歐巴馬就職時，已有超過四十年未曾出現類似規模的社會法案。進步主義者渴望社會支出，歐巴馬似乎是他們引頸企盼的進步主義領袖。

歐巴馬有現成的理由推動進步主義者想要的計畫，而無需假借過去同黨總統之名。二〇〇八年的全球金融危機導致經濟重挫，失業率飆升。由羅默（Christina Romer）、桑默斯（Larry Summers）、拉特納（Steve Rattner）組成的白宮經濟團隊不是激進的進步主義者，而是傳統的新凱因斯派。他們的解決方案不難預測——用大規模赤字支出刺激經濟。刺激將來自一個神祕的凱因斯乘數，據羅默估計，每一美元的赤字支出將製造超過一．五美元的成長。

歐巴馬和他最親近的政治顧問賈勒特（Valerie Jarrett）的任務是，混合進步主義者的願望清單和新凱因斯刺激政策，成為二〇〇九年美國復甦與再投資法案（ARRA）。這項八千三百一十億美元的赤字支出方案，外加於先前已批准的基準支出，和隨著衰退調升的失業保險與食物券自動穩定支出之上。

二〇〇九年的刺激法案被宣傳為可立即用來建設基礎設施，但那是桑默斯的詐騙手法，其中只有一小部分被用於重大基礎設施或擴增生產力。那些錢大部分流向支持自由派利益團體，如教師、市政府僱員、醫療照護員工、社區組織者，和其他可能在衰退中遭裁員的人。二〇〇九年刺激法案是美國歷史上最揮霍無度的進步主義支出。

從一九四六年到二〇一六年的七十年間，美國的平均年預算赤字為GDP的二．一％。對照之下，二〇〇九年歐巴馬上任後的赤字佔GDP比率為九．八％、二〇一〇年為八．七％、二〇一一年為八．五％、二〇一二年為六．八％。直到二〇一四年，預算赤字才降至較接近歷史平均水準。從二〇〇九年到二〇一七年歐巴馬任內，美國國債增加一倍多，從九兆美元增至近二十兆美元。債務佔GDP比率飆升超過一〇〇％，與嘗試迫使繼任總統採取餓死野獸政策的小布希預料的結果相反。

歐巴馬製造出再糟糕不過的結合：龐大的赤字、飆升的債務佔GDP比率，和大幅度加稅。如果經濟一如新凱因斯派預期的強勁成長，這種結合也許還可忍受。歐巴馬的顧問相信，如果債務增加十一兆美元，那麼成長可以創造十五兆美元，減緩舉債對債務佔GDP比率的衝擊。但預期未能實現，從二〇〇九年六月經濟復甦到二〇一六年底，美國經濟的平均年成長率只有二．〇五％，為史上最疲弱的復甦，遠不如一九八〇年後經濟擴張的平均年率三．一九％，以及雷根初期（一九八三年到一九八六年）經濟擴張的平均年率五％。

帶著不祥預兆的是，歐巴馬疲弱的經濟表現是在承平時期製造的，而非戰爭時期。不像柯林頓任內，這一次沒有和平紅利。沒有像歷來戰後出現的遞延消費、就業市場緊俏或追加投資。非但沒有遞延消費和投資，歐巴馬以赤字強推成長，留下永久性的產出缺口，使下一任政府更難創造強勁的成長。

川普在二〇一七年一月二十日宣誓就職第四十五任總統，美國股市和全球投資人對他莫不抱著殷切期待。川普承諾的減稅、放寬監管和以赤字擴大國防與關鍵基礎設施支出，是雷根政策的翻版。川普最親近的經濟顧問包括馬爾帕斯（David Malpass）、摩爾（Steve Moore）、庫德洛（Larry Kudlow）、拉弗（Art Laffer）、福布斯（Steve Forbes）和謝爾頓（Judy Shelton），其中有一些是一九八〇年代雷根革命的老兵。川普已準備再以減稅和更大的赤字來餵養野獸，但這頭野獸已被小布希和歐巴馬藉由戰爭債務和進步主義黨派酬庸餵養了十四・四兆美元。川普的碗已將空了。

川普的顧問敦促他仿效雷根的作法，但一九八一年具備的條件到了二〇一七年已不復存在。雷根時期三五%的債務佔GDP比率已成遙遠的記憶，川普繼承的是一〇五%的債務佔GDP比率。他的政府已沒有財政刺激的餘裕，而且在沉重債務負擔下所謂的刺激能否奏效仍大有疑義。

在川普政府的頭兩年，對美國債信的信心已搖搖欲墜，但這並未阻止白宮和共和黨掌控的國會採取冒進的財政政策。二〇一七年底，國會通過川普的減稅法案，為美國在十年間增添二・三兆美元債務，並悄悄放棄這項減稅必須達成稅收中性的條件。放棄稅收中性的條件後，國會和白宮轉而依賴拉弗曲線，宣稱減稅將刺激成長，帶來的新稅收將足以彌補減稅損失的部份。在真實世界中並沒有實證支持拉弗曲線，除非是起始於一個稅率極高的情況。拉弗曲線大體上是一個夢幻理論，正如歐巴馬依賴的新凱因斯乘數。

二〇一八年一月，川普減稅案通過後數週，國會取消國防和自由裁量國內支出的上限。共和黨希望增加國防支出，而民主黨希望增加國內支出，他們的妥協就是皆大歡喜。取消這些支出上限為未來二年增添三千億美元赤字（這些支出增加並不包括二〇一七財政年花在哈維、艾瑪和瑪莉亞颶風，以及加州野火的預算外災難救助支出約一千四百億美元）。減稅加上增加支出造成年赤字再度突破一兆美元大關，並將使美國的債務佔GDP比率從一〇五%升高到一一五%。外國投資人意識到債務即將崩潰，紛紛降低他們在美國公債的曝險。外國投資人購買美國公債的淨額從二〇一〇年歐巴馬赤字出現後開始逐漸減少，直到二〇一六年淨買進轉變成淨賣出。美國公債市場已發生一波緩慢的恐慌性賣出，因為投資人預期債務危機已經展開，且將加快腳步向前邁進。

減稅支持者的另一個理由是，川普的稅務法案改變了美國對全球企業境外盈餘的稅則，允許數兆美元的境外盈餘以極優惠的稅率回歸美國母公司的帳冊。匯回的盈餘將創造一波流回美國的現金潮，用來投資於能刺激美國成長的工廠設備和就業機會。全球市場中的美國公司的所有「境外」盈餘幾乎都已投資在美國市場，而且向來如此。因此不會有流回母國的現金潮，因為現金已經在美國。境外盈餘雖然為了會計原因留在愛爾蘭和開曼群島子公司的帳冊，但大多數都已投資在美國債券和貨幣市場。川普的稅務法案允許這些錢記載於總公司的帳冊，並允許遞延稅項撥回。這是一項會計記載，而不是現金潮流回母國。匯回盈餘的說法向來是引誘媒體、國會和一般市民贊成一項為共和黨的企業捐獻者帶來龐大會計利益的神話。過去投資在公債、公司債和銀行存款的境外現金，確實可以拿來投資於廠房設備，但這又是另一個神話，因為大多數現金並未重新投資於新廠房設備，而是被用來發放股利和買回股票，且股東獲得的利益對支持長期成長和就業創造並無多少助益。過去十年來想在美國投資廠房設備的全球公司，只要以境外現金擔保的二%銀行借款就可輕易做到。所以就川普稅務法案來說，成長和投資的故事只是海市蜃樓。

川普的公司稅效應甚至比匯回現金的空話更糟糕。新稅法意料之外的結果之一是，它製造了讓美國公司在海外而非國內進行新投資的誘因。這是因為美國公司可以用對匯回境外獲利一次性的降稅，來交換五十年豁免對所有未來境外盈餘的課稅。

在川普稅務法案前，美國對全球公司的全球獲利課稅，包括立即課徵或等到匯回時課徵，或在若干技術條件下課徵。現在美國只對國內獲利課稅，境外獲利則可豁免。稅務法案的支持者指出，美國的公司稅從三五%降至二一%是吸引企業投資在母國的誘因。不過，二一%仍然高於〇%。只要公司能找到零稅率的避稅天堂，它們寧可投資在那裡而避開美國。美國現在已沒有辦法對那些獲利課稅，或以遞延方式對它們課稅。獲利和獲利帶來的就業，將永遠留在境外。

川普的顧問堅持他們可以透過高於平均水準的成長來避免債務危機。這在數學上有可能，但實務上的可能性極低。債務佔ＧＤＰ比率是由兩個部分構成的——名目債務構成的分子，和名目ＧＤＰ構成的分母。在數學上確實當分母的成長快於分子時，債務比率就會下降。川普團隊希望一年的名目赤字為三％，而名目ＧＤＰ成長為六％，其中包括四％的實質成長和二％的通貨膨脹。如果能確實達成，那麼債務佔ＧＤＰ比率就能下降，危機就得以避免。

這個預測引發各界的質疑。據國會預算處的數字，赤字已接近ＧＤＰ的五％，且預測未來幾年還會更高。國會預算處預測的這些數字幾乎已確定太樂觀，因為他們預測未來二十年不會衰退，而從目前這波擴張期已創下第二次世界大戰以來最長的紀錄來看，這個預測實際上不可能實現。經濟擴張不會因為時間太久就停止，但它們一定會停止。如果未來三年內出現衰退——很有可能的假設——赤字將因為自動平穩機制和經濟成長減緩導致稅收減少而增加數千億美元。新的衰退將殺死成長並同時導致赤字膨脹。即使不出現衰退，國會預算處預測二〇一九財政年的實質成長為二．四％，核心通膨為二．一％。那將造成四．五％的名目成長，不足以搭配五％的赤字。即使在國會預算處樂觀預測下，債務佔ＧＤＰ比率仍會上升。

國會預算處沒有預留利率大幅上升的餘裕。二十二兆美元的債務大部分是短期債務，如果利率上揚兩個百分點，很快將因為利息支出增加而一年增添四千四百億美元赤字。美國已超越歐巴馬在二〇一二年到二〇一六年擁有的人口結構甜蜜點，從現在起，退休的嬰兒潮世代要求的社會安全、聯邦醫保、聯邦醫補、失能給付、老兵福利和其他計畫，將推升赤字繼續攀高。

最後，國會預算處未考慮羅格夫（Kenneth Rogoff）和萊因哈特（Carmen Reinhart）對債務影響成長的突破性研究。六〇%的債務佔GDP比率被經濟學家認為是一條紅線，債務水準超越它可能變成難以為繼。萊因哈特和羅格夫的研究顯示，一個更加危險的債務佔GDP比率門檻是九〇%，達到此一門檻的債務本身就會削弱成長展望的信心，部分原因是擔心稅率提高或通貨膨脹會導致長期的成長趨勢明顯下滑，這時候將出現債務的死亡螺旋。美國已遠遠超過觸發債務死亡螺旋的九〇%，情勢也一年比一年惡化。

這些不利因素勢必使川普的成長預測無法實現。在比預期高的赤字和比預期低的實質成長下，川普政府只有一個辦法在信心危機出現前降低債務比率——通貨膨脹。如果通貨膨脹升高到四%，加上聯準會的金融壓迫能將利率控制在約二·五%，以及不出現衰退，那麼就有一點可能達成六%名目成長和五%赤字——只夠保持控制債務比率，甚至只略微降低它。儘管如此，這種假設情況也不可能發生。聯準會已經有七年未能創造超過二%的通貨膨脹，所以沒有人敢說它能在短期內創造四%的通膨。五%的赤字預測也不切實際，因為有減稅、放鬆自動減支機制、學生貸款違約和其他不利因素。現在美國很可能出現債務死亡螺旋。

搶劫犯的共謀

晚近在審慎和怠忽債務之間猶豫不決的政府是不分政黨的，過去四十年來大幅提高債務佔GDP比率的政府包括三位共和黨總統——雷根、小布希和川普——和一位民主黨總統歐巴馬；守住或降低債務佔GDP比率的總統包括一位共和黨總統老布希，和一位民主黨總統柯林頓。債務失控無法只怪罪一個黨，而是兩黨都有過錯，而且兩黨在不同時候都曾節制債務。

赤字支出的控制變數不是哪個黨掌控白宮，而是國會的氛圍。國會支持雷根以減稅來因應一九八一年的嚴重衰退。國會也支持雷根政府大幅增加國防支出，因為前任卡特對國防的疏忽，也因為被雷根定義為「邪惡帝國」的蘇聯帶來的威脅。同樣的，國會在一九九〇年老布希政府期間不分黨派一致決定加稅和減少支出。當時柏林圍牆已經倒塌，蘇聯分崩離析，美國是唯一稱霸世界的國家。保守派共和黨人希望控制支出，民主黨堅持加稅以交換他們支持削減支出，所以國會在一九九〇年同時加稅和減少支出。柯林頓在一九九三年也加稅，但要求以新增的稅收擴大支出。在一九九四年的期中選舉金瑞契（Newt Gingrich）和共和黨奪下眾議院的掌控權後，柯林頓也不得不同意削減支出。其結果不僅是赤字減少，還在柯林頓任內最後幾年創造出財政盈餘。赤字不完全是白宮許願清單上的產物，而更是白宮和國會共同的優先項目。

二〇一八年二月跨黨派預算協議取消所有自由裁量支出的自動減支機制上限，其中增加的國防支出只是頭期款。國防支出周期可能長達十年以上，後續的支出減少周期可能也一樣長。當軍方採購既有的武器系統、開發新系統、更新戰力和補充消耗的巡弋飛彈庫存時，擴張的軍力需要高成本的維護、訓練和部署。只要民主黨堅持同樣金額的國內支出以交換軍事支出，二〇一八年的三千億美元赤字的影響到二〇一九年將擴增到四千億美元以上，且再延續好幾年。

川普稅務法案的後果主要得歸咎於共和黨，而國內支出大撒幣主要是民主黨的錯。白宮照單全收。兩大黨都是這波債務潰敗的罪魁，受害的一般市民承受的惡果將是成長減緩與利率升高。美國的償債能力已岌岌可危。

除了減稅、取消預算上限和其他升高債務的優惠措施外，我們還得考慮華盛頓特區沒有人願意承認的一個嚴重問題——學生貸款債務。二〇一九年的總學生貸款餘額已超過一．六兆美元。換一個角度看，二〇〇七年危機爆發時的次貸和其他高風險抵押貸款的總餘額為一兆美元，所以現在累積的學生貸款債務比上一波金融危機時累積的垃圾級抵押貸款還高出五〇％。一．六兆美元這個數字不是靜止不變的，它到二〇二〇年將增加到一．七兆美元，並繼續增長。學生貸款是比抵押貸款更大的金融威脅，因為違約率更高。在二〇〇七年到二〇〇八年的抵押貸款危機最高點，所有抵押貸款的違約率只有略高於五％，是歷史最高水準，但仍可控制。目前的學生貸款違約率高達一五％，且正快速攀升。

違約率如此高的原因很多，學生貸款授與合格學校的兼職和全職學生，不管他們有多少收入、資產或信用紀錄如何。許多貸款人缺少基本的財務知識，不知道自己的債務相對於未來收入展望的輕重。從學校畢業時負債十萬美元的學生經常發現，他們找不到薪資高過最低工資的工作。他們搬回父母的家，然後聽天由命。幾個月後那些學生貸款者已繳不出欠款。

利息加上懲罰金不斷累積，不久後未清償的債務已因為複利效應而增加五〇％。

學生貸款違約影響財政赤字，因為約九〇％的學生貸款是由美國財政部擔保。這些擔保貸款由銀行授予，並由銀行或專業貸款服務公司發放。只要貸款的償付正常，財政部的擔保就不會列入聯邦預算帳目。當貸款第一次拖欠時，放款銀行和服務公司便與貸款人協商解決方法。遲繳貸款可以獲得寬限；一些類型的公職工作可以獲得貸款的遞延償付或豁免；在某些情況下，整合再融資可以用來延長貸款期和降低每月繳款。只要這些安排程序持續下去，壞帳就不會出現在財政部的帳冊，這種延長和粉飾太平的作法已行之有年。愈來愈多銀行已經和貸款人走到程序盡頭，並向財政部要求支付。到了某個時點，財政部必須支付授予貸款的銀行，並取得由服務公司保管的貸款檔案所有權。

到二〇一六年總統大選時，欠款的議題已經白熱化。候選人希拉蕊．柯林頓和桑德斯（Bernie Sanders）了解年輕選民被他們的學生貸款債務負擔壓得喘不過氣來，他們都提出不同形式的減免，包括豁免貸款和新學生免學費措施。千禧世代聽到這些競選承諾，有些人乾脆停止償付貸款，期待希拉蕊．柯林頓勝選和債務大解脫。她的勝選期待落空，但債務違約潮卻接踵而至。這種競選承諾誘導轉向法在二〇二〇年總統選舉將更顯著，因為民主黨候選人已擦亮他們的債務減免提議。另一波由些假的希望引發的違約潮即將來臨。

學生貸款的問題對經濟的負面影響遠超過赤字。當年輕人拖欠學生貸款時，他們的信用評級受損。不良的信用評級讓他們更難找到工作、租房子、申請房貸或汽車貸款。學生貸款拖欠和不良信用評級阻礙了組織家庭和伴隨而來的消費，例如購買家具、電器用品、衣服等。學生貸款的負面影響透過減緩成長而削減債務佔GDP比率的分母，並透過升高的赤字而提高了分子，對美國維持國債的永續性來說是雙重打擊。學生貸款虧損的拖累即將衝擊美國財政部。根據目前的違約率，每年的虧損將達二千億美元或更高。違約潮並未適當地計算在官方估計的預算赤字中，但違約將在二〇一九年以後使赤字增添數千億美元。若不聰明地透過財務諮詢和更審慎地放款作業來解決這個問題，將帶來又一個跨黨派怠忽的惡果。

無法回頭的點

經濟學有一句古老的格言說，如果一件事無法永遠持續，它就不會永遠持續。美國的債務佔GDP比率正接近無法繼續擴增而不引發信心危機的點。美國永遠不會無法履行其債務，因為聯準會可以印鈔票償付它。通貨膨脹是過高債務的完全藥方，問題是如何觸發通貨膨脹，因為央行似乎無能為力。美國的主要債權人如外國央行、主權財富基金和大型投資機構坐以待斃。它們會密切觀察趨勢，發現通貨膨脹是擺脫沉重債務的唯一方法，並預先轉移美元資產。拋售美元將壓抑美元匯價，提高美國財政部的借貸成本，進而觸發一場債務的死亡螺旋。這種投資人信心轉變的心理現象觸發通貨膨脹的能力大過央行的政策，政策制定者和銀行家的難題是，這種轉變可能一夕間發生，通貨膨脹似乎可能轉眼間便出現。

這種債務炸彈假想情況的批評者有一個簡單的反駁，和希臘或阿根廷不同，美國的債務是以一種美國可以自己印刷的貨幣計價。不管債務多高或利率多少，財政部可以直接或間接透過銀行初級交易商把債務賣給聯準會。聯準會印製鈔票來償付債務，並在債務到期時從聯準會的資產負債表中註銷。這個反駁的缺點是對美元價值有無限信心的假設。根據這個說法，不管印製多少鈔票或舉債多少都不會動搖對美元的信心，部分原因是法定貨幣的法律，部分原因則是市民必須取得和持有美元以繳納稅金。但這個觀點忽略了歷史、心理和常識。對貨幣的信心很脆弱、容易淪喪，而且不可能恢復。

即使可以無限制地大量印製美元（聯準會可以這麼做），同時繳稅是義務，但這不表示市民會被迫持有超過納稅所需的美元。市民可以把稅後剩餘的錢配置在其他資產如土地、自然資源、藝術品或私募股權。市民也可用美元換取貨架上的食物、汽車用的汽油、新衣服、其他必需品，甚至奢侈品、度假和高價禮品。當市民競相抛出美元購買可得的替代品時，結果是在膨脹的貨幣供給上添加更高的貨幣流通速度。貨幣的量化理論顯示，擴大貨幣供給和增加貨幣流通速度加起來若超過經濟的潛在成長率，勢必導致通貨膨脹。

各國央行過去十年來未能達成想要的通貨膨脹，並不是因為沒有嘗試過。聯準會大幅擴大貨幣供給並假設流通速度會加快，但未能如願。流通速度過去二十年來大幅滑落，聯準會不了解流通速度是一項行為變數，而不是常數或線性函數。心理驅動的行為在超過臨界門檻後可能立即改變，心理學家稱它為相變、數學家稱它為超同步（hyper-synchronicity）、華爾街分析師稱它為黑天鵝，但他們未必了解它背後的原理。

不管怎麼稱呼它，結果都一樣——立即喪失對美元的信心和持續拋售美元、買進其他貨幣、硬資產或產品與服務。更高的通貨膨脹、甚至惡性通膨是無法避免的結果。

投資祕訣二

為未來幾十年成長減緩與定期出現的衰退預作準備

即便是最樂觀的預測——包括國會預算處的預測——也顯示，美國的債務佔ＧＤＰ比率在未來五年將穩定攀升，且五年後將隨著嬰兒潮世代退休人數和工作年齡人口萎縮而急速上揚。這些預測很可能因為模式錯誤而高估成長和稅收，較貼近現實的模式顯示，美國的債務佔ＧＤＰ比率到二〇二三年將超越一一五％。

研究也證明債務佔ＧＤＰ比率超過九〇％是實質成長減緩的因素之一，原因是消費者和投資人預期通貨膨脹和稅率會升高，或出現破壞性的債務違約。實際上消費者將增加儲蓄，企業將減少投資，兩者都是預防措施。政府無法靠借錢來解決債務問題。

把經濟預測和經濟研究加在一起，揭露出美國勢必出現一段長時間的經濟成長減緩期，並且偶爾陷入技術性衰退。美國就像日本。日本人一九九〇年到二〇〇〇年陷於痛苦的「失落十年」，之後這種失落又持續近二十年。美國從二〇〇七年到二〇一七年經歷它的第一個失落十年，現在已進入第二個失落十年。這種低成長的模式將持續存在，因為聯準會短期內似乎無法點燃通貨膨脹，也沒有戰爭爆發，或沒有新金融危機等因素造成的嚴重蕭條。

在成長減緩持續的假想情況下，投資人可以採取三個具體的策略以便獲利或保存財富。第一個策略是減少高股價、高成長的科技股、媒體和廣告股，特別是五大科技股（FAANG：Facebook、Apple、Amazon、Netflix、Google）。這些股票短期可能繼續上漲，但在另一個失落十年隱憂逐漸成真的情況下勢必下跌。避開這些股票可以在無可避免地股市修正時避免大虧損。

第二個策略是把投資組合的一部分配置在低成長和通貨緊縮情況下表現較好的證券，包括公用事業股、十年期美國公債和高品質市政債券。這些投資可提供穩定的收益，同時在通膨緩和的傾向持續時提供資本利得的潛力。

第三個策略是增加現金的配置。現金配置可降低投資組合的整體波動性，並提供通貨緊縮的保護，因為現金的實質價值在通貨緊縮時會增加。重要的是，在戰爭或通貨膨脹出乎意料發生時，現金可提供快速轉進其他資產類別的選擇力和能力。萬一另一次金融恐慌爆發導致資產價格暴跌超過五〇％——就像二〇〇八年的情況——現金也讓持有者有能力逢低買進。

這個低成長投資組合提供穩定的收益、為通貨緊縮避險、避開投資高價股的風險，以及在下一波衰退或崩盤時逢低買進的機會。美國花了五十年時間為自己挖了一個難以為繼的債坑，而且將無法輕易逃脫。有耐心的投資人可以等待這些債的結局，並避開其他人誤入的陷阱。

| 第三章 |

發現自由的成本

發現並為別人的錯誤貼標籤，比認清自己的錯誤容易得多，也遠為有趣[20]。

——康納曼（Daniel Kahneman），

《快思慢想》（*Thinking, Fast and Slow*），2011年

嗶，嗶，嗶

我住在康乃狄克州長島海灣（Long Island Sound）一座一百五十英畝的莊園十年。這座莊園不是我的，我只租用莊園裡一棟漂亮但很樸素的房子，讓我在其他更重要的建築之中——包括一座地中海式豪宅、馬車房和年代久遠的馬廄——得以擁有向海的景觀。我房東的家族擁有這座莊園超過一百二十年，他們是靠生產烘焙發粉和菸草致富。一些建築現在已經沒有人住，但馬廄裡仍養著純種馬，由可以進出設施的訓練師負責照料。我常想像一九二〇年代在這裡舉行的豪門宴會。今日這裡大體上既空蕩又安靜，是寫作的絕佳地方。

莊園有多條相連的私人小路，適合一八九〇年的馬車通行，但過於狹窄而無法讓今日的汽車交會。現在小路上已很少車輛，不過，少數開車的居民和訪客在會車時，表現都彬彬有禮。

住在一座大莊園的特別之處是，我的房子距離最近的公共道路有半哩遠。莊園裡少數幾個信箱位於距離公共道路不遠的一個小路交會口，那裡比較方便郵差進出。這讓我收信時不像只要跨出門口那樣方便，通常我會在開車來回鎮上時順便到信箱取信件。

那時候就免不了一場搏鬥。

如果我在晚上取信，我會把汽車對著信箱，利用汽車的頭燈在黑暗中照亮信箱，讓引擎保持運轉，然後跨出車外。

嗶嗶嗶嗶嗶嗶嗶……。

我那輛奧迪A5車會發出最刺耳的持續高頻嗶聲。我不知道為什麼，但可能是因為我把鑰匙留在車上；也可能是因為我讓車門開著，而引擎持續運轉和開著大燈；也可能我下車時鬆開安全帶，而引擎還繼續運轉；也可能是上述所有原因。引發的噪音讓人很不舒服，因為莊園裡通常很安靜，除非是風吹過海灣的聲音，這時候衝擊海岸的海浪和帶著鹹味的風讓人感覺更清爽。嗶聲毀了這裡的寧靜。

我會趕快跳上車，把郵件丟到前座，繼續開車回我的房子。這時候，開車在沒有其他車輛的私人小路上，離家只有一千碼，通常這段路我不會重新繫上安全帶，因為除了突然跳出的鹿外，沒有明顯的危險，而且在這裡住了十年後，我認識這裡的每一隻鹿，還給牠們取了名字。我願意冒這個險，一些德國工程師可能不同意。

叮、叮、叮、叮。

我的車正告訴我安全帶沒有繫上。我知道在叮聲響過四次後，安全帶提示聲會等三十秒後再次提醒我。如果我開快一點，而且沒有鹿跳出來，我可能在下次叮聲前回到家。這個方法通常會失敗，在我通過騎術訓練場前，叮叮聲會再響起。

現在我已來到屋前。四周是一片漆黑，屋子鎖著，沒有開燈。我再次把我的車當成一把兩噸重的手電筒，在黑暗中對著前門。我帶著房子的鑰匙跳下車。

嗶嗶嗶嗶嗶嗶嗶……。

最後我會卸下車上的東西，包括郵件，把車停在車庫裡，讓四周恢復原有的平靜和安寧。也許我會在書房寫點東西，再也沒有嗶聲和叮聲。

錯了。

等我打開電腦後，那些可怕的提示、警告、叮聲和嗶聲再度響起，但至少我知道如何關掉或讓大部分這些聲音安靜下來。我擔心如果我嘗試重新設定奧迪A5上德國人設定的提示，結果會是一場災難，包括被某個突然冒出的汽車安全特警隊員逮捕。

要是有人認為我只要在拿信箱的信件時關掉汽車引擎，在開車回家這段路上繫好安全帶，並在車道下車時把車門關上，就能輕易讓這些噪音消失。我的回答是：「是的，你說的對，我可以讓提示聲消失。我要做的只是遵從指示。」

人生不過就是拿信和開車門這些日常瑣事。這是重點。如果一個人連例行公事中的各種聽得見與看得見的電子警告聲都無法忍受的話，那麼想像一下人們在做有關401（K）退休金計畫、人壽保險、醫療計畫和信用卡的重大決定時，碰到的感應認知的轟炸。你僱主的401（K）退休金計畫表格的設計是為了讓你更願意加入計畫；保險申請表的設計是為了吸引你參加更長期的儲蓄性保險，而捨棄較簡單、較便宜的保險。

信用卡申請表上裝飾著異國情調的風景和昂貴的餐飲，而不強調二〇％的循環利率，還有帳單發出後幾天內就執行的三十五美元「遲繳手續費」。這些提示超越廣告，進入一個稱作「選擇架構」行為心理的黑暗角落，在這個架構中，財務表格是經由科學家設計的，他們尋求的是計畫贊助者的最佳利益，而非你的利益。

情況並非一直如此，在過去一百多年來，人們向來依靠自己來決定諸如健康、安全和收入保障等重大決策。但他們不會經常遭到欺凌，欺凌是相對較晚近才經常發生的事。

我們很清楚生活中這種經常存在的強迫作用要怪罪誰——塞勒（Richard H. Thaler）和桑斯坦（Cass R. Sunstein），兩位完全無法抗拒教別人怎麼做的知識份子。塞勒和桑斯坦是最著名、但絕非僅有的所謂行為經濟學的科學實踐者。他們對這個領域最具影響力的貢獻[21]是他們的書《推力》（*Nudge*），一本想操縱你的聰明人寫的手冊。他們的詳細背景還更險惡。

塞勒是芝加哥大學行為科學和經濟學教授，前美國經濟協會（AEA）主席，也是二〇一七年諾貝爾經濟學獎得主。他在自己專精的領域寫過無數本書，是一個傑出的知識份子。

塞勒對行為與個人選擇經濟學的興趣在他職涯初始就已展現，從一九七六年國家經濟研究局（NBER）刊登他的博士論文〈拯救一條人命的價值：來自勞動市場的證據〉可見一斑[22]。在這篇論文中，塞勒創造一個模型說明一名勞工的生命對勞工本身和僱主有多少價值，根據的是各種風險職業如捕魚和採礦的收入差異。我不確定塞勒見過多少名深海漁夫，我倒見過不少。他們承擔捕魚的風險不是出於薪資的差異，而是出於熱愛大海、船上同伴的情誼，和在海上時船上廚師煮的海鮮食物。

談到高風險職業，高山嚮導可能排第一。我見過許多高山族，嚮導工作是最危險和薪資最低的職業之一。我曾有機會在登山時與他們討論他們的職業動機，我們都知道死亡的危險，而錢是爬山時最不重要的考量，高山嚮導做這份工作是因為他們喜愛風景。塞勒的第一個模型沒有給壯觀的景色多少空間。

桑斯坦是哈佛教授，兼哈佛法學院行為經濟學與公共政策計畫主任。他是近五十本書和數百篇學術和大眾刊物文章的作者、共同作者或編輯。他在學界以外最重要的角色是在歐巴馬總統第一任時，擔任白宮資訊與監管事務辦公室（OIRA）主任。白宮網站描述OIRA是「美國政府審查行政分支監管和批准政府資訊蒐集的中央主管當局」。如果你的目標是利用行為心理學和看不見的影響力來控制別人的行為，政府中權力最大的職務就是OIRA主任。歐巴馬和桑斯坦因為一九九〇年代中期和後期同時在芝加哥大學法學院任教，而彼此熟識。

塞勒和桑斯坦的書《推力》是他們最具影響力和最著名的社會控制研究，它是《紐約時報》的暢銷書，以多種語言發行超過七十五萬冊。這本書大部分內容直接描述了過去五十年來行為心理學家從人類行為發現的原理，從米爾格拉姆（Stanley Milgram）在一九六〇年代對服從的精闢、但充滿爭議的實驗研究開始。

米爾格拉姆最著名的實驗涉及一名實驗對象（他本人不知道自己是實驗對象），應研究人員的要求協助一項學習和記憶的計畫。另一名參與者表面上是學習者，但實際上是共同研究人員，被以皮帶綁在椅子上。真正的實驗對象負責在研究人員的監督下對學習者施予電擊。很快地學習者似乎因為電擊而感到極度疼痛，並要求從椅子上鬆綁。研究人員堅持實驗的方法很安全，實驗對象應繼續施以對學習者的電擊。在反覆的實驗中，絕大多數實驗對象會繼續執行對學習者的電擊，直到設備容許的上限為止。

米爾格拉姆的研究受到他想了解納粹和大屠殺合作者的行為影響。他的電擊實驗是在一九六一年審判負責後勤和執行屠殺六百萬猶太人的納粹武裝黨衛軍中校艾希曼（Adolf Eichmann）之後設計和進行的。艾希曼從未否認他扮演的角色，他在辯護時宣稱他只是遵從命令。

米爾格拉姆從他的實驗得到的結論是，到了某個時候，實驗對象基於相信實驗是為了科學研究，而且研究人員是好人，而放棄他的獨立性和代理研究人員的角色。一旦實驗對象放棄他代理研究人員的角色後，他就只是遵從命令。行為科學家以米爾格拉姆的研究為基礎，繼續探索人類違背理性和良善意圖的假設的各個面向。

行為心理學在一九七〇年代透過康納曼（Daniel Kahneman）和特沃斯基（Amos Tversky）的實驗而有了大幅的進步，包括與經濟學最有關的領域。那些劃時代的實驗[23]在兩本書中有詳細描述和分析，一本是康納曼、特沃斯基和斯洛維奇（Paul Slovic）合著的《不確定狀況下的判斷：啟發和偏見》（*Judgment Under Uncertainty: Heuristics and Biases*，一九八二年）；一本是康納曼和特沃斯基合著的《選擇、價值和框架》（*Choices, Values, and Frames*）。這些書奠立了所謂的展望理論（prospect theory），不同於長期以來被視為經濟學典範的功利理論。

簡單地說，功利理論宣稱人是理性的決策者，對未來有清楚的看法，有能力把以物質福祉呈現的快樂最大化。功利理論從社會整體和透過市場交換產品和服務的觀點，形成了為最大多數人創造福祉的古典自由派自由市場經濟的基礎，其倡導人是十九世紀的功利主義哲學家邊沁（Jeremy Bentham）。

展望理論的說法完全相反。人充滿了認知偏誤，引導他們做出從財富最大化觀點來看完全非理性的行為。這些偏見不僅本身不理性，它們還彼此矛盾，使個人的行動難以預測，也使社會整體的行為變化多端。

在一個著名的實驗設計中，實驗對象被要求在有八〇%確定性可獲得四美元獎賞，和一〇〇%獲得三美元獎賞之間做選擇。簡單的數學顯示第一個選擇有較高的預期報酬，八〇%可能獲得四美元的預期報酬為三．二美元（0.8×4＝3.2）；第二個選擇的預期報酬為三美元（1×3＝3）。由於三．二美元比三美元多，理性的個人會選擇第一個選項。從十九世紀中葉到二十世紀末，普遍的觀念是，個人會做理性的選擇是自由市場經濟的基礎。從一九四七年起，同樣的信念也塑造了現代金融的基石。

康納曼和特沃斯基藉由精心設計的真人實驗，推翻了這些理性行為的假設。那些實驗顯示，在三．二美元和三美元預期報酬的選擇中，絕大多數實驗對象選擇三美元，原因是他們看重獎賞的確定性勝於數學的預期價值。人會極度厭惡空手而返，如果實驗對象選擇拿四美元的選項，有二〇%完全落空的機會。不管數學怎麼說，單純的害怕損失在實驗對象的考量中超過可以多賺一點錢的機率。

這種傾向稱作風險規避。根據實驗結果，有人可能下結論說，人在生活中的每一件事都會規避風險。但事實並非如此。其他實驗顯示，人在許多情況下會低估風險和高估成功機率，這種傾向稱作過度自信效應。風險規避和過度自信的對照，顯示人會規避也會擁抱風險，取決於特定的情況。

在不確定的情況下，人往往高估執行任務的能力，並認為自己的能力高於其他人，即使客觀證據顯示並非如此。這種傾向在遭遇逆境時表現為過度樂觀，和在不幸即將來臨時卻異想天開。當執行重大的法律、財務或工程任務時，過度自信可能很危險。正如康納曼寫道[24]：「一般而言……你不應該聽信過度自信的人做的評估，除非你有客觀的理由相信他們清楚自己說的話。遺憾的是，這個建議很難遵循：過度自信的專業人士真的相信他們有能力，他們做起事來像專家，看起來也像專家。你必須努力提醒自己，他們可能正陷在自己的幻想之中。」

那麼，人的風險規避意味退縮，或過度自信代表虛張聲勢？答案是兩者皆是，視過去的情況和做決定當時的條件而定。這種行為的矛盾凸顯出要了解人的市場行為極其困難。

認知偏誤的矛盾還包括錨定（根據根植於實驗對象心智的過去事件做判斷的傾向），和近因偏誤（根據最近的經驗或獲得的資訊做判斷的傾向）。那麼，人的判斷是受遙遠的過去或最新的消息影響？同樣的，答案是兩者皆是，取決於背景和情況。

行為心理學的實驗已辨識出超過一百八十種特定的認知偏誤，且隨時有新的實驗增添新的偏誤。這些偏誤呈現各種矛盾，並使行為心理學的分析變成需求殷切的工作。科學很令人信服，但應用上卻很複雜。

雖然康納曼是行為心理學家，他卻在二〇〇二年以認知偏誤影響市場行為的洞見獲得諾貝爾經濟學獎。他的協作者特沃斯基在一九九六年去世而未獲諾貝爾獎，因為這個獎並不追贈給過世者。如果特沃斯基還活著，無疑的他會在那一年同時獲獎。

康納曼很值得欽佩地從不諱言行為心理學的限制。雖然他的見解引發社會心理學和經濟學思想的革命，這些見解也促使人們更務實地省思複雜條件的結果。數十億人彼此矛盾和隨著時間改變的認知偏誤混雜在一起，使綜合預測分析的藝術變得極其艱難。知道一個獸群可能轉向和狂奔是一回事，知道獸群什麼時候會轉向和狂奔則是另一回事。

這些限制並未阻止塞勒和桑斯坦根據他們的好惡來為社會行為製作模型，他們借用行為心理學來追求他們所稱的自由家長主義（libertarian paternalism），實際上卻毫無自由可言。這在他們寫的書中顯露無遺[25]：「許多自由家長主義最重要的應用是為政府而設計。」擴大國家權力為什麼是自由主義仍然是個謎。「家長主義」這個詞充分描述了他們的目的，他們的家長式目標的選擇管道就是選擇架構（choice architecture）。

選擇架構

選擇架構的新社會與經濟科學從設計的必要性開始。塞勒和桑斯坦指出，人為的系統不可避免地有一套設計，汽車可能有三點式安全帶、腰式安全帶，或沒有安全帶；自助餐排列可以從糖果或胡蘿蔔開始；選票可以先列民主黨候選人或共和黨候選人。每個系統包含的設計元素牽涉由設計者對位置、容易使用、顏色、詞句和其他因素所做的選擇。

另一方面，面對包含各種選擇的設計系統，使用者也有自己的選擇。當一個消費者順著自助餐的動線移動時，她會問自己：「我今天要吃乳酪蛋糕嗎？我該多吃胡蘿蔔來補充維他命嗎？」消費者的選擇每天在各種情況下和設計的選擇交會。

藉由以特定設計方式呈現的選擇，你可以預期利用行為心理學發現的偏誤來影響消費者的決定。設計選擇和消費者選擇之間的交界處就是選擇架構的領域。以塞勒和桑斯坦的話來說就是：

> 決定者並不是在真空中做選擇[26]，他們是在一個有許多特性的環境下做決定，這些被注意到和未被注意到的特性都能影響他們的決定。用我們的術語來說，創造這個環境的人就是一個選擇架構師……我們的目標是說明選擇架構如何用來協助人們做更好的選擇（根據他們自己的判斷），而不必強迫任何人接受特定的結果，這套哲學我們稱之為自由家長主義。我們強調的工具是：設定……回饋、建構複雜的選項，和創造動機。

這番宣言明白表示塞勒和桑斯坦的目標超越了科學。支撐行為心理學的是一套龐大的實證資料，來自嚴密設計的真人對象實驗。這聽起來是科學，不只是偽裝成科學的推測或意識形態，但科學的應用是另一回事。核子物理學是具體的科學；核子武器是辯論的主題。塞勒和桑斯坦把行為心理學武器化。

一些例子可以說明塞勒和桑斯坦在實務中的作法。以兩位作者研究的慈善捐獻為例，典型的勸募可能包括一系列的五十美元、一百五十美元、五百美元等形式的捐獻，研究顯示建議的捐款數字愈高，捐獻的錢也愈多。塞勒和桑斯坦會建議慈善機構提高它們建議的捐款到一百美元、三百美元、五百美元和一千美元，簡單的改變選擇架構就能得到更多的捐獻。這個建議運用了錨定偏誤，勸募的目標以較高的捐款金額錨定了捐款者的行為，得到更多捐款的結果。設計選擇和消費者選擇的相互作用是可預測的，而且可以用來提高慈善捐款。

另一個例子牽涉過度信心偏誤。資料顯示新企業五年的倒閉率超過五〇%，但當創業家在調查中被問到他們事業成功的機率時，典型的回答是九〇%，有些人會回答一〇〇%，顯然創業家整體來說對他們事業成功的可能性過度有信心。塞勒和桑斯坦對過度信心有解藥，他們寫道[27]：「如果人因為不切實際的樂觀而冒風險，他們可能從其他人的『推一把』中受益。事實上，我們已經提過一個可能性：如果提醒人一件壞事，他們可能就不會繼續那麼樂觀。」

所以，只要運用塞勒和桑斯坦建議的簡單設計選擇，消費者就會受影響而捐更多錢給慈善機構，創業家就能提高警覺以避免過度冒險。聽起來很棒，不是嗎？如果塞勒和桑斯坦的結果是更好的，為什麼需要操縱？換個不同的問法，為什麼學者先假設未被發現的偏誤是不好的事？即使建議的慈善捐款是較小的金額，也無法阻擋捐款人捐獻更高的金額。所有的慈善捐款都是好事嗎？沒有人能阻止企業家認真思考自己的企業模式，而且在沒有人提醒創業家「好企業也會碰上壞事」的情況下，他們也能自己得出成功機會渺茫的結論。這些可能性對塞勒和桑斯坦還不夠好，因為他們不信任一般捐款人或創業家的判斷。他們感覺非得提供他們所稱的「推一把」以達成他們認為更好的結果不可。

在談到他們取的書名時，塞勒和桑斯坦說[28]：「推力是我們常用的詞，它是一種選擇架構，用可預測的方式改變人的行為，而不禁止任何選項或大幅改變人的經濟動機。」塞勒和桑斯坦理論的基本假設是他們比你和我都聰明。

這兩位社會工程師對他們較優越的聰明毫無避諱。他們採用一種稱作「採取步驟以協助不精明的人，同時對其他人造成最少傷害」的程序[29]。這做起來一點也不困難[30]，因為「人不像旅鼠，但他們很容易受影響」。談到類似行為操縱的框架（framing）時[31]，塞勒和桑斯坦寫道：「框架有用是因為人們傾向於有點心不在焉……。」他們承認有時候需要欺騙以便把他們聰明的想法灌輸給較不精明的人。對塞勒和桑斯坦來說，即便是好也不夠好。他們建議[32]：「如果你想推人一把，讓他們做社會讚許的行為，絕不要讓他們知道他們現在的行為比社會的一般標準好。」兩位作者宣稱[33]：「人總是做很糟糕的決定——在他們很專注且擁有完全的資訊、無限的認知能力和完全的自我控制時不會做的決定。」由於塞勒和桑斯坦從事的是推人一把的行業，所以他們應該是擁有無限認知能力的人，不是你。

選擇架構和推力的領域充滿傲慢、未加檢驗的前提和有害的結果。以多多益善的慈善勸募為例，建議更多捐獻得到更多實際的捐獻。機制化的慈善是好事的隱含假設有什麼根據？隨機的仁慈行為肯定是好事，而且不需要推力。想想塞勒和桑斯坦想推一把的這種勸募背後的大規模行銷機構。如果你支持槍枝管制，你會贊成以塞勒和桑斯坦的技巧，協助全國步槍協會（NRA Foundation）增加可抵減稅的捐款來推廣攻擊步槍嗎？如果你愛護生命，你會贊成以塞勒和桑斯坦的推力來增加對全國主張墮胎最力的計畫生育協會（PPF）的捐獻嗎？塞勒和桑斯坦提倡公益慈善是一種毫無爭議的善行，而無需研究慈善機構如何使用這筆錢。

兩位作者建議創業家應被提醒失敗的可能性，以便面對五〇%的倒閉率時克制過度自信，這種建議一樣會誤導人。大多數新企業在幾年內會倒閉是事實，創業家經常高估成功的可能性也是事實，但那又如何？塞勒和桑斯坦覺得必須用他們聰明的大腦來警告創業家放棄他們的努力，但這忽視了成功和失敗結果的不對稱性。初期創業失敗通常牽涉相對較少的就業損失和資本損失，因為企業還沒有發展壯大。新創公司倒閉發生的原因通常是執行不佳、品質低落，或單純的缺少需求，例如只有一種尺寸、防水、不沾汙漬的冰淇淋手套。這些努力的機會成本很低，不成功的創業家很快就會開創下一個事業。對照之下，少數創業家的成功可能很可觀，他們可以創造數千個工作機會，投入大量金錢在廠房設備，並為投資人帶來豐碩的獲利以支持消費或再投資於新事業。的確，這種許多小失敗被一個大成功抵銷的模式是創投事業的基本假設。塞勒和桑斯坦有什麼資格提醒創業家「壞事」的可能性來讓他們知難而退？社會應該鼓勵每一個階段的創業精神，塞勒和桑斯坦也忽視了創業夢本身就有獨立於最終財務成功的價值。我們需要夢想家，而不是學術烏鴉嘴。

塞勒和桑斯坦宣稱他們的研究純粹是為了保護人們免於犯錯，因為錯誤是先天的偏誤而且可以預測。那為什麼不以引導消費者－市民做好選擇、避免壞選擇的方式來建構選項？塞勒和桑斯坦特別強調這其中沒有任何強迫。雖然他們承認運用選擇架構來增加特定結果的可能性，但強調消費者仍然有選擇，一切都不是被強迫的。這就是他們冠冕堂皇宣稱的自由家長主義的意思。自由是因為消費者有選擇，但家長主義意謂經濟學家在照顧你和保護你免於兒童式的衝動行為。

塞勒和桑斯坦宣稱設計選擇是不可避免的，所有系統的運作都少不了設計，不管有意識或隨機的設計。不做設計的選擇也是一個選擇，你只能選擇原始設計者所設定的選項，得到的結果便侷限於這些特定的選項，而其中也包含了設計者的偏誤。為什麼不採取主動？為什麼不找出理想的結果，設計形式或界面來鼓勵該結果，並以很少或零成本的方式來獲得較好選擇的利益？這似乎是經濟學所能提供最接近所謂免費午餐的好處了。只要輕鬆地重新安排申請表上的幾個欄位，就能獲得巨大的好處。

塞勒和桑斯坦的方法最有名的操作，是把申請表從「選擇加入」修改成「選擇退出」。例如，一家公司的新員工資訊問卷可能提供新員工加入公司福利計畫的機會，該表格有一個勾選的小方塊，如果你在小方塊打勾，表示你加入計畫。如果你不在小方塊打勾，表示你不加入計畫。在小方塊打勾稱作選擇加入計畫。行為研究顯示，人不喜歡填表格，而且逃避在小方塊打勾，不管選項的內容或利益是什麼。許多新員工因為這種偏誤而未在小方塊打勾，錯失加入計畫的機會。如果福利計畫是401(K)計畫，提供目前收入的遞延課稅、計畫盈餘的遞延課稅複利和僱主相對提撥呢？表格選項的設計者認定，這些特性是好事，所以他們重新設計表格。新問卷告訴你，你將自動加入福利計畫，除非你在小方塊打勾。如果你不打勾，表示你加入計畫；如果你打勾，表示你不加入計畫。其結果是加入計畫的人增加許多，因為人厭惡在小方塊打勾的偏誤。只要稍微改變表格設計，塞勒和桑斯坦就能大幅增加加入計畫的人數。這就是他們的推力。根據塞勒和桑斯坦的定義，因為更多員工做出「正確」的選擇，所以福利改善了。沒有人被迫做特定的選擇，每個人都有選項相關後果的充分資訊。不存在強迫，且改變表格的成本很低（最大的成本可能是選擇設計者提出這些建議的顧問費，但若由數千萬申請人分攤，成本更是微乎其微）。

這種開明、低成本、非強迫性的人類行為方法有什麼不對？幾乎每一方面都不對。

第一個問題是，塞勒和桑斯坦方法試圖捨棄解決行為偏誤的老方法，這種老方法稱作學習。人有巨大的潛力可以藉模仿、想像，以及從錯誤中學習。身為一九六〇年代末的一個年輕汽車駕駛人，有一次我跨出我的車，關上車門，但沒有關汽車大燈。等我回到汽車時，電池已經因為大燈開著而耗盡電力。我沒有錢，也不是美國汽車協會會員。後來發生的事是一場災難。我走路到電話亭，打電話給父親——當時還沒有行動電話。最後他抵達時帶著一副接電纜線，我們打開兩輛汽車的引擎蓋——他的和我的——接上電纜線，發動汽車，然後各自開車回家。重點是，後來我再也不曾忘記關上汽車大燈。另一次我把鑰匙鎖在車裡，這個問題比電池沒電更麻煩，因為你必須打電話給警察局或鎖匠來打開車門，用上和職業偷車賊一樣的工具。同樣的，我上了一堂課。直到今天，我都不需要嗶聲來提醒我下車時該做什麼。重要的是，我也把電池沒電和車門鎖上的教訓用在其他事上。總之，我學會在倉促行動前先冷靜思考。

在未加思索的行動前先暫時打住有無窮的價值。用固定索登山時會碰上抵達繩索末端，必須換到另一條繩索上的時刻，兩條繩索都以螺絲或其他裝置來固定。登山者透過一套吊帶、鉤環和登山安全帶繫在第一條繩索上。在從一條繩索接到另一條時需要的技巧是，用第二個鉤環扣住第二條繩索，然後解開第一個鉤環。而解開一條繩索的鉤環然後扣上第二條繩索的技巧一樣簡單，只有一個重要的不同點：當你解開第一條、還沒扣上第二條時，你暫時沒有扣住任何一條繩索。如果你在這時候滑跤或被強風吹襲而失去平衡，可能導致致命的結果。老練的登山人學會在這種情況下慢慢行動，凡事先想清楚。幸運的是，塞勒和桑斯坦還沒有為兩萬呎高山上的登山者設計選擇架構。在生活中，幾個錯誤就可能帶來嚴重後果。一旦你因為一時衝動而付出代價，你就學會下次不要那麼衝動，這是原始人類歷經三百萬年演化而能活著成為大學教授的原因。塞勒和桑斯坦致力於以軟推力取代硬學習反而會讓我們倒退，他們偏愛機器化勝於自主化。經驗是更好的老師。

塞勒－桑斯坦方法的第二個缺點是，推力的效果無法持久。這兩位教授忽視人性的另一個面向——適應行為和人會在幾次相互作用後忽視推力的能力。

這就是我的奧迪汽車的情況。我在二〇〇八年買了這輛車後，有一段時間我可能花一分鐘思考那些嗶聲在告訴我什麼，但我會立即完全放棄思考這件事。嗶聲開始作響，是安全帶？大燈？引擎還在運轉？引擎運轉時車門開著？鑰匙留在車裡？我毫無頭緒。我對推力完全麻痺，我只知道嗶聲很惱人，等它們停止後我會鬆一口氣。

經常搭飛機的旅客對這種現象很熟悉。空中旅客從抵達航站到降落目的地的時間，隨時都遭到聲音和視訊推力的轟炸。

「把你的筆記型電腦從行李袋拿出來。」

「解開你的皮帶並脫掉鞋子。」

「要是你看到什麼，便如實說出來。」

「掏空你的口袋。」

一旦他們上了飛機，轟炸仍繼續不斷。有人真的會聽那些矯揉造作的安全說明嗎（它們矯揉造作是因為旅客早就聽膩了各種照本宣科的說明）？旅客對安全帶燈號的反應是「自由選項」、「如果我想扣的話」。旅客注意的唯一推力是艙門終於發出的「叮」聲，表示終於可以從座位起來。這比較像是個反推力，因為旅客已準備好從座位彈起，甚至等不及叮聲響起。

機場安檢員和航空公司服務員的呼叫、命令和催促可能有時候有用，但常搭飛機的旅客已充耳不聞。為什麼安全檢查區的無聲視訊說明對第一次搭飛機的旅客一樣沒有用，其原因還不清楚，但航空旅客對趕牛的反應很快就會從勉強接受變成冷漠服從，再到毫無感覺。長期來看，適應行為勝過推力效應。

塞勒和桑斯坦的方法第三個缺點是推力的成本很低，實際上它的成本不低。改變單一的申請表選項的成本可能微不足道，讓我的汽車發出嗶聲的邊際製造成本幾乎是零，但微小的成本複製在成千上萬的應用累積起來對忙碌的人也是沉重的負擔。務實的計算應該考慮忙碌的個人每週只是想過生活，卻得承受數以千計的推力。

一具鬧鐘不只是一種推力，它就像一桶冰水澆在臉上，但那是我們展開一天生活的方式。你煮咖啡，咖啡機煮好時會發出嗶聲，好像你無法從咖啡香氣分辨似的。你打開電腦，彈出一個不請自來的推力，問你要不要更新應用程式。這個推力不接受你的拒絕，因為沒有說不的選項。你可以說好，然後你得重開才剛開不久的電腦，或者你可以說「今日稍晚提醒我」，或者「明天提醒我」。你可以勾選其中一個，但它們都不是你要的選項，你只想不受干擾地檢查新聞或電子郵件。

這些推力才做完暖身而已。在通勤的地鐵站，你被警告「從月台往後退」、「注意車廂與月台的空隙」和「小心車門要關了」。如果你開車而不是搭地鐵，你會遇上路旁的雷射車速偵測器，如果你的時速超過速限，它會閃紅燈並顯示你的車和警告你「放慢速度」；如果你放慢速度就會轉成綠燈，並給你一個溫暖的「謝謝」。

推力還有更多不只是惱人東西的衍生品。在醫院裡，數位處方系統顯示用意在於減少用藥錯誤的推力，而且是醫護人員習於忽視的錯誤，但這些推力導致的用藥錯誤可能多過於醫護人員信賴自己的訓練和判斷。舊金山加州大學的華契特（Bob Wachter）醫生描述一個案例說，一名醫生輸入配藥機器人時弄錯一名少年病患的資訊，這架配藥機器人發出警告，「但醫生關閉警告訊息，因為螢幕上經常出現不必要的警告」。於是配藥機器人開出比應使用劑量高出三十八．五倍的藥，交由一名護士處理。一套條碼系統接著提示那名護士，告訴她把藥給了正確的病人，儘管她對劑量有疑慮。這位病患幾乎喪命[34]。

選擇架構正迅速接近高度極權主義的程度。在二〇一八年七月，阿根廷執行一項法律，規定該國四千四百萬公民自願捐獻器官。毫無疑問地，塞勒會稱讚該法律有一條需要確認動作的退出選項。有誰能確定阿根廷政府的官僚收到選擇退出通知時會妥善記錄它，或這些紀錄在需要時能立即確認？宣告死亡往往不像大多數人想像那樣立即且明顯，在模糊的界限下摘取活體器官的誘惑很強烈。拜選擇架構所賜，國家力量現在可以不經同意摘取你的肺臟。這個推力可不小。

推力永遠不會停止。不管在線上或真實生活，音訊－視訊－數位的保母推力淹沒我們，就像智者永不停止的叨絮。我們學會忽視它，但認知不一致的成本很高，完全不像塞勒和桑斯坦理想中的免費午餐。

未經這些反對理由的檢驗是選擇架構的根本弱點——塞勒和桑斯坦的想法比你聰明，而且在每一個設計都正確地辨識出正確的選擇。塞勒、桑斯坦和與他們類似者的理論基礎是他們較高的智商分數、教育程度和學術資歷。這種智識優越的假設賦予力量給經濟學家，讓他們為所有人開各種「正確」行為方式的處方，並以受公共機構歡迎的推力執行那些處方。

這種假設完全沒有證據。在只有兩種結果的情況下，經濟學家預測未來的表現曾出現比猴子隨機猜測還差的紀錄，原因是有缺陷的模型、盲目從眾的行為，和擔心不符合共識的預測危及個人的專業地位（一個不正確但符合共識的預測總是可以被接受，因為「每個人想法都一樣」）。

經濟學家令人失望的分析能力還有從眾行為和自利以外的原因。主流的經濟模型與資本市場或經濟體系的真實動態沒有關聯，這種不調和的例子包括菲利普曲線，即就業與通貨膨脹呈反向關係的理論，但這個假設沒有實證的支持。前面提到，從一九六〇年到一九六五年期間同時出現低失業和低通膨，二〇〇八年到二〇一三年則呈現高失業和低通膨。整體而言，就業和通膨沒有因果關係。儘管如此，經濟學家堅持以菲利普曲線指導貨幣政策，並得出可笑的結果，包括聯準會資產負債表的槓桿比率高達一百二十倍。另一個經濟學家堅持的神話是風險值（VaR）。這個銀行和監管當局使用的主要風險管理模型假設風險事件的程度分布呈現常態（鐘形分布）、零風險利率存在（短期公債）、市場是有效率的，以及價格持續跟隨消息移動。這些假設都不是事實。風險事件的程度分布是一條檢定力曲線（power curve），而非鐘形曲線。公債不是零風險的，這由美國政府債信降級和債務上限的辯論可以得知。市場行為是非理性的，而在市場遭逢震撼時，價格劇烈波動造成沒有買進或賣出的機會。風險值是假科學，但它被用來決定風險的高低。經濟學中的假科學最驚人的例子，莫過於普遍被用來做經濟預測和制訂政策的動態隨機一般均衡模型（DSGE）。這個名稱讓它洩了底。資本市場並不是「均衡」系統，而是複雜系統。這解釋了為什麼專業經濟預測師不但經常預測錯誤，而且從方向就是錯的，持續不斷地錯，而且錯得離譜。既然有這麼不堪的表現，一般市民有什麼理由接受經濟學家的選擇架構？

但這些經濟學家居然洋洋得意。前面提到，像塞勒和桑斯坦這些選擇架構設計師最自鳴得意的成功是，他們操縱員工加入401（K）遞延課稅儲蓄計畫的能力。他們的作法是把新員工的選擇從選擇加入改成選擇退出。

在有選擇架構之前，典型的新進員工表格會包括如下的問題：

> 我們的公司提供一項401（K）儲蓄計畫（詳情請參考相關披露文件）。
>
> 如果你願意加入請在此處打勾：＿＿＿＿

這是一個選擇加入條款的例子，因為員工必須表示確認才能加入該計畫。選擇架構重新設計這份表格成如下的文字：

> 我們的公司提供一項４０１（Ｋ）儲蓄計畫（詳情請參考相關披露文件）。
>
> 你已自動加入這項計畫。
>
> 如果你不願意加入請在此處打勾：________

這是一個選擇退出條款的例子，因為員工必須表示確認不加入該計畫。

改變的文字很曖昧，但關係重大。在推力中，塞勒和桑斯坦舉出員工儲蓄計畫的例子，說一旦從選擇加入改成選擇退出，新員工加入的比率從二〇％提高到九〇％。塞勒和桑斯坦很自豪推力讓個人仍有選擇的自由。他們利用個人的偏誤來製造他們想要的結果，則不能藉躲在選擇的後面來逃避這種結果的責任。

真實世界的例子顯示出經濟學家的選擇未必值得信任。假設有兩個員工蘇和喬，兩人年齡都是五十三歲，分別在中型城市中相鄰的兩家公司工作。他們的年薪一樣都是二萬美元，兩人是夫妻並以配偶合併申報他們的所得稅。蘇的公司和喬的公司都提供４０１（Ｋ）計畫，兩人都是在一九九九年十二月最後一個營業日被僱用，並在當天填寫新進員工文件。蘇的公司採用選擇加入表格，而喬的公司採用選擇退出表格。蘇未選擇加入，所以沒有加入她公司的計畫；喬未選擇退出，所以參加了他公司的計畫。這是可以根據行為心理學預測的結果，而且是選擇架構設計師想要的結果。

蘇和喬每年第一個營業日都獲得可任意支配的一萬美元績效獎金，一萬美元是喬的計畫容許員工提撥的最高額。每年蘇在第一個營業日獲得她的一萬美元獎金，以二一%的有效稅率支付該金額的稅，並把稅後剩餘的七千美元拿來投資。喬也在每年第一個營業日獲得一萬美元獎金，並把全部金額投入他的遞延課稅４０１（Ｋ）計畫，喬一直到他終止計畫或退休拿回那些錢時才需繳稅。在投資組合的選擇上，蘇把她的稅後紅利投資在實體黃金，並把這些金塊放在安全的非銀行儲藏所。喬投資在與道瓊工業指數表現連動的股票指數基金，除了正常的市場波動外，喬的股票投資組合支付二%的股息，這些股票被再投入股票指數基金並遞延課稅。

到了二〇一七年十二月最後一個營業日，蘇和喬都在服務公司十八年後的七十歲從他們的工作退休。蘇從未加入計畫，所以沒有退休金可分配。她賣掉她的黃金，並以國稅局適用於收藏品的特別稅率支付二八%的資本利得稅。喬從他的計畫獲得一次全額提領的退休分配，並以一般稅率支付之前遞延所得的稅。獲得現金的蘇和喬對他們的退休生活充滿希望，但有一個重大的不同點。蘇有更多錢。

在這個例子裡，二〇一七年底蘇的現金餘額為二十六萬五千七百二十五美元，喬的現金餘額為二十六萬五千七百一十三美元。兩者的差別很小，但蘇贏了。

在一些比上述例子極端的例子中，塞勒和桑斯坦描述一個不加入公司儲蓄計畫的決定是

「毫無疑問的愚蠢」，並針對一個較典型的例子提問：「我們如何推這些人更快加入（公司的儲蓄計畫）？」但他們沒有問的是，選擇架構是否在真實世界中製造更好的結果。

上述的例子還有許多值得解析之處。黃金的美元價格在一九九九年正值近二十五年的低點，因此給了蘇有利的買進點和比喬更好的起點。儘管如此，黃金從二〇一一年到二〇一五年經歷史上最糟的空頭市場，使得從一九九九年到二〇一一年的漲幅損失五〇%。蘇投資的是稅後現金，而喬投資更高的稅前金額。喬的投資組合包括二%的遞延課稅股息，而蘇的黃金沒有任何利息。喬從二〇〇九年到二〇一七年享受歷來最長的股市多頭行情之一，包括二〇一三年最豐收的二六．五%漲幅，和二〇一七年二五．〇八%的上漲。整體來看，蘇遭到巨大的市場利空，這是塞勒和桑斯坦推員工加入４０１（Ｋ）計畫的原因之一。

儘管如此，蘇贏了。

蘇和喬的不同有一部分是因為稅。在賣出前，蘇的黃金價值三十一萬三千七百六十二美元，而喬的４０１（Ｋ）的分配前餘額為四十萬八千九百五十七美元。但喬的分配是強制的，且稅無法避免。喬不必一次全領，他可以長期每年固定提領較少的金額。這是事實，但蘇也不一定要賣出她的黃金。她可以無限期持有，而且無需繳稅，而喬面對的是強制分配和每年的納稅。這個比較也因為假設蘇一〇〇%投資黃金和喬一〇〇%投資股票而受到人為的限制，如果蘇投資五〇%黃金和五〇%股票，即使在沒有４０１（Ｋ）遞延課稅的利益下，她的報酬率也將遠超過喬的報酬率。在一半一半的投資組合中，蘇可以創造自己的遞延課稅，只要不等到二〇一七年底才賣股票，就能繳納較低的資本利得稅（比喬的一般所得稅率低）。同樣的，如果喬投資六〇％在股票和四〇％在貨幣市場基金，他的報酬率將大幅降低，蘇還是會贏得這場比賽。

蘇和喬的例子有無限組可設定的變數，包括起始日期、結束日期、稅率和報酬率。蘇在一些設定中獲勝，喬在另一些設定上獲勝，但這不是重點，重點是選擇架構設計師的先驗假設——４０１（Ｋ）製造較優越的結果，和員工應被推向加入計畫的方向——是錯誤的。塞勒和桑斯坦絕不會建構一個像前面描述的例子，因為他們的訓練和心態不考慮黃金是可投資的資產。但蘇不是兩位推力作者形容的「毫無疑問的愚蠢」，雖然塞勒和桑斯坦似乎展現出毫無疑問的自大。

除了這些明顯的選擇架構缺陷外（對學習、逐漸消失的影響力、過度推力的隱藏成本、推力造成的反向順應行為，和對更優越選擇的錯誤假設），推力式計畫隱含一個巨大的諷刺。塞勒和桑斯坦寫的書一開始就嘲笑人在理性的預期下做有效率決定的模型，也就是所謂經濟人（homo economicus）的概念。他們冗長地列舉實驗所確認的行為偏誤，包括風險規避、確認偏誤和近因偏誤，證明人以「非理性」的方式做決定。然後他們介紹選擇架構，用以設計陷阱，推動行為朝向由理性預期引導的有效率決定——正好就是他們嘲笑的東西。塞勒和桑斯坦對經濟人的喜愛溢於言表，如果經濟人不存在於真實世界，他們也會推他一把，讓他存在，像現代科學怪人（Frankensteins）一樣。他們不是要埋葬經濟人，而是讓他死而復活。

塞勒和桑斯坦不了解的是，他們視非理性行為是高度演化的適應結果，很適合在壓力環境下的生存。就像前面提到的典型實驗模式，實驗中的對象有一〇〇%的機率可獲得三美元（預期值為三美元），或八〇%的機率可獲得四美元（預期值為三．二美元），實驗對象一面倒地選擇拿三美元，雖然它的預期值低於四美元的選項。這被行為學家視為非理性，但它實際上完全理性。在冰河時期的生存環境中（也是一些偏誤演化出來的環境），沒有「收穫」的代價可能是餓死或熱死。接受確定的較低預期值事實上是實驗對象支付的保險費，以避免發生災難性的結果。經濟人並不存在，但我們的偏誤也不需要選擇架構設計師的管理。人不需要推力就知道什麼對自己最好，成癮和壞行為會永遠存在，不管塞勒和桑斯坦設計出多少表格。改善結果的關鍵在於更好的教育和更多資訊，不是操縱和行為修改。

塞勒和桑斯坦把他們自己的偏誤和非理性信念端上檯面，他們錯誤地偏愛僱主的儲蓄計畫，儘管計畫的分配必須繳納較高的稅率。他們錯誤地偏愛投資股票，儘管股市經常崩跌三〇%以上。他們錯誤地反對黃金，儘管黃金是數世紀以來的財富保值績效良好。他們錯誤地反對菸草，儘管音樂天才、芭蕾舞著和畫家每天吸兩包菸並在他們的藝術領域創造恆久的美。他們錯誤地相信未來會和晚近的過去類似。他們認為根深柢固的生存技巧是陳腐過時的，儘管從銅器時代和古羅馬以來的文明滅亡提供證據支持。他們最大的錯誤是他們認為自己比你、我和每個人聰明。他們並沒有更聰明。選擇架構設計師應該安於做學術研究，而不要來惡搞我們的生活。

巴德拉加茲

瑞士在地圖上呈現不規則的長方形，南北的距離比東西長。日內瓦在左下角，是進入法國的門戶。左上角是蘇黎世，是通往德國的窗口。右上角什麼都不是，除了有瑞士阿爾卑斯山脈的高峰和稀落的村莊。你會在這裡找到達弗斯，世界經濟論壇的超級菁英聚集的地方。距離不遠處是聖摩立茲（St. Moritz），一個古老而且平民無法涉足的滑雪度假區。最不為人知和距離大城市和菁英聚集處不遠的是典型的阿爾卑斯山城鎮巴德拉加茲（Bad Ragaz），位於瑞士行政區聖加倫（St. Gallen）。

「巴德」的德文意思是泉水或沐浴，意指讓巴德拉加茲數世紀來成為名勝之地的天然溫泉。巴德拉加茲是一個小城鎮，居民六千人，大小只有十平方哩，坐落於格勞賓登州（Graubunden）阿爾卑斯山脈高聳的山峰間，距離列支敦斯登邊界只有三哩。

二〇一六年三月十日我在巴德拉加茲，以座談會成員的身分參加一個私人投資會議，與會者是一群來自世界各地的頂尖資產經理人。兩天的會議在最豪華的大酒店（Grand Resort）舉行，那裡提供私人溫泉、健康水療和接送喜愛戶外活動者往返附近滑雪場的服務。會議主題為「歐元何去何從？」這場會議正值二〇一〇年到二〇一五年歐洲主權債務危機結束不久，當時菁英的輿論認為歐元即將崩解。希臘、西班牙、愛爾蘭和葡萄牙應該退出歐盟的呼聲四起，義大利的情況也不妙。我對與會的貨幣專家們說，歐元不會解體，歐元原本就很強健，而且將愈來愈強，未來將有更多新國家加入歐元，而且不會有國家退出。那是我從二〇一〇年就開始提出的分析，但遭到大多數菁英的訕笑。但我的分析在二〇一〇年、二〇一六年都證明正確，而且直到今日仍然顛撲不破。

公開演講的福利之一是有機會遊遍各地勝景，巴德拉加茲大酒店在這方面果然名不虛傳。另一個福利是有機會認識其他演說者，用餐和演講以外的休息時間提供與各領域知名專家隨興交談的機會。在巴德拉加茲時，我與舉世聞名的行為心理學家艾瑞利（Dan Ariely）聊天，他的知名度僅次於得諾貝爾獎的康納曼。我們的談話對我來說是探討塞勒–桑斯坦行為操縱術的機會，因為那是從我初次認識他們之後就困擾我的問題。

艾瑞利出生於美國，三歲時隨著家人搬遷到以色列。他住在特拉維夫北邊以色列中部海岸的拉馬特沙龍（Ramat Hasharon），畢業於特拉維夫大學，並獲得心理學學士學位，主修物理學和數學。後來他獲得杜克大學的認知心理學博士與企業管理博士學位。雙博士學位是在艾瑞利的導師康納曼鼓勵下獲得的，因為那將對艾瑞利在經濟和企業領域應用他的行為學知識有所助益。

在高中時代的艾瑞利為一場由他的青年團體以色列工作學習青年聯盟舉辦的光照儀式準備火藥罐時，一些火藥和其他化學品的混合物在他手中爆炸，造成身體超過七〇％遭到三級灼傷。艾瑞利花了三年時間進出以色列的醫院，進行治療和避免感染、植皮和復健。他一部分容貌留下傷痕，部分身體永久失能。那場意外發生於三十六年前，但艾瑞利至今仍忍受著留下的痛苦。

可怕的灼傷和後續的治療，激勵他完成了歷來最有啟發性的一些行為心理學實驗。艾瑞利從醫院護理師移除灼傷病患繃帶的方法得到靈感。大多數有過移除小創傷或灼傷繃帶經驗的人，都和艾瑞利一樣了解移除創傷繃帶的困境。如果快速移除繃帶，痛楚就會加劇，但痛楚過去也會更快；如果慢慢移除繃帶，痛苦會減輕但持續較久，因為移除的過程花費更長時間。移除繃帶牽涉到病患痛楚劇烈程度和持續時間的權衡取捨。

艾瑞利注意到移除繃帶的標準作法是快速進行，增加痛楚的程度，但讓它迅速過去。艾瑞利了解護理師的困境，身為灼傷病患他必須長期接受灼傷的事實。但他不知道護理師是做一個理性的選擇，或屈從一個偏誤。在一九九〇年代末和二〇〇〇年代初的一系列研究中，艾瑞利和包括康納曼在內的同事證明，較慢、較不痛楚的方法通常對病患較好。這個情況牽涉許多複雜的因素，包括重複、進行的程序，和病患對本身情況的控制程度。儘管如此，整體而言較慢、較不痛楚的方法較好，雖然痛楚持續較久。然而護理師選擇的是較快、較痛楚的方法，因為那可以降低她們移除繃帶的挫敗感。希望「快點過去」的是護理師，不是病患。艾瑞利的洞見改變了世界各地處理灼傷病患的醫護程序。

艾瑞利對行為心理學的道德方法與塞勒－桑斯坦的方法不同。他對純粹的發現較感興趣，單純地探討人如何做決定。塞勒和桑斯坦的動機比較傾向必須操縱人的行為，以追求他們定義為開明的目的。雖然如此，艾瑞利也和他的許多同儕一樣，受僱於大企業和政黨在選擇架構的領域做廣泛的研究。我想和艾瑞利討論的是政治性的研究。

由於選擇架構有影響結果的強大力量，顯然政治人物可以利用行為心理學的技巧來影響選民，促使選民支持他們的計畫或拒絕對手的計畫。除了操縱新員工加入401（K）外，選擇架構可以用來操縱選民投票給特定的人或事，或在投票日留在家中，以行為操縱方法達成讓對手候選人損失選票和候選人本身勝選的目的。

選擇架構設計師剛開始並不認為這種操縱是一個問題，因為初期採用行為操縱的人都是二〇一二年歐巴馬競選連任的陣營。由於包括艾瑞利、塞勒和桑斯坦在內的學術人士通常偏愛自由派的理念，他們樂於看到歐巴馬的顧問普洛菲（David Plouffe）超越老式的共和黨沿門拜票方法。普洛菲掌管歐巴馬二〇〇八年的競選，並以白宮資深顧問的身分監督他二〇一二年的連任競選。普洛菲擅長利用社群媒體、簡訊、資料採礦和選擇架構，讓共和黨顧問羅夫（Karl Rove）的拉票技術望塵莫及。二〇一七年，普洛菲加入Facebook創辦人祖克柏（Mark Zuckerberg）的社會倡議組織，以推動廣泛的自由派倡議行動。

到了二〇一六年，共和黨不但迎頭趕上民主黨，而且超越他們，正如普洛菲之前超越羅夫，原因是劍橋分析公司的默瑟（Robert Mercer）和預定領導川普二〇二〇年競選的帕爾斯高爾（Brad Parscale）貢獻了先進的資料採礦和社群媒體技術。川普本身擅長使用Twitter和電視，對專注於數位競選的團隊是一大資產。二〇一二年選舉的情況正好相反，當時民主黨的希拉蕊·柯林頓堅持老式的電視曝光和老掉牙的政策文宣，而川普則出現在主流媒體螢幕，並以低成本的Facebook和Twitter執行有效的競選活動。

這種政治力量的新組合在二〇一六年大選極其精密的俄羅斯數位干預中被放大。至於俄羅斯的干預是否明確地是為協助川普，或只是為了擾亂美國政壇仍有待釐清。可以確定的是，俄羅斯的介入很深且很有效。這應該不值得驚訝，因為過去一百年來俄羅斯一直精於宣傳，先是在共產黨的統治下（一九一七年到一九九一年），晚近則是在前蘇聯國安會（KGB）間諜、現任總統普丁領導下。行為心理學和數位媒體對俄羅斯精準執行的騙術來說只是加強力道而已。

到二〇一八年，新法西斯主義者在數位平台上利用選擇架構已經很普遍。中國利用規劃中的六億架監視攝影機、數位臉孔和步態辨識軟體，以及對網際網路訊息流通的完全控制，對其十四億人口執行「社會信用評分」計畫。根據複雜的好行為和壞行為分類，中國人民被評定一個社會信用評分，包括在公共場所吸菸、發推文、逃漏稅、服務社區，或購買本國製產品而非進口產品等。社會信用評分低的市民被拒絕擔任政府職務，例如運輸、教育和政府機構的工作。典型的例子是哥倫比亞廣播公司（CBS）報導的中國公民劉虎（音譯）：

> 不久前劉虎嘗試訂飛機座位時[35]，被告知他不能搭飛機，因為他被列為不值得信賴名單。劉虎是一位新聞記者，法院下令他必須為他寫的一連串Twitter文道歉，然後被告知他的道歉不誠懇。「我不能買房地產，我的小孩不能念私人學校，」他說：「我感覺隨時

被那份名單控制。」

中國已推出終極版的塞勒－桑斯坦自願式推力。在中國你仍然可以自由抽菸；只是別期待搭飛機到任何地方，或送你的孩子上私校。

這是我和艾瑞利見面時提出的問題。我問：「你的技巧力量很大。你有源源不斷的客戶上門要求採用你的技巧，你如何決定哪些人是好人，哪些人是壞人？你有什麼辦法阻止下一個希特勒應用行為修改技巧？」

艾瑞利想了一下說：「這是一個我經常問自己的問題。我的學生和同事也這麼問我。我的回答是，當客戶提供酬勞要求我為他們工作時，我問自己願不願意免費做這個工作。如果把錢從中消去，我會不會因為他的價值觀和我的相符而為他工作？只有答案是肯定的，我才會接受那個任務。」

至少艾瑞利嘗試為選擇架構這個強大的工具做篩選，所以值得欽佩。但正如塞勒－桑斯坦假設他們有比別人優越的判斷力，艾瑞利根據價值觀做篩選的方法也有許多缺陷。第一個缺陷是，他假設他的「價值觀」是普世一致且絕對正確的。當然不可能如此。在今日的政治環境下，較可能的是一半的人同意他對重大公共政策問題的看法，另一半不同意。這表示不管艾瑞利接受任何計畫，他都會「惡搞」——借用他的用語——另一半人。想在多元觀點的人之間達成共識，民主是一種不完美的機制，根據學界人士的傾向設計的選擇架構無法避免這種缺陷。

更大的問題是，不管艾瑞利的傾向如何，不是所有行為心理學的專家都像他那樣謹慎。一些選擇架構設計師是唯利是圖的傭兵，替大菸草公司或大銀行做有害一般市民身體健康或金錢利益的工作。其他專家是純粹的理論家，不管金錢、道德和其他限制，只為推廣特定的目標。這並不新奇。戈培爾（Joseph Goebbels）和里芬斯塔爾（Leni Riefenstahl）利用廣播和電影讓希特勒看起來充滿魅力，但另一方面他們卻是兒童和寵物的好朋友。新奇的是，這類計畫的全球普及性和比起傳統媒體相對很低的流通成本，當操縱性的內容結合資料採礦、精準目標定位和數位平台流通時，行為的效應變得更加有力和普及。

選擇架構和其他行為修改技巧無疑地將在不久的未來，變成學界和社群媒體公司自律的主題。但這仍不足以避免濫用，原因是這些所謂的自律本身就存在偏誤。一些聲音會被聽到，一些聲音會被以非民主的方式鎮壓。政府監管將接踵而至，至少採用部分民主的形式，但很難有效率。最後，嘗試在嘩聲、嗡鳴聲和設計選擇的迷宮找尋方向的社群媒體使用者和市民，將不得不仰賴自己的教育和常識，以避開不是永遠良善的大企業和媒體操縱者。

這把討論重新帶回「非理性」的定義。社會可能完全同意，以直接或間接的管道對其他人或自身造成明顯且重大傷害的行為是非理性的。但當面對不是明顯有害、而只是從共識排序和程式化的方法來看似乎是次理想的選擇時，就必須仔細思考才能分辨所宣稱的理性和非理性的差別。

行為心理學家辨識出的大約兩百種偏誤，大部分是某種對不確定性的直覺或本能反應。康納曼和特沃斯基稱它們為啟發式反應（response heuristics）——在沒有更多時間或資訊做更理性的反應時用來做決定的捷徑。但這些啟發式反應並非憑空而來，它們是數百萬年來從原始人類到現代人類演化的產物。一些啟發式反應可能有毀滅性，因而在自然揀選中漸漸消失。儘管如此，演化科學認為，大多數偏誤在人類生存過程中發揮了某些作用。古人類學家和生物學家對人類沒有爪子、利牙、壯碩的身體或超快的速度，而能在掠奪者的世界生存下來一直感到驚奇。當然答案是人類的大腦。而我們所知的大腦卻充滿了偏誤。

想想塞勒－桑斯坦的方法背後未經檢驗的假設。他們假設未來類似於過去、假設市場將保持開放和流動、假設政府將不會訴諸沒收手段來支持國家力量、假設稅務規定不會溯及既往的修改、假設重要的數位和金融基礎設施會始終順利運作、假設法治會持續不墜。

這些假設全都錯誤。歷史充滿動盪不安和黑暗時代。紐約證券交易所曾經關閉數個月。市場流動性正在惡化，而且曾在某些崩盤事件中完全消失。政府經常沒收財富：只要問問一九三三年的美國人、一九四九年的中國人，或今日委內瑞拉的黃金持有人。美國的稅率曾經在一些情況下高達九〇％。華爾街在一九九八年和二〇〇八年幾近全面崩盤。波多黎各在二〇一七年瑪莉亞颶風後有一整年沒有充足的電力。美國的法治在南北戰爭、第一次世界大戰和後來的多次暴亂中停擺。這只是塞勒－桑斯坦的自鳴得意沒有根據的少數例子。整體來說，社會持續穩定的時期是特例，不是規則。塞勒和桑斯坦想克服加入４０１（Ｋ）計畫的

「偏誤」，卻凸顯出自己的偏誤。這個偏誤是以為明日的社會會和今日一樣，而這也是所有偏誤中最危險的一種。

行為心理學困難的地方不是它的科學，而是應用。由康納曼、特沃斯基和艾瑞利證明的純科學，遭到像塞勒等經濟學家和像桑斯坦等官僚的誤用。塞勒－桑斯坦的方法不僅假設未來類似於過去，而且假設人就是很愚蠢，需要他們受過高等教育者的協助，而這一點是很值得辯論的。

複雜理論的重要中心聖塔菲研究所行為科學計畫主任鮑爾斯（Samuel Bowles），提出應用行為心理學更佳的方法。他二〇一六年出版一本書《道德經濟學：為什麼好誘因無法取代好市民》（*The Moral Economy: Why Good Incentives Are No Substitute for Good Citizens*）[36]，書名就坦誠展現出他自己在這個辯論中的偏誤。雖然鮑爾斯很了解塞勒、桑斯坦和其他選擇架構設計師的研究，並同意選擇架構在社會治理中有其地位，他主張給真正的選擇更大的空間，而非只著重如何設計選擇。

鮑爾斯舉了兒童日間照顧中心面對家長逾時接小孩的困境為例。為了鼓勵家長準時的行為，中心實施對逾時接小孩罰錢的規定，這是一個典型的推力。罰錢的方法未奏效，反而使逾時接小孩的情況增加一倍。罰錢無效的原因可以用兩分法的利他和自利動機來解釋。在未規定罰錢時，家長是根據某種榮譽制度來看待準不準時。他們出於對日托中心的尊重和自己的責任感而盡力而為，雖然偶有逾時的情況。一旦實施罰款，家長變得純粹按照契約行事，推力的成本取代了責任感。家長冷靜計算自己的時間值多少錢，然後選擇支付罰款以交換他們更有彈性的時程表。逾時不再有羞恥感，罰錢意味逾時只是公事公辦，只是另一個理性的經濟選擇。

日托中心可以採取的更好方法是，用張貼告示和小冊子的形式提醒「準時」以建立責任感。像是以「每月家長」的作法表揚最準時接小孩的父母，這類誘因可能創造一種友善的競爭，無需強迫或操縱就能改善績效。提供資訊的行為應用不是推力，它們是教育。這些非隱藏性的誘因激發我們最好的本能，而不是最壞的本能。

行為心理學在經濟科學中可以扮演一個廣泛且有益的角色，明白揭示偏誤可以幫助個人做出最符合他們利益的選擇，要達成這個目標有賴於教育。當教育透過高高在上的學者——他們應該更聰明，但實際上並非如此——設計的「推力」淪落為純粹的灌輸時，我們就已經步上偽裝的專制主義。

投資祕訣三

當心行為操縱那隻隱藏的手。注意推力

投資人需要提升他們對選擇架構設計師操縱的警覺。只有在你看穿向你提出的財務選項

背後的社會工程，才能對應工程師的偏誤，並以符合自己最佳利益的方式採取行動。

在你能因應選擇架構設計師有偏誤的操縱前，你必須了解自己的偏誤。大體而言，人不喜歡填寫表格或勾選項目，不管表格的內容或被詢問的問題是什麼。選擇架構設計師利用這個偏誤創造一條最沒有阻力的路徑，在個人填寫表格時引導個人得到選擇架構設計師和其公司贊助人偏好的結果。投資人必須保持耐性才能因應選擇架構設計師假設你沒有耐性的情況。當閱讀表格上的問題時，要停下來問自己，問題有沒有隱藏的目的。表格是不是已經為你做了財務選擇（有沒有選擇退出的選項）？問自己表格的設計是不是帶有某種意圖，想導引你走上計畫贊助者偏好的路徑。問自己較難的路徑（勾選退出的選項）是否對你較有利，讓你在建構保存財富的投資組合時有更多選擇和更大的自由。了解401（K）計畫和其他美國稅法的類似條款並非國會送你的禮物，而是華爾街密集遊說以擴充管理資產和拉抬股票的產物。在你簽署華爾街的許願清單前，先想想自己的許願清單。

你也應該思考選擇架構設計師的偏誤。這些操縱大師若不是執行僱用他們的大公司的指令，就是在實踐他們自己對市場和經濟如何運作的看法。近幾十年來，市場極端事件不斷發生——一九八七年股市單日崩跌二二％、一九九四年墨西哥披索危機、一九九七年亞洲金融危機、一九九八年俄羅斯和長期資本管理公司（LTCM）危機、二〇〇〇年網路泡沫危機，以及二〇〇八年雷曼兄弟和美國國際集團（AIG）倒閉所引發的全球金融危機——證明理性、有效率的市場概念只是謊言。選擇架構設計師把人推向所謂的理性選擇，只不過是為資訊不足的人設的陷阱。理性市場不存在。

沒有安全的投資，股票、債券、貨幣和商品都會定期崩盤。當市場崩跌時，華爾街仍然大賺管理費、佣金和差價，輸家是客戶。你可以藉由減少投資配置在金融業促銷的產品（和他們的選擇架構），和增加對較非傳統的另類投資配置來創造較公平的競技場。投資在創造收益的房地產、自然資源、博物館等級的收藏品和其他401（K）通常不投資的資產，是保存財富、分散風險和避開社會工程師傭兵的設計的絕佳方法。如果你採取買進並抱緊的策略，遞延課稅將自動發生，即使不加入被極力吹捧的避稅良方401（K）計畫也能辦到。

另一個選擇架構設計師在401（K）選項設的陷阱，是「全有或全無」的觀點。這些選擇架構設計師很確信他們的偏好是對你最好的選項，所以用設計的表格引導投資人朝向最大化的參與。這未必是最好的選擇。如果一個401（K）計畫有投入總所得五％、一〇％和一五％的選項，你不一定要選擇一五％。你可以選擇較少金額（例如一〇％），留下一些可支配現金，投資在華爾街基金鼓吹的401（K）泡沫以外的資產。在本書描述的那類未來危機中，這些選擇架構設計師輕視的另類投資，可能是最好的財富保值策略。

| 第四章 |

阿爾發陷阱

如果我們都是被動型投資人[37]，就沒有機制可以正確地根據公司的價值在市場上為公司估值，因此我們幾乎無法信任任何估值。

——弗瑞根（Gerry Frigon），
〈如果我們都是被動型投資人會如何？〉，
《富比世雜誌》（*Forbes*），2018年

阿爾發、貝塔……奧米伽

投資人被反覆告誡：「你無法打敗市場。」這些告誡既是現代金融理論的支柱，也是指數型基金業的行銷口號。當然，這個命題是錯的，投資人經常打敗市場。而那些打敗市場的人不像那些教授們說的只是運氣好，他們知道自己在做什麼。

打敗市場除了純粹的幸運外有兩個方法——內線消息和市場擇時（market timing），它們是哈佛教授默頓（Robert C. Merton）和一位協作者在一九八一年芝加哥大學發表的兩篇重要論文證明的方法[38]。默頓一九九七年以他對布萊克－休斯（Black-Scholes）選擇權定價公式的貢獻共同獲得諾貝爾經濟學獎，但如果默頓是以他的市場擇時論文獲獎，可能更實至名歸。布萊克－休斯模型有嚴重的瑕疵，不只是因為它是一個無風險資產的概念。對照之下，默頓在如何打敗市場的創見幾乎沒有瑕疵，且禁得起時間的考驗。

投資人無法打敗市場的說法，是更正式的效率市場假說（ＥＭＨ）的白話說法，而這是一套與經濟學家法馬（Eugene Fama）最有關係的理論。這個假設和大多數現代金融理論相同，與現實世界的關係不強，但對學界經濟學家和他們的華爾街弟兄卻有強大的影響。效率市場假說認為，市場在把新資訊反映成價格上極有效率，如果一家公司宣布令人失望的獲利，市場會立即讓公司的股價下跌以反映新的獲利展望。如果一家能源公司出乎意料發現龐大的石油和天然氣蘊藏，市場會立即推升該公司的股價。這表示個別投資人無法以打敗其他投資人來從這個消息中獲益。不管如何，市場的所有投資人一起同時獲得相同的資訊。一個投資人可以賺錢或賠錢，但她無法比別人賺賠更多。

反對效率市場假說的理由多到無法在這裡詳述，所以只要說明梗概就已足夠。如果市場像理論描述的那樣有效率地反映新資訊，那就不會有閃崩、恐慌、狂熱或泡沫，但這類事件經常發生。一九八七年道瓊工業指數在沒有明顯的原因下單日下跌二二％。流動性危機發生於一九九四年（墨西哥）和一九九八年（新興市場），原因是兩次危機之前幾個月已充分披露的市場根本趨勢，但市場投資人忽視它們。股市泡沫出現在一九九九年（網路股市）、二〇〇七年（次級房貸市場）和二〇一七年（比特幣），原因是貪婪和異想天開。這些投資工具的市場定價都與效率沾不上邊。行為心理學已辨識超過一百八十八種認知偏誤，從可利用性法則到零和效應等，它們激發的非理性行為與效率市場假說的財富最大化機械式思維大異其趣。效率市場假說毫無根據，但經濟學家和分析師繼續用它當作預測市場的理論基礎。

但早在一九九〇年代行為經濟學興起，和一九八七年到二〇一七年接踵而至的危機之前很久，默頓已經在效率市場假說巨廈裡炸出一個大洞。他的祕訣是內線消息的使用，他很清楚市場是什麼。投資人利用內線消息提供的機會，在價格大漲前買進或在暴跌前賣出——市場擇時的作法——輕鬆地打敗市場指數。內線消息和市場擇時是銅板的兩面，併用這兩種工具可以徹底打敗效率市場假說。

「內線消息」這個詞引起合法性和個人利用內線消息交易是否涉及詐騙的爭議，這表示只要理性的個人不違法，效率市場假說就是成立的。事實是幾乎所有內線消息都完全合法。內線消息的定義是重大的未公開資訊，也就是重大到足以影響價格、但整體市場無法得知的資訊。內線消息如果要符合違法的條件，必須是違反某些義務的資訊，且需符合兩方面的條件。

如果你是公司董事會成員，被告知公司即將被併購，根據這個資訊交易公司股票就是違法行為。身為董事，你有義務保守併購資訊的機密。如果你利用這個資訊從個人的交易獲利，那就像竊取有價值的公司資訊，和偷竊公司的汽車沒有兩樣。當然，這種交易經常發生。儘管如此，那是違法的，而且有些內部人士因此而坐牢。這種交易符合這兩個條件——根據重大的未公開資訊，在違背職責的情況下買賣證券。

但大多數重大未公開資訊不是違法取得的，而是透過研究獲得且屬於製作資訊者所有。避險基金利用私人衛星公司取得從太空拍攝的商店停車場影像，分析師藉由長期比較這些影像可以確定商店的流量增加或減少（假設行人的流量不大）。如果避險基金有顧客平均購買金額、每輛汽車平均購物者人數，和商店利潤的資訊，它們甚至可以在業主公布前就靠衛星照片估計商店的淨利。這種資訊是重大且未公開的，而且不是藉由偷竊和其他違法手段取得。這種資訊是業者透過僱用衛星辛苦研究得來，這些業者可以自由使用這些資訊進行交易，而且通常會這麼做。這種作法完全合法。

衛星和更多類似的例子都是投資人利用內線消息的情況。在公司公布盈餘前買進受影響的股票，然後在公開的資訊完全反映在價格時賣出，是典型的市場擇時例子。內線消息和市場擇時併用可以打敗市場——這又是一個效率市場假說錯誤的例子，默頓早在他一九八一年的學術論文就已明白指出。

效率市場假說可分為所謂的弱式、半強式和強式三種形態。弱式考驗你只使用歷史價格和報酬率打敗市場的能力，很少分析師限制自己只用這麼少的資訊，只要研究略超過這個狹窄範圍之外的資訊就能獲得更優越的報酬。半強式除了歷史價格和報酬外，把其他公開資訊也納入考量，這為嘗試打敗市場的投資人設置了一個高門檻。強式包括公開和私人取得的所有資訊，上述的衛星影像只是私人資訊的一種。效率市場假說的支持者稱它為強式，因為打敗市場幾乎不可能。但沒有單一投資人可能取得所有私人資訊，既然稱為私人自有它的道理。那就好像說效率市場假說不是在真實世界裡運作，而是在不存在的情況下運作。根據經驗，當一套漂亮的理論被打破成次級理論（弱式、半強式和強式）時，那就是這套漂亮的理論出了差錯的好指標。為了安全起見，最好放棄以效率市場假說作為市場行為指南。

有可能打敗市場並不表示大多數投資人辦得到——大多數人辦不到。有太多研究顯示，主動型投資組合經理人不但無法打敗市場指數，他們的表現還更糟。這個研究是指數型基金業的名片。既然你可以投資低手續費的指數型基金，賺取和市場一樣的報酬率，不必為各種操作手法操心，那麼為什麼要把錢交給主動型經理人、支付較高的手續費，而且績效還不如一般市場指數？既然股票長期來看總是上漲，你的投資組合應該會表現良好，特別是你在打算退休之前的三十年就開始投資。你可以熬過市場下跌期，在反彈回升時獲得豐碩的報酬，並在夢想的帆船上或葡萄園中安享退休生活。

在斷定指數型投資較優越之前，你必須了解為什麼資料顯示被動型投資績效超越主動型投資。如果你不知道為什麼，那麼你的指數型基金和盲目的冒險沒有兩樣。指數型基金業者會搬出效率市場假說作為理由，但我們已經知道那是無稽之談，市場一點效率也沒有。理由是在別的地方。

其次，被動型投資業者宣稱他們優越的績效是因為較低的手續費和管理費。指數型基金的手續費確實比主動型基金低，如果你只是把投資人的錢配置在各種常見指數的組合，例如標準普爾五百指數，你不需要一大群分析師造訪發行公司總部，只需要一台電腦和自動下單系統。儘管如此，較低的手續費只是被動型投資績效優越的一小部分原因，還得依靠另一個因素發揮作用。

這要從兩個關鍵詞的定義開始談起：阿爾發（alpha）和貝塔（beta）。阿爾發是報酬率超過或低於特定指數的標準。如果你的指數是標準普爾五百指數，它的報酬率是一〇％，而你的投資報酬率是一五％，那麼該投資的阿爾發就是正五。如果你的投資報酬率是五％，阿爾發便是負五。正值的阿爾發表示投資績效在調整風險後超越指數，創造出額外的報酬。

貝塔用來衡量一項投資與指數相較的波動率。如果一項投資的報酬率是一個指數的兩倍，它的貝塔是正二。如果一項投資的報酬率移動的方向與一個指數相反，貝塔就是負值。

一項投資下跌速度是指數上漲的兩倍，它的貝塔就是負二。

阿爾發和貝塔被併用來衡量投資組合的績效與其所承擔的風險。一個賭徒以你的投資組合玩輪盤，他可以藉著押注在紅色輕鬆地讓你的錢翻倍，如果球停在紅格上，你就贏了賭局；當然，如果球停在黑格或綠格，你就輸掉所有錢。有些玩家在輪盤賭局中贏錢，但輸錢的人居多。輪盤的阿爾發是負值，報酬無法抵銷風險。

被動型或指數型投資策略尋求「一」的貝塔值（報酬和指數的績效相同），和「零」的阿爾發值（報酬和風險一致）。投資的聖杯是得到正的阿爾發值和一的貝塔值，那表示你承擔市場風險，但得到高於市場的報酬。能達成這種績效的指數型經理人，便能吸引更多可收取管理費的資產管理機會。達成正阿爾發值的避險基金經理人就能從超高的績效之中，分得績效手續費。

阿爾發和貝塔有一個重要的分析問題（投資組合的風險管理也是如此），就是選擇正確的基準指數和無風險報酬率的概念。如果你有一個大型且高度分散的美國股票投資組合，那麼標準普爾五百指數可能是適合的基準指數。如果一個投資組合專注於特定的產業如科技股或礦業股，採用標準普爾五百指數將得到無意義的阿爾發和貝塔值。同樣的，計算阿爾發需要用到一個無風險報酬率，以便因為經理人的技術而獲得額外報酬。一年期公債殖利率通常被當作無風險報酬率，但無風險是一個誤解。公債殖利率反映通貨膨脹率和違約或未償付風險的期限溢價（term premium）。這類風險很低，但正逐漸升高。理論上如果可能確定一種資產是無風險資產，其真正的無風險報酬率是零。這讓人想到黃金。

這把分析帶回原點。主動型投資利用默頓描述的內線消息和市場擇時，績效可能超越被動型投資。市場不是有效率的，也無法提供很多機會來獲得以阿爾發衡量的風險調整後的高績效。但除了少數傳奇性經理人如柯夫納（Bruce Kovner）和諾蘭（Dave Nolan）外，主動型經理人的績效難得超越市場。其原因與效率市場假說或手續費無關，即被動型投資業者經常用來推銷他們產品的兩個原因。主動型投資績效不彰的兩個原因是行為心理學，以及被稱為偏態的統計概念。

河灣

諷刺的是，造成市場沒有效率的相同原因——行為偏誤——也導致主動型經理人績效不如基準指數。主動型經理人也是人，特別是主動型經理人容易犯確認偏誤——強調支持一種投資主題的資訊，並揚棄與該投資主題衝突的資訊的傾向。與它相關的偏誤是錨定偏誤——固執於記憶最深或經驗最豐富的投資主題，並抗拒改變的傾向。錨定製造出惰性，使主動型經理人更難在市場動態或總體政策環境中察覺改變，並據以調整投資策略。

有無數極其聰明的主動型基金經理人屈從於行為偏誤的例子，通常是因為在決策中缺少認知多樣性。長期資本管理公司（ＬＴＣＭ）的合夥人包括兩位諾貝爾獎得主和傳奇性的固定收益交易員梅利．韋勒（John Meriwether），他們從一九九四年到一九九七年以三十億美元的現金分配支付它的大部分獲利，分配率是投資人基金的三倍，然後在一九九八年八月和九月的幾週內虧損掉其餘現金的九二%。LTCM的合夥人未能察覺全球流動性缺口逐漸浮現，和競爭公司加速去槓桿。這些疏失就是錨定過去成功投資程序的偏誤，和忽略證據顯示市場壓力來自亞洲的確認偏誤的例子。億萬富豪避險基金經理人艾克曼（Bill Ackman）是另一個例證。艾克曼和他的合夥人在一九九〇年代和二〇〇〇年代初創造了優於市場的報酬率，然後從二〇一三年到二〇一八年，艾克曼經營的潘興廣場資本管理公司（Pershing Square）在一次災難性的投資威朗製藥（Valeant Pharmaceuticals）中虧損逾四十億美元，並在一次放空營養品公司賀寶芙（Herbalife）又損失十億美元。艾克曼的基金在解套這些投資時於二〇一五年虧損二〇．五%，二〇一六年虧損一三．五%，二〇一七年虧損四%。一連串的認知偏誤包括已被辨識的購後合理化和選擇性認知，都是造成此情況的原因之一。LTCM或潘興廣場資本管理的天才們都沒有突然變笨，他們只是屈從於行為偏誤；的確，他們偏誤的強度因為過去的成功而被放大，成為一種「我不可能出錯」的偏誤。

能長期創造正值阿爾發的主動型經理人，必然是更能克服行為偏誤的人。根據我在避險基金數十年的經驗，我見過最能駕馭行為偏誤的優秀經理人是凱克斯頓公司（Caxton Associates）的傳奇創辦人柯夫納。今日柯夫納在富比世四百大富豪中排名第一百零八，身價超過五十億美元，在富比世全球富豪名單也排名第三百七十二。柯夫納從一九八三年到二〇一二年掌管凱克斯頓，期間平均年淨報酬率達二一%。在全盛時期凱克斯頓管理一百四十億美元資產，但柯夫納定期分配以十億美元計的獲利給投資人以縮小凱克斯頓的規模，目的是以有限規模的致勝交易來讓報酬最大化。避險基金只根據基金大小來收取管理費，而績效費則根據阿爾發計算。在許多基金中，這種雙軌費用結構製造出利益衝突，導致即使績效平庸或虧損的經理人仍可從龐大的資產賺取高收入。

在一九九〇年代末LTCM雲霄飛車般的經歷後，我於二〇〇〇年代初為凱克斯頓工作，並與柯夫納有許多互動。儘管外表隨和可親，柯夫納在風險管理上冷靜如冰，同行中沒有人能在投資決策中像他那樣幾乎排除一切認知偏誤。有趣的是，柯夫納的學業背景包括在茱莉亞音樂學院學習，他是一個傑出的大鍵琴家。他在市場發現一種不是根植於人為數學金融工程的共鳴。

柯夫納採用老派的方法，這種方法不難了解，但極難執行，因為認知偏誤會從反方向拉扯。交易構想始於對一個假設的交易績效做基本和技術性的研究和發展，在討論中加入多樣的觀點以確保不遺漏重要的因素。如果這個交易通過檢視，交易者便開始執行，儘可能使用期貨市場以提高槓桿和保留現金，保留的現金另外再投資以提高交易的阿爾發。

柯夫納成功的關鍵在於嚴格的停損限制，這是一種最老式但也最有效的風險管理工具。如果交易虧損，你就必須結束它，承受損失，並繼續下一個構想。損失的限度視市場而定，在貨幣市場可能小至一%，或者在股市和債券市場為三%。對柯夫納來說，損失能很自然地告訴你，在自己的分析之中缺少了哪一部分。如果交易賺錢，你得設定移動停損（trailing stop），表示停損限制隨著市場移動，以確保在市場反轉時不會賠掉所有的獲利。例如，假設你以每股四十美元買進一檔股票，你的初始停損點可能是每股三十九美元，即下跌二・五%。如果股票上漲到五十美元，停損點可能調整到四十七美元，下跌六%，比起每股四十美元仍有不錯的獲利。一個交易可以賺多少沒有預設的限制，除非投入現金的機會成本造成你的困擾，但退場的策略永遠是必要的考慮。這種交易方式可以總結為老式的芝加哥原則：「讓利潤奔跑並斬斷虧損。」這個系統不是柯夫納發明的，停損限制存在的時間和可交易的流動性市場一樣久。其他人也成功地採用停損操作，包括柯夫納從擔任交易員起家的大宗商品公司（Commodities Corporation）。

這種風險管理法的挑戰，是它與幾乎每一種已知的認知偏誤衝突。風險規避偏誤告訴交易員要及早賣出賺錢的交易，以免虧掉已賺到的錢。錨定偏誤造成交易員堅守虧損的交易，因為雖然虧損不斷累積，但她相信初始的交易構想是對的。確認偏誤導致交易員忽視質疑交易構想正確性的新資訊。一系列認知偏誤讓人拒絕承認事實，包括鴕鳥效應、購買後合理化，和選擇性認知，導致交易員忽視虧損而自我安慰說：「別擔心，市場終究會漲回來。」

其他偏誤造成交易員在股票上漲後才購買股票，包括可利用性法則和注意力偏誤。交易員受到一檔股票吸引，因為該股票最近的表現獲得媒體許多注意，這通常導致交易員進場的時機不佳。柯夫納對進場和出場時點有很明確的想法，他說正確的投資構想只決定賺錢的一半，另一半是找到正確的進場點。在決定進場點時追逐漲勢，加上下跌時合理化損失，導致大多數投資人買高賣低，這是保證虧損的交易方法。

柯夫納對這些行為偏誤有一個簡單的解決辦法。你不是遵守他的規則，就是準備捲鋪蓋走路。柯夫納把他簽名的交易授權書保留在檔案中，交易員獲得向凱克斯頓的經紀商買賣證券的授權，但若交易員違反柯夫納的規則，他可以撤銷對交易員的授權，直接指示經紀商軋平該交易。等交易員發現時，他可能即將被炒魷魚了。

一些遵守規則、設定停損限制的交易員出現虧損，但仍相信自己的交易構想終究會賺錢，這些交易員可以向柯夫納要求再執行一次該交易的機會。柯夫納會堅持交易員冷靜一段時間，寫一份報告說明為什麼那個交易構想有機會賺錢，然後親自與他討論再執行交易的可能性。在實務上，結束虧損的交易後好好睡上一覺，通常就足以說服該交易員繼續尋找新構想才是上策。

像柯夫納這類好手是罕見的異數，大多數交易員無法克服認知偏誤，並因而落入買高賣低的陷阱，或因為風險規避的偏誤而落入太早賣出的陷阱。柯夫納數十年來打敗市場憑藉的是技術，不是運氣。柯夫納是有可能打敗市場的活證明，不過，大多數交易員不是柯夫納。整體來說，主動型投資人績效比不上被動型投資人，這是指數型投資吸引人的原因。認知偏誤是部分原因，但更重要的原因是偏態。

偏態是指大型股票指數的總報酬率有很大比率歸功於指數中佔很小比率的股票。對該指數的被動型經理人來說，偏態無關緊要，他們持有的少數大贏家和無數小贏家和輸家，共同構成指數的報酬率，這也是指數型投資的基本概念。

對主動型經理人來說，偏態可能很致命。如果你剛好選到贏家，太好了，你的績效會很好。不過，主動型經理人若從指數的次級類股挑選投資組合的股票，錯失贏家的機會比較大，因為贏家很少。推升指數報酬率的少數贏家好像稻草堆裡的針，如果五十位主動型經理人各抓一把稻草，只有一位抓到針，其餘的滿手都是稻草。

不可能所有主動型經理人都找到稻草堆裡的針，那種可能性微乎其微，原因是針——贏家股——往往因為一些基本面研究無法發現的意外消息或外在震撼而暴漲。這讓人想到默頓強調的內線消息。一篇近日的研究論文簡潔地描述了偏態的影響：

> 要了解這個概念[39]，可以思考一個有五檔證券的指數，其中四檔……在一段期間的報酬率為一〇%，剩下的一檔報酬率為五〇%。假設主動型經理人選擇一或二檔證券的投資組合，並給予相同的權重，這時候有十五種可能的「投資組合」。這十五種中，有十種的報酬率將是一〇%，因為它們將只持有一〇%報酬率的證券；只有五種會包括有五〇%報酬率的贏家證券，其中有兩檔證券的投資組合報酬率將是三〇%，只有一檔證券的投資組合報酬率是五〇%。所有可能的主動管理型投資組合的平均報酬率將是一八%，而所有可能持有一檔或二檔證券的投資組合中位數報酬率將是一〇%。權重相同的所有五種證券報酬率將是一八%。因此，在這個例子裡，主動管理的平均報酬率將和指數相

同……但三分之二的主動管理投資組合績效將不如指數，因為它們將錯過五〇%的贏家證券。

偏態效應的最好例證莫過於二〇一六年到二〇一八年的FAANG股狂熱——FAANG是Facebook、Apple、Amazon、Netflix、Google的字首縮寫。從二〇一六年一月一日到二〇一八年三月一日，FAANG股的漲幅大幅超過標準普爾五百指數五〇%，但FAANG股在同一期間對標準普爾五百指數的漲幅貢獻超過三〇%。一位主動型經理人若持有標準普爾五百指數五百檔股票中的四百九十五檔，或持有該指數的次級類股但不包括FAANG這五檔，他的績效將不如一位被動型指數經理人以標準普爾五百作為三〇%基準指數的績效。

證據顯示主動型經理人有可能打敗市場，但很少人真的辦到，原因是行為偏誤和偏態。少數打敗市場的主動型經理人如柯夫納，通常管理費很高或已關閉基金，或提早退休，轉而為家族辦公室的私人投資組合操盤。這使得一般投資人沒有太多選擇，只能和大多數人一樣投資指數基金。然而像喪屍般投入被動型指數基金大軍的投資人製造出一種很少人了解的危險，且將證明對財富的破壞性遠大於主動型經理人不如市場的績效。在轉向指數型投資的風潮中，一種風險已被另一種風險取代，而新的風險——超同步——正是最危險的風險。

一切都是泡沫

主動型投資式微和指數投資崛起製造了一個正向的反饋，確保下一波股市崩盤將是歷來最嚴重的災難。專業者了解這一點，但他們不在乎，照樣靠佣金或包裹式的財富管理費賺大錢，並把自己的錢用截然不同於他們建議客戶的方式投資在其他地方。我見過許多避險基金的億萬富豪，但從未見過有人不把大量個人財富配置在實體黃金上的。他們已為即將發生的事做好準備，他們的客戶並未如此。

這個正向反饋迴圈的動力是直接的。指數經理人努力想達成他們基準指數的績效，否則可能讓自己的工作不保，或至少會造成管理資產的虧損。在多頭市場的某個時點，少數股票或特定的類股表現可能超越整體指數。FAANG股是好例子，但不是唯一的例子，還有像一九六〇年代末的漂亮五十（Nifty Fifty）股票、一九九〇年代末的網路股和其他例子。這種初期表現超越市場的原因對研究市場動力的目的來說沒有意義，原因可能是基本面的成長展望，也可能是根據圖形的技術性理由，更可能的是沒有可辨識的原因。這是一個典型的複雜性動態系統的突現現象——事件就是突然發生。

一旦動態表現超乎預期，投資人必須買進更多這種股票，以便調整投資組合的平衡，趕上指數的表現。買進更多股票通常會推升股價，帶來更好的績效。其結果是更多買進和進一步的股價上漲。這種動態持續進行，像貓追自己的尾巴，更多買進、更高的價格、繼續買進以追趕指數，然後價格繼續上漲。

最後這個正向反饋迴圈開始反轉。這種情況發生在一九七三年到一九七四年股市崩盤的漂亮五十股，當時道瓊工業指數重挫四五％；還有二〇〇〇年到二〇〇二年那斯達克綜合指數暴跌七八％，這兩項指數都是最受歡迎的市場基準。二〇一八年底的ＦＡＡＮＧ股也出現這種現象。多頭市場的反饋迴圈可以持續好幾年，然後轉變成空頭市場的反饋迴圈。反饋迴圈改變方向經常突然、出乎意料而且沒有明顯原因就發生，但名目上仍有許多說法來解釋這一切為什麼會發生。

近幾年來表現超越市場的類股突現和資產價格上漲，整體來說都是前聯準會主席柏南克和繼任者葉倫七年（二〇〇八年到二〇一五年）的零利率和量化寬鬆實驗的產物。柏南克依賴他所稱的投資組合通道效應，其概念是如果聯準會維持短期利率在零的水準，並藉收購公債來壓抑長期利率，投資人將被迫從別的地方尋找高收益。這時候投資人會推升股票、公司債、房地產、新興市場和其他資產的價格，造成的資產價格上揚將為公司貸款提供擔保，和因為４０１（Ｋ）報表顯示的獲利而提振消費者信心。這些新創造的財富和信心將激勵支出和更多貸款，企業借款、投資和消費者支出的結合，將很快讓美國經濟重回自我延續的趨勢成長道路。

柏南克的實驗失敗了。投資和消費並未恢復到平均趨勢的水準，美國經濟從二〇〇九年六月衰退結束後九年的平均成長率為二・二％，遠低於長期趨勢的成長率，是美國史上最弱的經濟復甦。聯準會的資產負債表槓桿超過一二〇比一，塞滿了四．五兆美元債券，萬一新一波衰退發生，將使聯準會無力對抗。

和各種失敗的實驗一樣，有害的副作用在所難免。政府和企業在低利率的環境下濫發債券，消費者申貸一．六兆美元的學生貸款。學生貸款的違約率節節攀升，傷害畢業生和父母保證人的信用，阻礙了就業、組織家庭和伴隨家庭而來的穩健消費模式。最有害的副作用是資產價格膨脹到如觀察家所形容的「一切都是泡沫」。

一切都是泡沫的證據俯拾皆是。二〇一三年諾貝爾經濟學獎得主席勒（Robert Shiller）在二〇一五年的訪問中這麼說：

> 我把泡沫定義為一種牽涉對未來抱持過度期待的社會瘟疫[40]。今日確實有一種社會和心理的現象，即人們看到過去的價格上漲，並認為它們可能繼續上漲。所以我們看到的事物含有一種泡沫成分。但我不確定目前的情況是一種典型的泡沫……事實上，目前的環境可能受到恐懼的驅動多過於受到一種新時代感驅動……在這一次，債券和愈來愈有這種傾向的房地產看起來價格都過高。這與過去的價格過高時期不同，例如一九二九年的股市價格過高，但債券和房價大多數情況並非如此。這是個有趣的現象。

席勒的推測是，泡沫的動力正在興起，不是因為股票投資人異想天開，而是在安全資產零利率的世界中害怕錯失了風險資產可能獲得的利得。這種恐懼背後的推手是絕望地嘗試重建在二〇〇八年全球金融危機被摧毀的儲蓄。泡沫的動力出現在股票、債券、房地產、汽車貸款、學生貸款、新興市場、加密貨幣等各式各樣的資產。這種結果應該不會讓奧地利派經濟學家驚訝。一切都是泡沫是伴隨著廉價資金而來的典型錯誤投資——儲蓄的錯誤配置。

從二〇一〇年到二〇一六年，標準普爾凱斯－席勒舊金山住宅價格指數上漲六八％，從一三九點攀至二三四點。雪梨住宅價格指數上漲六九％，從九八．九點漲至一六七．六點。加拿大房地產住宅價格指數也一樣泡沫化，從二〇一〇年的一〇〇．〇點攀至二〇一七年九月的一四三．一點，漲幅超過四三％。類似的漲幅出現在世界各地的房地產市場，從墨爾本、邁阿密、倫敦到洛杉磯。其中有些泡沫是來自矽谷億萬富豪的國內需求，但有些漲幅的推力來自俄羅斯寡頭、中國太子黨和委內瑞拉菁英的外逃資本，目的是逃離不穩定和變化莫測的管轄地，尋求較安全的地方。

股市也有它的泡沫神話。截至二〇一七年八月，特斯拉（tesla）的市值除以它銷售的汽車數為每輛七十五萬美元，相較於豐田的每輛一．六萬美元，和通用汽車的五千五百美元。汽車業整體是靠龐大的貸款勉強維持營運，從二〇一〇年到二〇一七年，美國的汽車貸款餘額從六千五百億美元激增到一．一兆美元，其中二千八百億美元被評為次級貸款。在同一期間，拖欠的汽車貸款增加了二百三十億美元。公司信用也和消費者信用一樣蒙塵。截至二〇一七年八月，美國的公司債務餘額達五．九兆美元，比二〇一〇年增加五四％。根據國際清算銀行（ＢＩＳ）的數據，新興市場公司發行的美元計價債務到二〇一七年已超過九兆美元。

這些股票和信用泡沫從銀行和公司的資產負債表中明顯可見，它們後面有一堆以衍生性金融商品為形式的隱形債務。截至二〇一七年底，以總名目價值計算，美國最大的五家銀行持有一百五十七兆美元的衍生性金融商品，比二〇〇八年全球金融危機發生之前的類似衍生性金融商品總值多一二%。增加的比率似乎不高，但和監管當局宣稱金融體系比以前安全和槓桿更低的說法矛盾。光看從上次危機以來衍生性金融商品曝險增加一二%還不足以窺見全貌，這個數字只包括銀行持有的未納入資產負債表的部位。數以兆計的衍生性金融商品已被移出銀行到第三方結算所，這些結算所的目的是設置另一個安全閥，因為它們容許多家銀行針對多重的衍生性商品曝險同時進行淨額結算，而不是在發生危機時銀行與倒閉的交易對手進行的單純雙方淨額結算。但當多家銀行出現倒閉危機時，例如一九九八年和二〇〇八年的情況，結算所比較像大風吹遊戲，只是沒有椅子可坐。和骨牌一樣，隨著每一家銀行倒閉，流動性的負擔便落在更少的較強銀行身上，直到那些銀行也倒閉。在這種情況下，結算所本身也身陷危境，不再有能力履行其功能。銀行不會把這種結算所風險的或有負債記錄在它們的資產負債表。結算所無法取消風險，它們只是把風險搬到更難被發現的地方。就衍生性金融商品來說，金融體系並沒有變更小、更安全或更穩健。

當這些泡沫變大時，被動型投資興起扮演了錯誤投資的乘數。市場已達成指數型投資本身也是一種泡沫，助長了這些個別資產泡沫的程度。

如果助長泡沫有錢賺，華爾街沒有它不愛的泡沫，指數泡沫也不例外。指數型基金業者和被動型經理人開始推出容易交易的定型產品，不需要投資人主動挑選股票。指數型股票基金（ETF）和指數型股票債券（ETN）從技術上看就是證券，向證券管理委員會登記，以上市產品的形式在紐約證交所、那斯達克和其他交易所交易。每一件ETF和ETN交易就像交易一檔股票一樣，為投資人提供一個簡單的買進或賣出決定，但它們是由一籃子股票或債券構成。例如，一檔新興市場ETF可能包括土耳其、巴西、印尼、馬來西亞和其他開發中經濟體的公司股票。一檔零售ETF可能包括實體商店公司的股票如沃爾瑪、家得寶（Home Depot）、星巴克和其他類似公司。這些可能性不限於各式各樣的產業。ETF可以做槓桿投資，讓投資人獲得一籃子股票報酬率三倍（或虧損率三倍）的報酬。例如，一檔雙倍報酬的醫療照護ETF可獲得一籃子醫療照護相關股票報酬率的雙倍獲利，例如聯合健康集團（UnitedHealth）、美敦力（Medtronic）和安泰（Aetna）等股票。槓桿操作的ETF業者管理的資產已從二〇〇七年底該產品發明之初的五十億美元，增長到二〇一八年初的三百億美元。最後，ETF的報酬可以和一籃子股票反向，假如選擇的股票群上漲，ETF價格就下降。這類ETF讓購買者處於賣出賣方期權的地位，卻沒有標準的保護。在經紀商帳戶賣出賣方期權需要特別的帳戶形式，加上經紀人的善盡查證責任、風險披露和嚴格的保證金要求。反向ETF都不要求這些，你只管買它們，一切風險自己擔。華爾街從不放過任何賺錢機會，當然會提供反向－槓桿操作的ETF。

ＥＴＦ真正的危險在於相對的流動性低，尤其是設計成槓桿化和反向績效的ＥＴＦ。當投資人賣出一股像ＩＢＭ之類的個股時，他們是把股票賣給相對廣大的潛在ＩＢＭ買家。當投資人賣出一股可能包含ＩＢＭ和其他流動性較低科技股的科技類ＥＴＦ時，該ＥＴＦ的潛在買家可能相當少，尤其是市場大幅下跌時，更別說市場恐慌時刻。該ＥＴＦ可能跌速快過它的部分成分股，對所有成分股帶來賣壓，因為獲得授權的交易商可能為了套利而買進該ＥＴＦ並放空其成分股。這些正向反饋迴圈（正向的意思是會自我強化，而不是好的意思）可能以理論模式解釋為超同步事件，但無法輕易解釋為真實世界的事件。這種反饋迴圈是複雜動力系統無法預見的突現性質，即一些人所稱的黑天鵝，而且它們到處可見。

ＥＴＦ和ＥＴＮ不是被動型投資家族裡最奇特的東西，另一個更凶險的東西被取名為風險平價（risk parity）。風險平價是一個資產配置計畫，目標是在特定水準的波動性下極大化報酬。這些資產配置理論上可以改善較單純的資產配置計畫，如六〇／四〇，即混合六〇％股票和四〇％債券。以個人４０１（Ｋ）計畫為例，傳統的六〇／四〇配置往往在個人年齡漸大時被調整，增加債券曝險和減少股票曝險，藉以規避風險。債券可以降低波動性，而年長的投資人沒有太多贏回損失的時間，所以降低投資組合風險有其道理。

但在風險平價中，投資組合組成是以風險調整報酬來優化，而非固定的股票和債券比率。風險平價策略根據各類資產的風險權重，把投資人的資金配置於股票、債券、商品和其他資產類別，而非根據像六〇／四〇等美元權重配置。由於股票的風險遠大於債券，風險平價的投資組合一開始的股票配置可能比傳統投資組合小。舉簡單的例子說明，一個風險平價投資組合的美元權重股票可能佔三三％而非六〇％，因為三三％的股票佔投資組合的總風險可能接近六〇％。

風險平價策略在一九九六年由避險基金巨人橋水（Bridgewater）推出時，它的績效出奇的好。在二〇〇八年的恐慌中，風險平價策略績效超越其他策略，因為它們的股票配置比率較低，所以損失較小，因為二〇〇八年的損失集中在股票。

儘管如此，風險平價策略的致命缺陷正要逐漸浮現。第一個缺陷是用來優化根據隱含的效率市場假說的風險平價投資組合的配置，而我們已經發現效率市場假說是垃圾科學。根據效率市場假說的投資組合在大部分時間表現一如預期，因為（效率市場假說使用的）鐘形曲線與（複雜動力系統的）檢定力曲線的風險程度分布很大一部份重疊。這誤導觀察者相信效率市場假說能反映現實。當事件在鐘形曲線分布之外發生（但與檢定力曲線分布一致）時，其結果對以效率市場假說為模型的投資組合來說將是災難，包括風險平價投資組合。

另一個缺陷是波動性和資產配置之間的正向反饋迴圈。如果股票進入一個低波動性時期，例如二〇一七年的情況，電腦和顧問軟體將發現股票的風險較低，因而根據風險平價而值得給予較高比率的美元配置。較高比率的美元配置意味更多買進、更高的股價，和更低的可觀察波動性，因為股價似乎永遠不會跌。低波動性、較高股票配置和較高的股價間的反饋迴圈被單純的逢低買進策略放大，在這種情況下每一次股價小幅拉回就碰到買盤蜂擁而上，理論上這種低波動性和股價節節攀升就是一個央行干預支撐的半永久狀態。

風險平價策略的另一個根據是，股票與債券價格移動具有反向相關性的假設。在一個簡單的模型裡，減緩的經濟造成股價下跌和利率下降，這表示債券價格上揚。債券的獲利抵銷股票的損失，有助於降低投資組合的整體波動性。這種反向關係是二〇〇八年風險平價策略成功的原因，因為股價暴跌意味利率暴跌和債券價格大漲。

但從二〇一八年二月二日到八日，市場因為股票和債券變得極其正向關聯而受到巨大震撼，股價在一週內重挫一一％，而債券則因畏懼通貨膨脹和利率升高而同步滑落。由於美國赤字升高製造了債務死亡螺旋的恐懼和利率升高，使得這種股價下跌和債券價格下跌的關聯性，和整體波動性升高同時存在。風險平價背後假設的錯誤已被揭露，現在投資人已無處躲藏。

另一種被動型投資策略叫聰明貝塔（smart beta）。這種策略牽涉指數編製，但它是根據規則而非現成的指數如標準普爾五百來編製。華爾街喜愛聰明貝塔，因為這種策略的定義如此寬鬆，只要與市場因子規則有一點關係的編製都符合定義。聰明貝塔指數可以根據帳面價值、現金流，或更多外在因子，例如人口趨勢和自然資源而編製。這給了銀行和經紀商調製新產品的無限空間。

從編製指數時更注重波動性更甚於如市值等傳統因素來說，聰明貝塔和風險平價類似。這表示聰明貝塔有和風險平價一樣的缺陷，特別是一個致命的固定點吸引子（point attractor）

使較高的配置製造出低波動性，進而製造更高的配置和更低的波動性，直到系統無法再演變和瀕臨崩潰。

所有被動策略之母就是風險值（VaR）。風險值原本是一九八九年摩根大通（JPMorgan）為專營工具發展的一套風險管理策略，後來分拆為另一家取名風險度量（Risk-Metrics）的公司。風險值工具免費提供給市場人士，並被廣泛採用。

最簡單的風險值形式（也有其他複雜的形式）被用來檢視投資組合中的每檔證券或部位的歷史價格，然後計算各成分的共變異數，或哪兩個部位傾向於一起移動、反向移動，或沒有關聯性的程度。如此可以辨識出投資組合中的部位是否含有自然的避險，製造出比持有單獨部位低的風險。最後，根據歷史價格和共變異數組成的投資組合總風險，是以標準差計算的若干極端損失事件的可能性。這整個程序通常總結表達為像如下的描述：「我們十億美元的投資組合在任何三個月期間，只有不到一%的機會損失超過一億美元。」

和其他被動策略一樣，科學主義是風險值揮之不去的夢魘。被用來計算風險歷史價格的時間序列通常太短。風險管理師使用二十年、三十年或五十年的時間序列，但他們應該研究一百年或五百年的時間序列（必要時使用代理價格）以得出更佳的結果。即使特定的時間序列夠長，標準差概念背後的常態分布（鐘形曲線）假設仍與市場的經驗證據違背。風險值大體上是一種有缺陷的方法，而這令人加倍驚惶，因為類似風險值的方法是其他指數型策略如風險平價的基礎。

這些被動型指數策略——ETF、ETN、風險平價、逢低買進、聰明貝塔、風險值和更多策略——因為顧問軟體和自動交易興起而更加危險。由於這些策略是根據資料操作，以電腦處理歷史價格資料和共變異數、風險權值和標準差也是順理成章。但機器現在已不只是加減和處理資料，而是跨進機器學習和人工智慧的領域。機器學習牽涉到機器根據人類難以察覺的隱藏相關性做預測的能力，或者根據機器研究訓練資料後自己發現的新相關性做預測的能力。人工智慧指的是機器做的行動建議，可交由人類執行，也可由機器自己執行。

現在被財富經理人、避險基金和銀行普遍採用的自動交易，從投資過程中去除了最後一抹人類的直覺。依賴被動—指數型策略的投資經理人和交易員將藉由比別人先根據變化的風險標準或因子權重來調整他們的配置量，而尋求從指數獲得更高的阿爾發。主動型經理人甚至更急於比投資大眾更早執行交易，因為他們報酬率的高低取決於內線消息、市場擇時，和減少他們的交易對市場的衝擊。人工智慧以其速度和隱祕性投合這兩個陣營的需求。現在的投資組合都已自動駕駛，雖然飛機飛行在歷史價格和程度分布的錯誤假設雲霧中，但機上的旅客似乎一點也不擔心。

沒有出價

一九八七年十月十九日，我坐在一間俯瞰康乃狄克州格林威治港的小辦公室中的辦公桌前，當時我是全世界最大美國公債交易商之一的信用長。那天我目睹了美國股市史上單日跌幅最深的一天，道瓊工業指數下跌二二．六％，跌點為五〇八點，相當於今日道瓊指數下跌五千六百點。以比率看，一九八七年的崩盤是一九二九年十月二十八日崩盤的近兩倍，後者被普遍認為是大蕭條起始的一天。

但一九八七年十月的崩盤之後並未出現蕭條，甚至沒有衰退。一九八二年十一月展開的長期擴張又持續近三年，直到一九九〇年七月的衰退開始。一九八七年崩盤與經濟基本面沒有任何關係，但它告訴我們許多有關資本市場這個複雜系統的動力如何運作的事。它是在警告，閃崩的時代已經來臨。這個警告在當時很少人了解，而且直到今日仍繼續被忽視。

股市崩盤的事後解釋永遠都不缺。在一九八七年，經濟成長已從一九八三年到一九八六年的狂熱速度減緩下來，弱勢美元威脅美國的成長，雖然財政部長貝克（James Baker）極力藉一九八七年二月二十二日簽署的羅浮宮協議阻止美元下跌。美國公債市場在一九八七年春季暴跌，比股市崩盤早了六個月。油價在一九八六年上半年重挫五〇％，原因是石油輸出國組織（OPEC）的紀律瓦解。在股市崩盤前，美國護航艦史塔克號一九八七年五月被伊拉克飛彈擊沉，引發波斯灣的「油輪戰爭」立即升高。伊拉克飛彈在十月十五日和十六日擊中兩艘掛美國旗的油輪。十月十九日股市崩盤當天，美國攻擊伊拉克在波斯灣的油井，以報復油輪遭攻擊。

經濟史學家可以仿效《東方快車謀殺案》為各個嫌犯作側寫——美元下跌、公債下跌、油價下跌、成長減緩、中東熾烈的戰火——並指控其中之一是謀殺市場的凶手。但沒有確切的答案，而且從某個角度看那並不重要。市場已經注定要下跌，就像一個滑雪場即將發生雪崩。一個觸媒、一片雪花就能引發相同的效應。重要的是那個觸媒之後發生的事——一個混亂的大傾瀉絕望地尋找底部。

當股票賣壓在紐約的那個星期一開始湧現，一種稱作投資組合保險的早期被動型交易也很快啟動。投資組合保險的基本形式要求機構投資人在股市下跌時賣出股票指數期貨，以放空的期貨部位作為股票投資組合本身下跌的保險。股票跌得愈深，為保護投資組合而拋售的期貨就愈多，這是早期風險平價的例子。

這種分析不夠深入的方法存在一種凱因斯所稱的合成謬誤（fallacy of composition）。對個別例子有用的東西，未必對全體有用，全體不同於部分的總和。當投資組合經理人賣出股票指數期貨時，芝加哥期貨交易所的其他市場參與者必須買進它們。這使得芝加哥期貨經紀商和其他投資人持有多頭指數部位，然後他們再藉由賣出股票來避險！整體來看，股市下跌的風險完全沒有被規避，只是從紐約轉移到芝加哥，並再轉移回來。這個反饋迴圈會被放大，因為芝加哥股票指數期貨承受賣壓而以低於紐約證交所股票的價格交易。這觸發了包含買進「低價」期貨和賣出「高價」股票以賺取利差的套利活動，套利賣出對原已迅速下跌的股票價格增添壓力。唯一阻止這種血流成河局面的力量是市場收盤的鈴聲。

一九八七年十月十九日的股市閃崩展示了此後的——和未來的——每一次閃崩的動力。「閃崩」這個詞已是今日的常用語，卻是相對較新的現象。當然，從有市場以來，崩盤就定期發生。美國經歷過許多著名的崩盤，通常、但不一定伴隨著衰退或蕭條，包括一八二五年、一八三七年、一八九三年、一九〇七年和其他例子。歐洲更古老的例子包括一六三七年荷蘭鬱金香狂熱泡沫、一七二〇年法國密西西比泡沫和英國南海泡沫。

這些崩盤都經歷類似且可預測的模式。特定的資產如土地、鐵路、皇室特權、比特幣和怪異的鬱金香球莖被不斷吹捧，吸引大眾的注意，推銷者號稱這些優越的資產有哪些得天獨厚的特性。媒體的報導引起大眾注意使價格突然上漲，槓桿被用來放大利得。散戶突然被吸進這個漩渦，因為輕鬆賺錢的夢想強烈得無法抗拒。然後價格觸頂，夢幻破滅，回到現實，崩盤從那些被獲利沖昏頭的人恐慌賣出、但市場沒有買方出價開始。大多數投資人血本無歸，但一些在觸頂前賣出的人抱走豐碩的獲利。視操作的槓桿和放款者的體質而定，崩盤可能擴散到實質經濟，導致傳染效應造成的衰退。

這種榮枯模式今日仍然發生——比特幣就是例子——但現在的閃崩至少在一個方面有所不同。閃崩可能包括傳統的元素如狂熱和槓桿，恐懼和貪婪永遠不褪流行。但這些元素現在並非必要條件，閃崩實際上可以在沒有明確觸媒的情況下憑空發生。今日的閃崩和過去的市場崩盤主要不同點是自動操作。無所不在的自動化交易，所有平台的運算法類似，以及執行的速度，意味市場崩盤可以在瞬間發生，無需等待漣漪效應在交易員間擴散。電腦不必像人類交易員那樣睡覺、度假、送小孩上學。沒有時間延遲。

二〇一四年十月十五日，惡名昭彰的十年期月公債殖利率閃崩是一個絕佳的例子。該殖利率在當天上午九點三十三分開始重挫，九點三十九分又迅速回升，十二分鐘內上下震盪達三十七個基本點。比這個幅度更大的波動在之前的一九九八年到二〇一四年間只發生過三次，每次原因都是意外的政策宣布。但二〇一四年十月十五日沒有任何意外發生。財政部、聯準會和其他金融監管機構在閃崩九個月後，於二〇一五年七月十三日公布調查報告，但沒有找到原因。事實上，該閃崩沒有原因，除了一些運算法開始買進公債，並觸發其他運算法更多的買進，直到價格暴漲，和殖利率在這個超同步事件的崩跌失控。最後，電腦買進觸發電腦發出排序在很後面的限價賣出單，等到它們執行時買進的動能便在瞬間轉向。《彭博》作家李凡（Matt Levine）作了很忠實的描述：

> 這件事顯然有點蠢[41]：運算法阻止它們的買進狂歡派對不是因為它們獲得新的經濟數據，或者因為新買家發現價值並跳進市場，而只是因為它們看到自己的影子而被嚇壞了……我們和監管當局不知道什麼東西刺激了運算法開始瘋狂買進，但合理的猜想是，不管什麼原因都很蠢……。
>
> 但我喜歡公債閃崩的地方是，運算法模仿人類的愚蠢有多麼傳神。在十月某個早上的短短六分鐘內，一些電腦為自己創造一個泡沫。它們沒來由地把資產價格抬高，只因為所有的運算法朋友都這麼做，當其他運算法都在買進時，有哪個運算法會想賣出？然後它們看到一些大賣單時受到驚嚇，才發現自己已來到高點。所以接下來六分鐘它們忙著

刺破泡沫，拚命拋售一直到接近剛開始的價格。整個過程大部分是它們自己做的：運算法向運算法買進，哄抬價格上漲，然後賣出給運算法，價格便一路滑落。

這次閃崩來了又去，沒有造成擴散或相關市場的傷害。但這種模式並非固定的，不同的程式可能在買進狂熱達到預掛賣單的價位前就取消賣單，使公債價格上漲和殖利率暴跌沒有緩衝，直到對交易商或銀行造成嚴重傷害。

其他在近幾年來值得注意的閃崩包括二〇一〇年五月六日美國股市的閃崩，九%的跌幅在略超過三十分鐘的時間抹掉超過一兆美元的財富。市場很快收復大部分下跌的失土。二〇一五年一月十五日，歐元在三十分鐘內對瑞士法郎崩跌二〇%。二〇一六年六月二十四日，英鎊兌美元匯價在幾小時內重挫一二%。二〇一〇年的股市崩潰沒有明顯的觸發原因。二〇一五年歐元暴跌的原因是瑞士央行出乎意外打破聯繫匯價區間。二〇一六年英鎊崩盤原因是英國人意外投票決定脫離歐盟，即所謂的英國脫歐（Brexit）。不管有沒有可辨識的觸媒，這些崩盤都因為速度極快而顯得特別兇猛，並因自動化交易而使震盪幅度更大。

這些多樣的發展結果是，市場現在面對一種致命的被動性、產品增生、自動化和超同步行為反應的組合。眾多風險因素累積的情況是全新的，也是任何交易員或金融工程師所未曾經歷過。

截至二〇一七年底，有一一．九兆美元股票是由被動追蹤指數的實體持有，例如ＥＴＦ、指數基金或機構指數經理人；另有一七．四兆美元股票由主動型經理人持有，例如避險基金和共同基金。二〇一七年美國股票基金的總被動型持股估計佔三七％，是二〇〇九年一九％的近兩倍。被動策略的成長沒有停止的跡象，ETF在二〇一七年吸引逾二千一百五十億美元新資產，而主動策略呈現逾一千二百五十億美元淨贖回。

被動型投資策略可以理解為主動配置者身上的寄生蟲。主動型經理人花大量時間和精力像巴菲特（Warren Buffett）那樣辨識根本價值，或者像默頓描述的那樣製作內線消息。主動型投資人在不確定努力能否成功的情況下投入資金，並藉由下買單和賣單來觸發價格發現。

最優秀的主動型經理人能獲得豐厚的報酬，但大多數因為前面談過的原因而失敗。被動型投資人搭主動投資群體的便車，他們避開認知偏誤和有害的偏態，同時收穫由像柯夫納這種優秀主動型投資人的洞識創造的成果。被動型投資人對價格發現毫無貢獻，但坐享跟隨潮流得來的報償。被動型寄生蟲可能欣欣向榮——直到他們殺死宿主。

被動型投資的基礎是另一個合成謬誤，雖然在這個例子的合成超過一千兆美元，即全世界所有股票、債券、貨幣和衍生性金融商品的總和。對個體管用的東西未必對整體管用。被動型投資剛開始是一輛十八輪大卡車上的一個搭便車者，幾乎感覺不到其重量；今日它比較像是一輛小丑車上有許多個小丑，車子隨時可能瓦解或傾覆。

危險在於被動型投資人在想賣出時依賴主動型投資人的買進。隨著被動型投資的規模增加，潛在的主動型買家總數卻變少。主動型買家看出這種演變，而被動型賣家卻被運算法蒙蔽，最後這將造成市場裡每個人都是賣家而沒有一個買家。市場變成沒有出價（no bid），在交易中這意味價格沒有底部。

被動型投資和運算法交易不是唯二製造這種不穩定情勢的因素，聯準會也因為以有害的聯準會賣權（Fed Put）方式製造安全假象而是罪魁之一。聯準會賣權是一個市場術語，意味市場相信聯準會將採取果斷的行動來為脫序的股市下跌提供支撐。連續幾任聯準會主席都提出這種賣權形式的支撐市場承諾，這些賣權也被冠上他們的名字。

以葛林斯班命名的葛林斯班賣權展現在一九九八年九月和十月，當時葛林斯班在ｓ週內降低利率兩次，其中一次是非決策會議宣布的緊急降息，為的是控制避險基金長期資本管理公司（ＬＴＣＭ）破產造成的傷害。

以柏南克命名的柏南克賣權展現在許多決策之中，最引人注目的是在第一輪量化寬鬆（ＱＥ１）未能刺激經濟後，於二〇一〇年十一月推出的第二輪量化寬鬆（ＱＥ２），以及二〇一三年五月的「退場談話」引發新興市場大跌後，於二〇一三年九月延遲聯準會從收購長期資產退場的決定。

以葉倫命名的葉倫賣權展現的次數十分頻繁。葉倫把聯準會九年來第一次升息從二〇一五年九月延遲到二〇一五年十二月，以安撫中國大幅貶值人民幣對市場的震撼和導致二〇一五年八月美國市場大跌。二〇一六年葉倫賣權再度被動用，聯準會延遲預期的升息到二〇一六年十二月，以因應中國再度貶值貨幣和造成二〇一六年一月美國市場重挫。

總之，聯準會用降息、印製鈔票、延遲升息，或使用前瞻指引來安撫緊繃的市場有悠久的歷史，藉由拉抬資產價格以因應失序的市場下跌。二〇一八年二月上任的新主席鮑威爾沒有理由一反過去的作法，在必要的時候他也會動用鮑威爾賣權。

聯準會賣權最極端的例子是二〇〇八年的全球金融危機，當時柏南克和其他監管機構擔保美國的所有貨幣市場基金與所有銀行存款，而不管聯邦存款保險公司（FDIC）的保險上限，並降低利率到零，印製鈔票、收購不良資產，以及與歐洲央行和其他央行祕密協商十兆美元的換匯協議。聯準會的作法是現代央行「竭盡所能」哲學的極端例子。自由市場發現平衡價格和不良銀行倒閉的概念已成為過去式。

聯準會賣權以聯準會理事和其他官員不了解的方式，藉由訓練市場參與者每逢市場下跌就買進而逐漸陷入被動投資和運算法交易的羅網。實際上精明的投資人會搶先聯準會一步，在賣權啟動前的下跌市場買進。其結果是波動性減緩和報酬的不對稱，導致市場持續上漲和很少下跌。波動性減少導致風險平價策略過度配置在過去的高風險資產類別。指數策略變得無往不利。主動型經理人棄子投降，變成祕櫃指數（closet indexing）經理人。到了這時候，市場已注定一場災難式的崩跌。

這帶領我們的分析回到起點。如果阿爾發策略只有少數能夠避免失敗，而貝塔策略注定要跟隨指數走向滅亡，那麼有沒有能在大多數市場創造豐碩報酬、且在市場崩潰時保存財富的投資程序？這種程序有可能存在，但只有藉助符合市場機能的科學才能辦到。

這種新阿爾發模式從複雜理論開始，它是物理學的一支，能完美地描述資本市場的動力。複雜理論包括像是突現性質（黑天鵝）、相變（從恐懼轉變成貪婪）、尺度計量（scaling metrics；大系統如何產生遞減的邊際報酬直到崩潰）、網絡效應（傳染）和超同步（獸群行為）。

下一個對阿爾發模型有用的因子是行為心理學。它的作用就是辨識認知偏誤，以便將它們排除在人工智慧型的交易系統之外。

有效的阿爾發模型將利用貝氏更新（Bayesian updating）測試初始投資假設，藉以提高或降低預期結果的機率，它根據的是如果前部設想正確，後部事件會不會發生的可能性。貝氏定理運用嚴格的統計方法，承認真實世界的行為相對於預期結果的不精確。貝氏定理教導我們，約略的正確勝過精確的錯誤。

有效的阿爾發模型的最後一個元素是歷史。掌控華爾街模型的金融工程師和開發人員並不嚴肅看待這個元素，因為歷史敘述是主觀且非量化的。那是他們的損失。任何讀到格蘭特總統在一八六九年打破黃金操縱的人，都會預見韓特兄弟（Hunt Brothers）一九八〇年炒作白銀將造成崩盤；任何讀過摩根（J. P. Morgan）在一九〇七年解救銀行體系的人，也會知道如何管理一九九八年LTCM的軟著陸。太陽底下真的沒有新鮮事。

這些元素——複雜性、心理學、貝氏定理和歷史——可以在一個中性的網絡中結合，成為提供市場數據和資料的節點，以像IBM的華生（Watson）電腦配備先進的認知語意技術來閱讀。這些節點都以加權遞迴函數連結，以製作可行動的第三波人工智慧預測性分析。

華爾街和央行距離採用這些二十一世紀的風險管理技術還有遙遠的距離。在此同時，被動指數投資的泡沫逐漸變大，阿爾發陷阱已經布餌，資本市場在下一次金融崩潰前得以擁抱有效模型的機會幾乎是零。

投資祕訣四
尋求從交易所交易的市場分散化到現金、黃金和另類投資

面對這類根本的結構性風險，投資人的最佳策略是：

避開流動性較低的ETF和有奇怪特性的ETF，例如反向績效或槓桿。這些產品在市場崩盤時將找不到現成的買家。

隨時保持三〇％的現金配置。這麼做可以降低投資組合的整體波動性，給你「彈藥」以便在崩盤後買進物美價廉的資產。

保持一〇％的實體黃金配置。黃金在通貨膨脹時表現較好，且可在期貨市場崩盤導致帳戶凍結或交易所關閉時提供保險。

投資在你個人認識創辦人和營運者的公司，藉由這種方法配置一〇%的可投資資產在私募股權和創投公司。這些公司將無法提供流動性，但可提供較大的增值潛力和與交易市場較小的關聯性。值得探究的產業是金融科技業和自然資源業。

| 第五章 |

免費的錢

因為常有窮人和你們同在，要向他們行善隨時都可以。

——〈馬可福音〉，第14章7節

債務的麻煩

艾略特（T. S. Eliot）在一九二五年發表的詩〈空心人〉（The Hollow Men）中寫道[42]：「世界如此終結／不是爆炸而是輕啜了一下。」這幾句詩句是二十世紀英國詩中最常被引述的。〈空心人〉是艾略特對第一次世界大戰的恐怖和凡爾賽和約的回應，該條約對德國加諸羞辱的條款，並埋下新衝突的種子。乍看之下，這幾句詩以逐漸模糊黯淡和黑暗作為結束，有別於一般人對世界在暴力末日中結束的觀念。已故物理學家霍金（Stephen Hawking）也曾解說這個黑暗意象，他說世界將只是結束，過程中不會有很多紛亂。

但「爆炸」式的結束也被提到。一九五八年艾略特接受《週六評論》訪問時說，他不確定世界會怎麼結束。他談到一個悖論，說有個人的家遭到轟炸，從外部觀點看確實有爆炸，但受害者從未聽到爆炸聲，黑暗和死亡搶在聲音傳至她耳朵前就已到來。

把詩的曖昧性放一邊，這些詩句提供分析師和作家充足的彈藥來創造他們對過去那個世紀的隱喻。艾略特在開頭的題詞「科茲–他死了」引用康拉德（Joseph Conrad）《黑暗之心》（*Heart of Darkness*）裡的科茲。製片家柯波拉（Francis Ford Coppola）在他的史詩電影《現代啟示錄》（*Apocalypse Now*）中延伸了這個引文，影片中最後一幕馬龍白蘭度（Marlon Brando）飾演的科茲朗讀艾略特寫的詩。

現在輪到經濟學家來延伸艾略特的詩意了。美國和全世界正慢慢接近萊因哈特（Carmen

Reinhart）和羅格夫（Ken Rogoff）所稱的「爆炸」點[43]，亦即那個無法量化但很真實的債務負擔日增觸發債權人極端的厭惡，迫使負債國緊縮財政、違約或利率飆升的情勢。借用艾略特的詩句，這個爆炸點就是「債務國如此終結，不是輕啜一聲，而是爆炸」。

其他人也以不同的稱呼描述這個爆炸點，包括預算上限，但現象是相同的。一個剛開始可管理的債務佔GDP比率通常的定義是不到六〇%，但為了追求經濟成長以便擺脫衰退，或只為政策買票，政策制訂者走上一條增加舉債和赤字支出的道路。初期的結果可能不錯，一些凱因斯乘數效應可能展現，尤其是當經濟體有利用率不足的工業和勞動力時，加上借來的錢被明智地使用，所以帶來好的成果。

隨著時間久了，債務佔GDP比率升高到七〇%到八〇%的區間。政治選民因為增加支出而擴增。支出本身的生產力變低，更多支出花在權益、福利形式的消費，和生產力較低的文化、社群組織和公務員工會的投資上。邊際報酬率遞減的法則開始顯現，凱因斯乘數萎縮到低於零。

到這個時候，大眾對赤字支出和公共財的胃口已難以滿足。政治人物缺少降低支出、平衡預算和恢復永續債務佔GDP比率的意願和遠見。大眾變得事不關己，未能覺察正在演變的情勢。債務佔GDP比率終於突破九〇%。

接下來是終局。萊因哈特和羅格夫的研究顯示，九〇%的債務佔GDP比率不是單純的債務累加，而是物理學家所稱的相變開始的臨界門檻。更多債務的製造過程和效應已經改變，正如水加熱後變成氣體。第一個效應是已經降到零的凱因斯乘數變成負值。增加債務不再能創造成長，反而債務的利息提高了債務佔GDP比率本身。債權人開始焦慮，但仍繼續買進更多債券，期待政策制訂者改弦更張，或降低的利率可以刺激成長。這些希望都將破滅。社會已對債務成癮，而癮頭消磨了成癮者。

以艾略特的爆炸和輕啜二分法來看，美國是一個特別難分辨的例子。美國擁有全世界最好的債信，光憑這一點，美國就能挺住無法永續的債務情勢比其他國家久。美國也以自己印製的貨幣舉債，這使得美國不同於其他國家，例如印製披索卻借貸美元的阿根廷。就阿根廷的例子來說，違約較容易預測，因為強勢貨幣準備減少可以觀察，自己印製鈔票派不上用場。在這方面與美國相似的唯一主要經濟體是日本，其債信評級也相當高，而且靠印製日圓舉債。截至二〇一七年底，日本的債務佔GDP比率是二五三%，是美國的兩倍多。如果日本是已開發經濟體違約礦坑裡的金絲雀，那意味美國距離爆炸點還很遠。

考量終局情勢的人同意爆炸點可能還不急迫，但這不表示情勢大好。萊因哈特－羅格夫研究的重要性不是爆炸點，而是成長的結構性逆風的輕啜。對美國和日本特別重要的[44]是他們的論文〈再論債務與成長〉（二〇一〇年）。這篇論文專注在已開發經濟體，相對於他們對包括已開發和開發中經濟體的其他研究。他們的主要結論是[45]，債務佔GDP比率超過九〇%的國家若「中位數成長率下跌一%，平均成長率跌幅會大得多」。重要的是，萊因哈特和羅格夫強調[46]「非線性在債務－成長關係的重要性」。換句話說，債務和成長的關係[47]在比率低時並不緊密，包括稅、貨幣和貿易政策都會影響成長。一旦超過九〇％的門檻，債務變成具有支配性的因素。萊因哈特和羅格夫不是複雜性理論家，但複雜性的學生立即就能辨認出他們透過實證和歷史研究發現的「突現」的非線性特質。一個經濟體的債務佔GDP比率超過九〇％就像穿越鏡子，進入一個債務的負邊際報酬、緩慢成長和因為無法還款、通貨膨脹或債務再協商而最後違約的新世界。爆炸點的到來將無可避免，但它發生前經歷長時間的低成長、薪資停滯、所得不平等程度升高，和社會脫序——不滿擴散，但沒有結果的輕啜階段。

支持爆炸點假說的研究很多且很有說服力。二〇一一年九月，被稱為「央行中的央行」的國際清算銀行（BIS）公布研究報告，同意萊因哈特－羅格夫論文所說的九〇％債務佔GDP比率是臨界門檻，超過之後對成長的負面效應將大幅抵銷刺激效應（報告認為應該是八五％）。在這篇標題為「債務實質效應」的報告中指出[48]：「若明智且適度的使用，債務顯然可以改善福利。但若不審慎且過度使用，其結果將是災難。對個別家庭和企業來說，過度借貸導致破產和財務毀滅。對國家來說，債務過高傷害政府提供基本服務給市民的能力。」

歐洲央行二〇一〇年發表的另一篇標題為「高且增長中的政府債務對經濟成長的衝擊」報告[49]，作出相同的結論。該報告說[50]：「一般而言，較高的公共債務佔GDP比率若超過九〇％到一〇〇％區間，與較低的長期成長率有關聯性。」

國際清算銀行和歐洲央行對政府債務影響成長的研究都由央行委託進行，它們都不是經濟圈的邊緣研究，而是來自國際金融體系的核心。其他受到敬重的研究也得到相同的結論。

萊因哈特和羅格夫在這個領域可能是開路先鋒，但他們並非曲高和寡。愈來愈多證據顯示，已開發經濟體，特別是美國，已經陷於險境，且可能來到無法挽回的地步。

新凱因斯派批評家德隆（Brad DeLong）和卡列茲基（Anatole Kaletsky）激烈反對萊因哈特－羅格夫的結論，他們堅信如果私人部門支出不足，債務在任何國家永遠都是刺激總需求的好政策。新凱因斯派特別對全球金融危機後歐洲政府執行的節約政策深惡痛絕，雖然二十國集團領袖在二〇〇八年十一月同意財政政策在協助全球復甦扮演重要角色，但意見很快就陷入分歧。德國總理梅克爾認為歐元區整體的債務佔GDP比率將超過創立歐元的馬斯垂克條約規定的六〇％。某些歐洲國家，特別是義大利和希臘，這個比率已高得離譜。梅克爾從二〇一一年開始踩煞車和堅持削減政府支出、出售公共資產和提高稅賦，作為德國和歐盟協助再融資既有主權債務的代價。

主流經濟學家如著名的諾貝爾經濟學獎得主克魯曼（Paul Krugman）和哥倫比亞大學的史提格里茲（Joseph Stiglitz），都嚴厲批評萊因哈特和羅格夫。他們宣稱政府不實施更多財政刺激——實際上是赤字支出——不僅將對成長帶來短期傷害，也會造成長期損失，理由是暫時失業將因為喪失技術和脫離職場而轉變成結構性失業，其他觀點也紛紛出現。凱因斯傳記作者經濟學家史紀德斯基（Robert Skidelsky）簡潔地總結了金融危機後的主要思想：

在蕭條的立即威脅化解後[51]，經濟學家熱烈地辯論在復甦的這麼早期就從刺激政策退場的好處。他們的論點可以分成四個可以辨識的立場，讓我們一窺總體經濟理論在這場危機中扮演的角色。第一個陣營的人主張，財政節約——也就是削減赤字——短期內將加速復甦。第二個陣營專注將付出短期的代價，但可獲得更大的長期利益。第三個由凱因斯學派組成的陣營堅決反對節約。而第四個陣營認為，不管節約對不對，但在許多國家為咎由自取的情況下，節約已無可避免。

第一個觀點主張，節約透過提振信心可帶來短期的好處——如果一般市民看到政府採取審慎的財政政策，他們將對未來更有信心，並開始投資、借貸和增加支出。雖然看法很吸引人，但沒有多少經驗證據的支持。當然，歐洲在危機後不久就減少財政刺激而經濟持續萎縮的經驗，傾向於否定這個假說。不管如何，這個觀點很快就被絕大部分學者放棄。

第二個觀點是萊因哈特和羅格夫支持的觀點，他們不排斥克制失控的支出在短期內可能略微降低成長的看法。他們的論點是，若未能降低赤字幾乎可以確定會製造出財富缺口——實際成長與潛在成長的差距——並以非線性方式長期讓社會變得更加貧窮。在極端的情況下，惡性通膨、債務違約、貨幣崩潰和社會動亂都可能發生。

第三個觀點是新凱因斯派者如克魯曼、史提格里茲、加州大學柏克萊分校的德隆，和大多數主流經濟學家主張的教條。這個觀點說，如果成長因為總需求不足而低於潛力，政府就有義務以政府支出填補需求缺口。這種與節約對立的作法帶來的成長將產生乘數效應，最後使國家回到成長趨勢。因此而增加的政府債務將可以管理，因為增加的成長擴大了債務佔ＧＤＰ比率的分母。

第四個觀點著重於結論多於分析，它訴諸市場而非經濟理論。如果市場不再融資到期的債務，那麼不管是自願或不自願的節約是必然的結果。從這個觀點看，各國最好是自願採取節約政策，勝於由債權人以失序的方式加諸的節約。這個觀點確實適用於沒有更多信用管道的借貸國。但在ＩＭＦ、歐盟或央行印製鈔票以紓困一個無法償債的國家時，債權人加諸的節約就得以避免，不管債務國是否採取自願節約措施。這時候政策選擇和結果的政治性多過於經濟性。正如史紀德斯基的描述，這個政策辯論實際上可歸結為克魯曼－史提格里茲和萊因哈特－羅格夫兩個陣營，各自有其支持者和啦啦隊。

萊因哈特和羅格夫在二〇一三年五月二十五日給克魯曼的一封公開信中[52]，除了回應克魯曼之前的人身攻擊外，也對他的觀點做了最嚴厲的批評。這封信開頭便描述今日的全球債務情勢已達到史無前例的境地。美國在二次大戰結束後的債務佔ＧＤＰ比率確實比今日高，但世界其他國家的負債遠低於今日。事實上，第二次世界大戰帶來的破壞和取消納粹德國及日本帝國等戰敗國的債務，為戰敗國製造了絕佳的生產性投資和高成長的空間。

此外，美國有債券性的債務，但沒有今日承擔聯邦醫療保險計畫（Medicare）、聯邦醫療補助計畫（Medicaid）、學生貸款、社會安全、老兵福利、農業信用、房宅信用和無數政府正式預算以外的計畫構成的龐大或有負債。美國在未來幾十年將面對驚人的三十七兆美元還沒有經費來源的退休年金負擔，如果把這些和其他的或有負債加上債券性債務，美國的債務佔GDP比率將超過一〇〇〇%，遠遠高於二次大戰結束時一二〇%的歷史紀錄。

萊因哈特和羅格夫明白指出，幾乎所有美國在二次大戰結束時的債務都由自己的公民和銀行持有。今日美國的債務有一五%由外國持有，包括中國、台灣和日本。如果美國的償債意願動搖或通貨膨脹的展望惡化，這些持有國將比美國公民和銀行更積極地變賣美國債務和不延展到期債務。簡單的說，美國和全球債務從未像今日這麼龐大，且債務結構從未這麼不穩定。

克魯曼—史提格里茲觀點和萊因哈特—羅格夫觀點的辯論將在學界激烈進行許多年。在此同時，真實世界中過高債務的效應將無法忽視。萊因哈特和羅格夫指出，目前難以持續的債務情況有兩個可能的結果。這兩個結果恰可對照艾略特的爆炸和輕啜道路。

爆炸點是美國債務和美元的快速崩潰。在最佳情況下，這表示利率升高以吸引外國投資人繼續融資美國的赤字。當然，利率升高意味赤字擴大，使債務情況更加惡化。

輕啜的道路包括再二十年的緩慢成長、節約、金融壓迫（利率被壓到低於通貨膨脹，以逐漸減少債務的實質價值），和更加擴大的財富缺口。實際上，美國未來二十年的成長將類似過去二十年的日本。不是崩潰，只是緩慢的長期停滯。

艾略特坦率地告訴《週六評論》他不知道世界將如何結束，但他更大的觀點是那已經無關緊要。無論爆炸和輕啜都是一場悲劇。

現代金融的愚蠢

學界的老笑話說，學者的辯論如此激烈，因為可以分的餅是如此小。這個笑話總結了今日三個經濟思想學派進行的慘烈交火——新凱因斯派、後凱因斯派，和現代金融理論派。如果你把教授休息廳想像成《西城故事》（*West Side Story*）裡噴射機幫、鯊魚幫和紐約市警局之間的爭鬥，你就有概念了。

新凱因斯派佔據了高地。這個學派的主張最貼近凱因斯的總需求、僵固薪資，和消費者陷於流動性陷阱而囤積現金和拒絕支出時，政府應以赤字提振需求的原始概念。新凱因斯派在凱因斯一九四七年去世後立即興起，領導的學者是麻省理工學院的薩繆森（Paul Samuelson）和倫敦經濟學院的希克斯（John Hicks）。在近幾十年，新凱因斯派更新了凱因斯的學說，納入二十世紀由費雪和後來的芝加哥大學傅利曼發展的貨幣理論。混合的新凱因斯派和貨幣理論被稱為新凱因斯共識（有時候被稱為「新古典綜合論」）。這種新綜合理論同意市場失靈是事實，但不同意政府干預的補救方法會讓事情更惡化。新凱因斯派近幾年來最重大的政治勝利，是二〇〇九年二月國會為因應全球金融危機而通過八千三百一十億美元的「立即撥款」刺激支出計畫。除了克魯曼外，知名的新凱因斯派現在包括桑默斯（Larry Summers）和德隆。當專家和政治人物提到主流經濟學時，他們指的是新凱因斯學派。

新凱因斯派的主要敵對幫派是後凱因斯派。後凱因斯派的基礎也是凱因斯打下的，但有一些重要的不同，並排斥某些凱因斯的教旨。後凱因斯派在一九七〇年代中期從新凱因斯派分出來，大約與凱因斯派和貨幣理論派合流同時。後凱因斯派在總合需求和政府必須支出上與新凱因斯派意見一致，但後凱因斯派更前進，並專注在所得不平等和對勞工友善的政策。他們排拒經濟是一個平衡體系、會朝向完全就業且僵固薪資是完全就業主要障礙的概念。他們主張積極使用貨幣政策，尤其是以低利率來融資更多政府支出，作為解決失業、低薪資和需求不振的方法。著名的後凱因斯派包括羅賓遜（Joan Robinson）、戴維遜（Paul Davidson）和卡萊斯基（Michal Kalecki）。

最新和最小的經濟學派是現代金融理論派。現代金融理論家提出一套奇怪的、與後凱因斯派觀點符合的混合式進步主義，但借用一個凱因斯之前的概念，叫做貨幣國定論（chartalism），一個凱因斯背書的理論。現代金融理論派是一個小學派，但追隨者逐漸增加，他們正獲得主流經濟學家、政治人物和媒體的注意，其原因不難了解，因為現代金融理論派提供的是世界最需要的東西——免費的錢。

現代金融理論派和後凱因斯派在他們的進步主義展望和強調就業創造上意見一致，他們也同意彼此與新凱因斯派不同的觀點，即特別強調貨幣創造渠道。現代金融理論派和後凱因斯派指出，光靠法幣就可能輕易解決社會問題，無需新凱因斯派偏好的預算渠道。但後凱因斯派相當程度重視加諸央行操作的政治和法規限制，而現代金融理論派並不重視。就現代金融理論派來說，央行印製鈔票唾手可得，任何可以用錢解決的社會問題就應該解決，因為貨幣創造可掃除政府支出的一切束縛。

後凱因斯派承認美國公債有舉債和支出的機能，而聯準會可以創造貨幣和制訂利率目標。這兩個機構是分別設置的，且有不同的治理方式。財政部和聯準會以無數方式協同運作。財政部在聯準會有一個帳戶，聯準會以印製的鈔票購買財政部的債務，而且聯準會把利潤匯回財政部。聯準會在外匯市場操作上扮演財政部的財政代理人。儘管如此，這兩個機構有經濟學家和政策制訂者尊重的界限。財政部不印製鈔票，而且如果國會沒有授權或聯準會不以低利率和收購資產來配合，財政部的支出將受到節制。

現代金融理論派把這些節制丟到一旁。實際上現代金融理論派看待財政部和聯準會像是一個單一的實體。後凱因斯派（他們認為新凱因斯派也一樣）指出的法律區別，只是一個複雜水管系統的接合處，讓水流得以從一端流到另一端。在現代貨幣理論模型中，財政部藉由支出創造貨幣。當財政部支出錢時，它減少了它在聯準會的銀行帳戶，但增加了私人部門銀行帳戶裡市民或公司的錢，因為市民和公司是財政部支出的接受者。就這層意義來說，私人部門的財富因為財政部支出而增加。財政部支出愈多，私人部門就愈富裕。

在金融的水管裡，特定的帳戶被設立，但這對財政部支出等於貨幣創造和增加私人福祉的基本前提沒有影響。財政部的支出藉由以聯準會資產負債表上的公債（一種弱力信用貨幣）取代過去存在財政部銀行帳戶的所謂強力貨幣（ＨＰＭ），而創造強力貨幣。財政部的強力貨幣現在存在財政部支出接受者的私人銀行帳戶，例如合約商、顧問和政策受益者。藉由結合財政部和聯準會，一個「機器神」被創造出來，支出可以隨心所欲並且無縫地加以貨幣化。現代金融理論派的成員理直氣壯地說：「如果財政部不花錢，錢要從哪裡來？」

這種方法的吸引力對進步主義者和政治人物來說不言而喻，而現代金融理論的熱愛者對他們的主張絲毫不靦腆。討論這個主題的一本重要的書[53]是米謝爾（Malcolm Mitchell）寫的《免費的錢：富裕的計畫》（*Free Money: Plan for Prosperity*，二〇〇五年）。現代金融理論最聰明的支持者是石溪大學的克爾頓（Stephanie Kelton）教授。二〇一五年，克爾頓擔任美國參議院預算委員會少數黨委員的首席經濟師，該委員會由來自佛蒙特州的社會主義黨副主席領導。二〇一六年克爾頓出任桑德斯總統競選團隊的經濟顧問。如今桑德斯正卯足全力準備二〇二〇年參選總統，克爾頓預料將在擬訂他的支出和經濟政見上扮演重要角色。

在克爾頓—桑德斯版的現代金融理論中，破敗的基礎設施可以藉由花錢改善而立即解決。一．六兆美元的學生貸款債務阻礙家庭形成和把千禧世代變成債務奴隸，可以藉豁免債務來解決。失業和就業不足可以用保證基本收入來矯治，其形式為每個美國人每個月都可收到一張支票，不需要做任何事也不附帶任何條件。這些和其他治理計畫可以用財政部的支出和債務貨幣化來資助。私人福祉將可從這些支出和債務貨幣化中獲得等值的提升，甚至超值，因為政府支出的利益將擴散到私人部門。

克爾頓也是現代金融理論黑暗面的一個入口——政府壟斷暴力和用它來對付反對法定貨幣體制的人。現代金融理論聲稱這是一種二十一世紀的新方法，可以解決政府融資和經濟成長的問題。事實上，這是舊酒裝新瓶。現代金融理論支持者擁抱貨幣國定論的教義就是承認這一點。納普（Georg Friedrich Knapp）[54]被認為是貨幣國定論之父，根據的是他在一九二四年出版的書《貨幣的國家理論》（*The State Theory of Money*）。但克爾頓和其他學者[55]追溯到更早的亞當．斯密《國富論》（一七七六年），甚至到柏拉圖。的確是舊酒。貨幣國定論的定義沒有人比克爾頓教授說得更清楚。

在一篇簡明的文章[56]〈國家的角色和貨幣的階層〉（二〇〇一年）中，克爾頓教授介紹貨幣國定論的簡史，並綜觀許多經濟學家對它的應用，包括亞當．斯密、凱因斯和閔斯基（Hyman Minsky）。貨幣國定論描述，如果國家宣告一種貨幣可用來納稅，這種貨幣就有價值。因為納稅是強制的，不支付將遭到罰款和入監，任何被國家接受可用來納稅的貨幣必須由個人獲得，以便用來納稅。這種被接受可用來納稅的地位，才是讓一種貨幣變成有價值的原因，不是法定貨幣法或該貨幣的內在價值。用克爾頓的話來說，貨幣是「國家的產物」。克爾頓寫道：

> 一種貨幣有貨幣的正當性[57]是因為國家宣告其納稅機構接受這種貨幣；讓市民接受這種貨幣的原因是它可用來履行納稅的義務……納普解釋這個程序讓一張「票」或「象徵」變成國定貨幣：
>
> 當我們在戲院的衣帽間遞出外套時，我們收到一塊鐵牌，上面標記尺寸大小

> 的符號，也許是一個數字。上面沒有別的，但這張票或牌子有法律的意義，它證明我有權利要求返還我的外套。當我們寄信時，我們貼上一張郵票，證明我們支付了郵費，獲得讓這封信被遞送的權利（納普，一九二四年，三一頁）。
>
> 貨幣國定代表支付最重要的特性是，「不管是錢幣或權證……它們是支付的象徵，或用來作為支付手段的票」……衣帽間的牌子和郵票，就像國家的貨幣，藉由宣告而獲得它們的正當性。

根據克爾頓，你的錢就像衣帽間的票，因為國家說了算。

根據這個說法，克爾頓和抱持相同看法者繼續往所有方向擴展。如果貨幣是貨幣是因為國家說它是，那麼任何東西都可以是貨幣，包括黃金。在二十世紀下半葉之前，大多數國家的貨幣是黃金。克爾頓宣稱黃金是貨幣不是因為稀有性或實用性，而是因為國家宣告它是貨幣，是基於習慣多過於需要。如果紙變成宣告的東西，紙就變成貨幣，黃金便被擺到一邊。今日宣告的東西包括數位貨幣，它的功用和紙幣或黃金一樣好。

克爾頓也解釋國定貨幣背後的複式簿記（double-entry accounting）。這種貨幣永遠同時是資產和負債。一美元是創造它的央行的負債，也是持有它的市民的資產。一旦有納稅的義務時，那是市民的負債，和國家的資產。市民交出他的資產（美元）以清償他的負債（稅）。從國家的觀點看，在繳完稅後，負債和資產同時消滅。正如克爾頓解釋[58]：「國家實際上只接受它被支付的負債。」這可能讓人聯想到一條蛇吞噬自己尾巴的意象，但實際上它只是一個會計上的作法。

克爾頓再以兩個論點奠定現代金融理論的基礎。第一個是債務和信用只是從不同的觀點看同一件事。如果國家發行貨幣以轉移給市民，國家就是債務人，因為貨幣是央行的負債，而市民是債權人，因為他們接受並持有該債務。對現代金融理論來說，貨幣是債務。如果國家宣告黃金是貨幣，這個論點就說不通，因為黃金是商品，其價值獨立於國家之外。但克爾頓對這一點含糊其詞，因為現在黃金並未被宣告為貨幣。

這個把貨幣等同於債務的觀念讓克爾頓得以創造其所稱的「貨幣階層」。這是一個貨幣－債務根據流動性和可從一種形式兌換為另一種形式排列其可接受性順序的本體論。在金字塔的頂端是央行的美元和財政部的公債，因為它們是由國家發行。次一階是銀行存款，因為銀行有創造信用給市民帳戶的執照，所以銀行存款幾乎等同於央行的美元。金字塔最底層是公司債務和家庭債務。雖然這些債務是以美元計價，它們因為信用風險和缺乏流動性而與銀行負債不同。這個本體論的重要性在於它展現出──至少現代金融理論派深信不疑──貨幣的概念有極大的彈性。幾乎任何人都可藉由發行借據創造某種形式的貨幣。那就像聯準會擴大貨幣供給的定義，從M０、M１和M２，到包括M４、M５、M６等。它們都是貨幣，同時都是信用也同時都是債務。

克爾頓坦誠地指出國家必須靠強迫來讓這個體系運作。她寫道[59]：「只有國家透過其權力來制訂和執行稅法，才能宣示它的人民如果想避免懲罰就得接受。」她沒有明說懲罰包括沒收財產和監禁，但她的意思很清楚。國家權力是國家貨幣的根源。

現代金融理論合併財政部和央行的機能，導致一個異端的結論，即高稅率可以控制通貨膨脹。這個邏輯是，如果貨幣被接受是納稅的支付而有價值，那麼高稅率能讓貨幣更有價值，因為市民更需要貨幣來避免懲罰。當錢的價值提高時，它對價格的效應是通貨緊縮。克爾頓舉美國南北戰爭的例子，在內戰期間南方邦聯課的稅相當於支出的五%，而通貨膨脹達二八〇〇%；而北方聯邦的稅相當於支出的二一%，通貨膨脹卻只有一〇〇%，其意義是高稅率帶來低通貨膨脹。但用來自蓋茨堡和維克斯堡的報導來解釋內戰期間的比較通貨膨脹可能較有說服力，克爾頓承認這個論點的反證，但並沒有改變她的說法。

現代金融理論的論證不但很抽象，而且是一種達成目的的手段。一旦貨幣被視為一種複式簿記的作法，由財政部的支出啟始，並以國家權力作後盾，那麼國家就可以發行無限數量的貨幣。這表示財政部可以無限制地支出。如果這是真的，那就不會有從貧窮、基礎設施到教育的種種社會問題無法藉由增加支出來解決。財政部舉債和支出不會讓國家變更窮，而是變更富，因為財政部的支出變成接受者的財富。

現代金融理論的許多教義是對的，儘管如此，它仍然混淆地合併財政部和聯準會的角色，並逃避黃金在不同的時代是貨幣、但不是同時又是債務的質疑。國家權力的確可以宣告哪一種貨幣可用來納稅，市民的確可能把國家宣告的貨幣形式視為貨幣以便納稅和避免遭監禁。央行和財政部的確可以合作，不是以現代金融理論描述的方式，而是在前聯準會理事米希金（Frederick Mishkin）所稱的「財政支配」的情況下，為的是貨幣化無限的政府債務和支持無限的政府支出。最後，政府支出的確進入某些人的口袋，讓個人或企業至少暫時增加和支付同樣金額的財富。這些都是事實，甚至是不言而喻的。

現代金融理論的分析，根據的是聯準會的資產負債表沒有法定限制的事實。從一九三四年到一九四五年，聯準會可以擴大基礎貨幣到不超過美國黃金準備二五〇%的水準。這個二五〇%的上限在一九四五年到一九六五年期間被逐步取消，部分原因是為支應杜魯門總統在韓戰期間和詹森總統在越戰期間的赤字支出。美國金本位制最後的遺緒在一九七一年被尼克森總統完全放棄。在沒有金本位的情況下，政府債務和聯準會可以貨幣化的數量沒有上限，聯準會也不受制於依市價計值的會計。如果聯準會收購政府債券並且利率後來上揚，聯準會不需要把其持有公債的市值減記在財務報表上。聯準會不受制於最低資本要求，資產負債表也不禁止出現負資產。我在科羅拉多州韋爾市的晚宴與一位前聯準會理事私下談話中指出，聯準會已經破產。她直率地告訴我：「央行不需要資本。」聯準會的確有無限的能力可以貨幣化債務，一如現代金融理論支持者的主張。這暗示了財政部有無限的支出能力。

貨幣國定論和現代金融理論的問題不是截至目前的理論錯誤，問題是證明它對錯的時間還不夠長。現代金融理論的失敗不是因為它主張什麼，而是因為它忽略什麼。問題不是有沒有貨幣創造的法律限制，而是有沒有心理上的限制。

貨幣地位真正的來源不是國家權力，而是信心。如果交易的兩方對他們的交易媒介是貨幣有信心，而且其他人也如此認為，那麼這個媒介就是貨幣。在過去的時代和不同的地方中，貨幣包含黃金、白銀、珠玉、羽毛、紙票和各式各樣的信心標記。在二〇〇九年辛巴威惡性通膨最熾烈時，預付的手機時數是受到市民歡迎的交易媒介。今日聯邦監獄系統的獄囚主要的貨幣形式包括郵票（一種貨幣國定論的媒介，一如納普的主張）和真空密封的鯖魚包。以目前的交易行情來看目，三包鯖魚包可以買一大碗獄囚製作的香蕉布丁，香蕉則是偷自監獄的餐廳。國家並不支持鯖魚包／香蕉的匯率，支持它的是信心。

信心的難處是它很脆弱、很容易喪失，而且不可能恢復。新凱因斯派、後凱因斯派和現代金融理論派最大的失敗是，他們把信心視為理所當然。忽視信心的原因包括從新凱因斯派過度仰賴量化模型，到後凱因斯派和現代金融理論派過度仰賴國家權力。新凱因斯派因為心理學無法輕易納入量化的平衡模型而忽視它，這與一廂情願的無知無異。至於後凱因斯派和現代金融理論派忽視心理學，你只要看失敗國家的歷史就能了解，最顯著的例子包括委內瑞拉、索馬利亞、敘利亞、葉門和北韓。過去的著名例子包括俄羅斯（一九九九年）、納粹德國（一九四五年）、納粹德國的受害國（一九三九年到一九四五年）、西班牙（一九三六年到一九三九年），以及美國（一八六一年到一八六五年）。全面回顧歷史將發現失敗國家多過於仍然成功的國家。國家權力不是絕對的，而且絕不是永久的。一種貨幣形式得到市民的信心，和國家宣告該貨幣是貨幣，這兩者剛好同時存在是因為權宜方便，而非因果關係。

什麼時候一般市民會對聯準會——及其延伸的美元——失去信心？現代金融理論如此明顯地忽略的信心有什麼極限？

從二〇〇八年到二〇一四年，聯準會印製三．五兆美元的新錢以因應全球金融危機，使得聯準會的資產負債表從八千億美元膨脹到超過四．五兆美元。現代金融理論的支持者如克爾頓宣稱，市民的感受不重要，因為市民被迫接受以美元納稅。他們進一步宣稱政治人物不會節制聯準會，因為政治人物投票贊成赤字支出。歷史呈現的不是如此。只要民主持續運作，不滿的市民可以投票給有可行方案來控制聯準會和停止債務貨幣化的政治人物。這意味極端形式的節約，但總比完全毀滅的下場要好得多。

反過來看，如果國會繼續支持赤字和聯準會繼續貨幣化債務，歷史顯示市民曾訴諸自力救濟，轉而擁抱黃金、白銀或以物易物等替代的支付形式。也許歷史沒有記錄過完全以物易物的經濟，但牙醫師和造景師交換服務的例子不勝枚舉。當然，參與者拒絕為實物交易納稅會削弱國家宣告貨幣的能力。

除了信心外，現代金融理論另一個盲點是貨幣的流通速度。流通速度很少在現代金融理論的文獻中討論到，這個遺漏可能是傅利曼不正確地假設流通速度是常數的遺緒。只有忽略流通速度，傅利曼才能假設藉由控制貨幣的數量達成最高的實質成長。只有忽略流通速度，現代金融理論派才能幻想在對國家貨幣的信心消蝕時不發生惡性通膨。對一種形式的貨幣喪失信心的反應函數是，以最快的速度支出它或取得另一種形式的貨幣。這種行為適應是通貨膨脹的真正原因，不是因為印製貨幣。信心和流通速度是反向關聯，它們共同成為現代金融理論的死穴。

現代金融理論對資訊不足的人有膚淺的吸引力，因為它聲稱提供一種無痛的方法以擺脫美國、日本和歐洲正身受其害的慢速成長、高債務的結構性停滯。你不會聽到現代金融理論支持者高談闊論國家權力、稅務政策或惡性通貨膨脹。相反的，現代金融理論的聲音如前太平洋投資管理公司（PIMCO）總經理麥考利（Paul McCulley）所言，聯準會只要把美元債務轉換成公債，就能使社會受益。

不同意現代金融理論的聲音之一是聯準會本身。雖然聯準會貨幣化債務的能力不受法律節制，但聯準會承認政治和心理的限制。現任聯準會主席鮑爾，在二〇一二年十月二十三日的公開市場操作委員會（FOMC）會議上表達他對這方面的顧慮，當時他是聯準會的理事。那次會議的紀錄呈現了他對無限制印製鈔票的觀點：

> 我對更多收購（債券）有疑慮[60]……為什麼四兆美元就該停止？市場在大多數情況下會贊成我們繼續做下去……第二，我認為我們實際上來到了鼓勵風險承擔的點，而這應該讓我們三思而行。投資人現在真的了解我們會阻止嚴重的損失……在此同時，我們看起來像正在吹一個固定收益存續期間的泡沫，讓它遍及各類信用，然而當利率在未來開始上揚後，它將帶來巨大的損失……我的第三個疑慮是……從近四兆美元的資產負債表退

場的問題……我們似乎對退場可以順利管理太有信心。市場的變化可能遠比我們想像的複雜。

鮑爾說市場變化遠比經濟學家認為的複雜是正確的。鮑爾的聯準會主席任期至少到二〇二二年才屆滿，他的承認意味現代金融理論的必然失敗可能已被最重要的金融決策者所認識，但鮑爾的警告並不表示問題已經解決。我們仍然得面對萊因哈特和羅格夫所描述艾略特的爆炸或輕啜的痛苦抉擇——不是美元信心的崩潰，就是數十年的經濟停滯。

這為投資人帶來一個兩難的困境。如果信心崩潰來臨，它呈現的形式將是通貨膨脹升高，投資人拋售美元以買進硬資產，以及貨幣流通速度飆升。另一方面，如果未來數十年陷於成長停滯，這表示將出現類似日本一九八〇年代債務泡沫破滅和股市與房地產價格暴跌之後，從一九九〇年開始至今的通貨緊縮期。

然而能變出免費的錢的魔法師還有另一套把戲。即使現代金融理論備受爭議，它的支持者仍然提出誘人的保證基本收入。

更多免費的錢

對像克爾頓這種現代金融理論經濟學家，免費的錢不是目的本身，它為一個政治目的服務，其目標包括基礎設施支出、醫療照顧和教育。現代金融理論支持者提出的首要目標是消滅失業和就業不足，本書的篇幅不足以描述今日美國就業危機的所有面向，和全面矯治的建議。本書將專注在國際貨幣體系，尤其是這個體系以美元為基礎的超級架構未來何去何從。如果美元崩潰，美元計價的股票、債券和硬資產投資的實質價值將隨之崩潰。但美國就業危機的範圍如此大，解決方案如此激進（激進是指針對它的根源，而與左派或右派的極端主義無關），對美國財政和貨幣政策的強烈衝擊將無可避免。

實質薪資將是二〇二〇年總統大選最重要的國內政策議題。包括減稅、預算戰和債務上限等各式各樣的辯論將呈現它們的真面目——它們只是一場製造更高薪資就業機會的更大戰爭的其中一場戰役。在一九九〇年十一月中東一場砲擊戰前夕，美國國務卿貝克（James Baker）對媒體不了解美國的政策氣急敗壞。他在一場特別新聞簡報會上脫口而出[61]：「用一般美國老百姓的層次來看，我們可以說那表示工作。如果你要總結為兩個字，那就是工作。」貝克的訊息對今日進行中的貨幣戰和貿易戰仍有意義，和近三十年前的波斯灣戰爭一樣，都是為了工作。不了解其重要性的投資人，將無法解讀政治人物提出的和最後被選民擁抱的解決方案。

今日美國政府散播的最大謊言是，我們的經濟正處於或接近於完全就業。當然，美國政府會否認那是謊言，並堅持其報告的正確性。這種觀點的差異與定義有關。美國勞工統計局二〇一八年十一月二日的報告顯示，官方二〇一八年十月的失業率為三・七%，其中成年男性失業率為三・五%，成年女性為三・四%。這些失業率是根據總勞動人口一・六億人來計算，其中一億五千三百萬人有工作，六百一十萬人失業。三・七%的失業率是一九六九年以來的最低水準。美國從一九四八年到二〇一八年的平均失業率為五・七八%。從這些表面的數字看來，現今失業率的確很低，經濟毫無疑問處於完全就業的狀態。但這些統計數字並未反映整個情況。在一億五千三百萬有工作的人中，有四百六十萬人屬非自願的兼職工作者，他們希望有全職工作，但找不到或工作時數被目前的僱主削減。另外有一百四十萬名待業勞工在前一年持續尋找工作，但未被計算在勞動人口中，因為他們在之前四週沒有在尋找工作。如果他們也被算成失業，失業率將是五%。

但真實的失業率還更糟。官方的失業率是以狹義的勞動人口計算，僅限於有工作或積極尋找工作的人。但有數百萬名年齡介於二十五歲到五十四歲的適能男性和女性未被包括在勞動人口中。他們不是退休者或青少年，而是正處於主要勞動年齡的成人。他們實際上是「失蹤勞工」，這些未被計算在官方失業紀錄中的失蹤勞工人數被計算在勞動參與率中。勞動參與率是以總勞動人數除以潛在勞工人數，不管這些潛在勞工是否在尋找工作。美國的勞動參與率從二〇〇〇年一月的六七・三%大跌到二〇一八年十月的六二・九%，跌幅達四・四個百分點。如果這些潛在勞工被計算在勞動人口中，失業率將達一〇%。

當然，勞動參與有其極限。一些潛在勞工有慢性病痛或其他失能問題，一些已經退休、一些是學生、一些則在家撫養孩子。這是勞動參與率從這項資料開始蒐集以來從未超過六七%的原因。儘管如此，在經濟擴張期的九年間，勞動參與率跌到六二・九%仍然很驚人。

美國有嚴重的失蹤勞工問題，是從二〇〇九年六月上一次衰退結束以來，美國出現經濟減緩、通貨膨脹持續低落、薪資停滯、貨幣流通速度變慢，和社會不滿等病徵的重要原因。美國的勞動市場並不緊俏，距離完全就業還很遠。美國是處在蕭條狀態。

勞動市場處於低迷狀態最明顯的證據是，左派和右派輿論一致認為失業問題嚴重，並提出各種解決方法。讓我們比較保守派美國企業研究院（AEI）學者埃伯斯達（Nicholas Eberstadt），和進步主義派巴德學院利維經濟研究所（LEI）學者特爾妮娃（Pavlina R. Tcherneva）如下的敘述，可以明顯看出兩人都採用疾病來描述美國的失業率。這從兩方面來看都很恰當，第一是失業者和他們的家人直接承受的健康後果如抑鬱、酗酒、失能、自殺、使用鴉片類藥物，和其他較不致命但仍很嚴重的病症。第二個由特爾妮娃詳細表達的面向是，失業的擴散就像傳染病從一個城鎮傳到另一個城鎮，從一個郡傳到遍及美國的所有郡。

保守派的埃伯斯達說：

> 從經濟面看[62]，勞動參與率和就業率下降導致經濟成長減緩，擴大所得和財富的差距，升高財政壓力，並使赤字和國家債務升高。它們也升高美國的貧窮比率，這不只是對父親加入失業大軍的小孩來說……美國人可能是今日世界的富裕社會中工作最辛苦的人，而且其他已開發國家都沒有這麼高比率的主要工作年齡男性完全退出勞動力——既不工作，也不在找工作，或者不做任何事……這種情況直接破壞社會的和諧，社會信任也一

樣遭到削弱。

再看進步主義派的特爾妮娃怎麼說：

雖然今日的全球失業率[63]已降到危機前的水準……這個「成功」大體上是因為有大批人在大衰退後從勞動市場出走。在調整危機前和危機後的勞動參與率後，學者估計今日有大約二千萬個工作機會消失……。

失業者較容易生病，並且花更多錢在醫療照顧上。他們的酗酒、身體疾病、抑鬱和焦慮的比率升高，更常看醫生和服用更多藥……這些各式各樣的健康因素創造出一個惡性循環，讓失業者更難重新進入勞動市場……。此外，失業對個人的社會參與有重大、具體和持久的負面效應……失業造成的隔絕，會侵蝕個人重新進入職場所需的社會網絡。

如果一家大型零售商店或製造工廠關門，讓數百人失業，這些失業者往往是從毗鄰的社區通勤到工作場所。失業後他們在居住的城鎮減少支出，把失業的效應從工作的城鎮擴散到附近地區，像丟石頭到池塘引起的漣漪般。長期下來，受影響的社區本身的失業也增加，並把失業病毒進一步擴散。

政府官員和華爾街的經濟學家不斷表示今日美國處於充分就業和勞動市場緊俏，但實際上勞動市場卻像大蕭條，這稱得上是一種分析過失。不過，許多學者並非如此盲目。如果保守派和進步主義派學者對勞動市場危機的診斷相同讓我們感到驚訝，那麼更令人驚訝的是他們對該採取什麼對策也看法一致。雖然細節不同，左派和右派的共識是所有美國人都可享有保證基本收入（GBI），或公共服務就業（PSE）。保證基本收入／公共服務就業運動很可能是從詹森的大社會計畫（一九六五年）或小羅斯福的新政（一九三三年）以來最大的公共政策革命。這個政策革命對財政和貨幣政策，以及投資人的投資組合的影響極其重大。

保證基本收入（又稱為全民基本收入，或簡稱基本收入）是一個舊點子被當成新藥方，提出來對治只能製造出很少好薪資工作機會的經濟體。這個點子極其簡單。政府將動用公共資源給每一個市民基本收入，這筆收入足夠過合理的、但不是豪奢的生活水準。它的給付不附帶工作的條件，且不管有沒有其他收入。社會上的每個市民都可無條件獲得這筆基本收入。

保證基本收入的概念顯然源自摩爾（Thomas More）的《烏托邦》（*Utopia*，一五一六年），書中討論到這是消除盜竊的一種方法。當然，從至少公元前二世紀中葉羅馬共和國設置賑濟所以來，就有各式各樣的公共福利存在。提比略・格拉古（Tiberius Gracchus）和他弟弟蓋約（Gaius）創辦最早的賑濟所，包括出售低廉的小麥給市民，採取先來先買的形式。雖然賑濟剛開始被視為暫時措施，但後來的護民官克勞狄斯（Claudius）以提供免費小麥贏得選舉。在中世紀大部分時候，天主教會提供貧民救濟。後來稱作救貧法的公共救濟最早從一五三一年就在亨利八世統治下的英國實施。日後政府協助貧民的努力包括俾斯麥的社會保險計畫（一八八三年），和小羅斯福的社會安全法案（一九三五年）。較晚近的經濟學家如傅利曼和包括尼克森在內的政治人物，也為其他形式的保證基本收入背書，包括負所得稅和勞動所得稅扣抵制（ＥＩＴＣ）。

純粹的保證基本收入和這些較早的計畫差別在於沒有所謂的收入調查（看你的收入來決定是否符合資格）和條件。你不必是貧民才能獲得保證基本收入，而且不需要工作。保證基本收入由政府發給每個公民，不管貧富、年輕或年長，那是一種權利。

二十一世紀版的保證基本收入的解釋[64]，包括支持和反對的辯論，被完整呈現在范帕里斯（Philippe Van Parijs）和凡德柏特（Yannick Vanderborght）的書《基本收入》（*Basic Income*，二〇一七年）中。范帕里斯－凡德柏特的建議是，世界各國把它們的保證基本收入給付訂在人均ＧＤＰ的二五％。顯然較富裕的國家可以負擔較高的保證基本收入。以二〇一五年的資料來看[65]，「美國的保證基本收入給付估計可達到每月一千一百六十三美元、瑞士一千六百七十美元、英國九一十美元，巴西則為一百八十美元」。用范帕里斯－凡德柏特的數據並轉換成二〇一八年的美元，他們建議今日美國人的保證基本收入給付為每人每年一．五萬美元，不附帶任何條件。

范帕里斯和凡德柏特還提出一種更極端、但也更簡化版的保證基本收入。他們主張保證基本收入要支付給家庭的每一個成員，不管人數多寡。給付將不附帶任何條件，所以若接受者有工作或獲得加薪，其保證基本收入不會減少。如果接受者有工作將減少政府給付是今日社會福利計畫遭到批評的主因之一，因為它製造一個福利陷阱，使接受者唯恐失去福利而不願找工作。保證基本收入制度不會有這個問題，因為它沒有收入調查同時不附帶條件。

雖然范帕里斯和凡德柏特是歐洲學者，但對這個問題採取全球主義的觀點。他們主要根據以自由選擇定義的自治和人類尊嚴，來為保證基本收入辯護。保證基本收入接受者可選擇工作或不工作，也可以拒絕作者所稱的「差勁的低薪工作」。兩位學者不期待這種工作會消失；他們期待因為僱主與保證基本收入競逐勞工而改善薪資和工作條件。

在他們的觀點中，人類尊嚴不是唯一的論據。他們也支持「正在興起的新一波自動化浪潮[66]將在未來幾年繼續壯大：機器人化、自動駕駛汽車、人腦勞動者被電腦大規模取代。它將使一部分人──從事設計、控制和最能利用新科技工作的人──賺取財富和獲得權力的能力達到新高峰，而許多其他人則跌落到更低點」。他們認為最低工資法將無法保護最弱勢者，最低工資法若提高勞動成本，將只會加速勞工被機器人取代的速度。

抱持這個看法的人不只范帕里斯和凡德柏特。在二〇一七年二月杜拜的世界政府高峰會上[67]，特斯拉執行長馬斯克（Elon Musk）說：「我認為終將必須有某種全民基本收入，我們沒有什麼選擇。」二〇一七年七月十九日《舊金山紀事報》報導[68]：「Facebook共同創辦人休斯（Chris Hughes）、創投資本家安德森（Marc Andreessen）和Y Combinator總裁奧爾特曼（Sam Altman）都說，保證基本收入值得研究。」在二〇一七年五月二十五日哈佛大學的畢業典禮演講中[69]，Facebook創辦人祖克柏說：「每個世代都擴大它對平等的定義……現在該是我們的世代定義新社會合約的時候了。我們應該有一個不只是以像GDP的經濟指標來衡量進步的社會，而是以有多少人扮演我們認為有意義的角色來衡量。我們應該探究像全民基本收入這種概念，以確保人人都有嘗試新事物的餘裕。」在二〇一八年一月二十九日，加州史塔克頓（Stockton）市長宣布實施一項全民基本收入實驗計畫，對生活在貧窮線以下的一百個家庭發放每月五百美元的給付。這項計畫將根據實驗結果可能擴大到該市三十萬居民中的七．五萬人。

全民基本收入或保證基本收入的概念也逐漸獲得一般民眾的支持。《赫芬頓郵報》二〇一四年一月公布一項該報委託的民意調查發現，只有三五%的美國人支持保證基本收入。據蓋洛普（Gallup）的調查，這個支持率到二〇一八年二月上升到四八%。在這四年的經濟擴張和穩定就業創造期中，對保證基本收入的支持率增加三十七個百分點，證明了保證基本收入即使在沒有衰退或經濟景氣下滑的情況下仍然有強大的吸引力。這些調查結果反映千禧世代對保證基本收入的支持與日俱增，這個世代現在已開始進入勞動力的年齡。這些趨勢很可能持續下去，那麼到二〇二〇年總統大選前，美國的大部分成年人將支持保證基本收入。

若把范帕里斯－凡德柏特的公式套用在美國，把GDP的二五%分配給每個美國人的保證基本收入，將使年預算赤字已達到一兆美元的美國未來每年再增加四．八兆美元的權益成本。美國目前的債務佔GDP比率已是過去七十年來的新高紀錄，這還不包括既有權益的或有負債。即使只實施一年的保證基本收入計畫，也會使美國的債務佔GDP比率超過一二五％；如果這項計畫實施兩年，美國的債務佔GDP比率將達到一四〇％，超越除了希臘、黎巴嫩和日本以外的任何其他國家。在既有權益和債務負擔的情況下，這類計畫政治上的可行性幾乎是零，儘管民眾對它的支持率愈來愈高。

為了因應這些障礙，左派和右派的政治人物和學者都提議修改純粹形式的保證基本收入，以使它在政治上更為可行。右派的莫瑞（Charles Murray）[70]提出一項每年一．三萬美元的保證基本收入，其中三千美元自動用於購買醫療保險，其餘一萬美元由接受者任意支配。不過，他的保證基本收入將只給付給成人而非所有美國人，且將取代幾乎所有既有的權益，包括社會安全、聯邦醫保、聯邦醫補、福利、農業補貼和企業稅福利。藉由取消所有政府給付和管理它們的低效率官僚機構，莫瑞計畫的成本將低於既有的收入保障計畫，並可小幅減少美國的預算赤字。莫瑞的主張類似范帕里斯和凡德柏特，他的提議建立於人類的自由與尊嚴，和賦予個人做選擇的權利，而不局限於過著受既有權益計畫束縛的生活。他也舉具體的例子說明，有工作的個人可以把保證基本收入儲蓄起來，和藉由以複利計算的投資方式，獲得大於既有社會安全福利的退休收入。莫瑞簡潔地總結他的提議是[71]：「這是給你的錢，隨便你怎麼用都行。你的生活操在你的手中。」

儘管莫瑞的提議在財務和哲學上都有吸引力，它在政治上一樣行不通。政治人物連討論小幅修改美國既有的權益計畫以避免美國陷於難以持續的債務都不敢，更何況要達成妥協。

把既有的權益計畫完全取消是無法想像的事，即使是以保證基本收入來取代它們。莫瑞勇於提出建議和說明可能辦到的方法值得嘉許，不過他的解決方案並不容易獲得政治支持。

和歐洲的左派不同，美國的左派對這個議題採取務實的方法。保證基本收入的反對意見強而有力，而且不難預料。保守派的運動、電台談話節目和另類右派媒體都砲口一致，譴責保證基本收入是把錢平白送給不願工作的懶人，和搭日漸減少的有工作者免費便車的人。攻擊保證基本收入的說法包括：保證基本收入不但不足以提供穩定的生活以促使人們工作，而且會摧毀工作的動機。雖然保證基本收入運動已引起注意和智庫與公共學者專家的評論，右派選民大體上不把它放在眼裡，原因是他們認為這種政策不可能通過。如果保證基本收入明確地變成進步主義政策的目標，右派勢必動員起來摧毀它。左派很清楚這一點。

因此左派不提出保證基本收入，反而提出政府保證就業計畫——一種可被接受的全民收入保障計畫。一旦實施保證就業後，可以把給付範圍和福利調整成提供保證基本收入。工作本身可能不具實質意義和只有微小的生產力，那並不重要，工作只是公共支出和保證收入間的界面。但有工作這個條件讓這個計畫有別於范帕里斯和凡德柏特較激進的基本收入提議，工作這個要求去除了搭免費便車和懶惰的反對意見。一旦辯論從厭惡懶惰的情緒轉移到像勞動生產力等較技術性的因素，公眾將失去興趣，而支持者將獲勝。

唯一在政治上對政府保證就業的有力反對意見是，它的成本和對赤字和債務佔ＧＤＰ比率的影響，進步主義現代金融理論派在辯論中極力為政府保證就業辯護就是因為這一點。如果央行資產負債表、政府債務和貨幣供給一如現代金融理論宣稱的有無限彈性，那麼政府保證就業的成本就不是問題，進步主義支持者就能掃除保守派的反對意見。

二〇一八年四月[72]，現代金融理論的主要倡導者——克爾頓、特爾妮娃、雷伊（L. Randall Wray）、傅偉勒（Scott Fullwiler）和丹塔斯（Flavia Dantas）——共同草擬一份標題為「公共服務就業：邁向完全就業的道路」的宣言。這份宣言的時機正值二〇一八年國會期中選舉之前——而二〇二〇年總統選舉的活動也將在期中選舉後展開——並非巧合。公共服務就業計畫顯然是從桑德斯以降每一個競選公職的進步主義候選人的試金石，歐巴馬勝選是憑藉提出美國人的「希望和變革」，川普勝選憑藉的是提出「讓美國再度偉大」。桑德斯和他的支持者期待在二〇二〇年提供美國人最關心的東西而獲勝——一份有好薪資的好工作。有了這個目標後，一大堆從家庭和諧到學生貸款的社會問題便得以自我修復了。

克爾頓、特爾妮娃和該宣言的其他共同起草人，一開始就根據前面提到的說法來駁斥官方就業數字。接著他們簡單地描述公共服務就業計畫：

> 我們提議設置公共服務就業計畫[73]，以提供給所有願意且準備好就業的人足夠生活的薪資。這是一個「就業保證」計畫，提供就業給所有需要工作的人，讓衰退和經濟萎縮期間，在民間部門僱用復甦前可能失業的人能有收入。公共服務就業由聯邦資助但分散化管理，將支付每小時十五美元薪資給全職或兼職職務，並提供包括醫療保險和兒童照顧

等福利。除了提供以服務公眾為目的的保證工作外，公共服務就業計畫將建立有效的最低薪資和福利的標準。

很明顯，公共服務就業比保證基本收入更具政治吸引力。公共服務就業有效地設定全國性的最低工資為每小時十五美元（假設它將透過立法授權公共服務就業隨著通貨膨脹做調整）。技術上來說，僱主可以根據既有的最低工資規定支付較低的工資，但他們將無法與公共服務就業的工作競爭員工，因為個人寧可做公共服務就業提供的較高薪資工作。這將強迫私人僱主跟隨每小時十五美元的水準，實際上為薪資設定下限。就福利來說也是如此。

公共服務就業最明顯的反對意見是開支。即使是公共服務就業的支持者也承認，它在初期（二〇一八年到二〇二二年）對美國預算赤字的影響將超過GDP的一．五%，較後期（二〇二三年到二〇二七年）將超過GDP的一%。以目前的GDP計算，公共服務就業將在二〇一九會計年度增加三千億美元赤字，以後增加的金額還更高。即使沒有公共服務就業計畫，美國一年的預估赤字已經超過一兆美元。

這就是現代金融理論上場的時候。克爾頓、特爾妮娃和其他宣言共同起草人同時也是現代金融理論派的主要經濟學家並非巧合，像公共服務就業這樣的計畫正是現代金融理論宣揚的理念——增進公共福祉而別擔心赤字。公共服務就業倡導者指出可以減輕赤字傷害的利益，包括「乘數效應」神話，以及州級和地方級財政可望改善，因為它們將可獲得公共服務就業接受者繳納的稅收。他們也舉出降低與醫療照護、犯罪和藥物成癮有關的社會成本，是與數百萬名成人沒有工作相較之下的利益之一。公共服務就業的工作集中在「以服務公眾為目的的計畫」，理論上可以改善基礎設施和公共文化設施。

即使這些利益有一些是真的，但很可能大部分利益日後證明只是空想，且成本將比預期高。事實是，即使沒有公共服務就業，今日還是有很多就業機會。數百萬名失蹤勞工面對的就業問題是技術不匹配、家庭問題、藥物成癮、動機，和既有福利計畫的福利陷阱。保證基本收入可能解決這些問題的一部分，但公共服務就業無法辦到。更重要的是，萊因哈特－羅格夫的研究顯示，就乘數效應來說，美國經濟已經超過無法逆轉的點。一旦債務佔GDP比率超過九〇％，增加的支出只會阻礙成長而無助於刺激成長。如果公共服務就業使每年的國家債務再增加三千億美元，將只會讓長期停滯更加嚴重。公共服務就業提供工作給願意就業的人，但願意工作的人已經可以找到工作。公共服務就業無法解決沒有動機工作者的問題，但以取巧的方式提高最低工資和改善福利在政治上很有吸引力。儘管有眾多批評，但把公共服務就業貶抑為又一項進步主義狂想將失之天真。公共服務就業不靠持續的運動就獲得近多數人的支持，一旦二〇二〇年總統競選活動展開，桑德斯、布克（Cory Booker）、華倫（Elizabeth Warren）和其他知名民主黨人將變成全天候倡導公共服務就業優點的平台，大多數人都將支持。甚至反覆無常的川普也可能變成支持者，因為他不受保守派運動或主流共和黨人的節制。公共服務就業可能被與小羅斯福的新政並列，成為過去幾百年來進步主義政策的支柱。

然而公共服務就業或保證基本收入有一個隱藏的危險，即使像萊因哈特和羅格夫等保守派批評者和債務末日審判者也經常沒有察覺。這個危險是通貨膨脹。在萊因哈特－羅格夫論文中指出的未來成長逆境、桑默斯強調的長期停滯，以及埃伯斯達描述的數百萬名失蹤勞工的情況下，通貨膨脹的展望似乎機會很小。聯準會已嘗試製造通貨膨脹十年沒有成功，日本央行嘗試創造通膨三十年也徒勞無功。這些例子應該讓央行官員破除增加貨幣供給就能提振通貨膨脹的迷思，但並沒有。貨幣是通貨膨脹的必要條件，但不是充分條件。通貨膨脹是由消費者行為和預期所驅動的心理現象。二〇〇〇年網路股市崩盤、二〇〇七年房貸市場崩盤，和二〇〇八年的金融恐慌造成的結果，足以讓一世代的儲蓄者和投資人受創。這種創傷的效應可能持續三十年或更久，正如一九二九年的股市崩盤和隨之而來大蕭條的情形。要克服投資人的創傷和轉變對通貨膨脹的期望需要一個強大的觸媒，公共服務就業或保證基本收入都是候選者之一。

探究其原因必須談到邊際消費傾向（MPC）的概念。這個概念很簡單，如果你給一個億萬富豪一千美元，她可能不花一毛錢，因為她已經擁有想要的一切，不需要再花更多錢。如果你給某個生活在貧窮線以下的人一千美元，他可能把它全部花在食物、房租、修理、汽油和其他生活必需品上。以術語來說，億萬富豪的邊際消費傾向是〇％（她不花錢），而貧窮線以下的人邊際消費傾向是一〇〇％（他全部花掉）。能提振通貨膨脹的是花錢的行為和帶來的貨幣流通速度加快。

公共服務就業或保證基本收入計畫增進的貨幣流通速度，將衝擊萊因哈特和羅格夫推論的實質成長限制。較高的貨幣流通速度會提高名目GDP，另一方面實質GDP則受到債務壓抑。如果名目GDP提高速度快於實質GDP，其差距就是通貨膨脹，這個道理很簡單。進步主義政治人物可能在未來兩年達成央行官員過去二十年無法達成的事——提高通貨膨脹。希望通膨升高的央行官員應該當心他們的願望實現。以孟肯（H. L. Mencken）的話來說，他們將得到「多得吃不消」的通膨。

投資祕訣五
低生產力可能意味通貨膨脹……或通貨緊縮

投資人如何做好準備以迎接一個可能通貨膨脹或通貨緊縮的世界？

解決的對策叫做槓鈴式投資組合。槓鈴的一邊是你有黃金、白銀、土地和其他硬資產組成的通貨膨脹保護；槓鈴的另一邊你有十年期公債、公用事業股票，和不斷降低成本的科技公司組成的通貨緊縮保護。連接槓鈴兩邊的是現金配置。現金降低整體的投資組合波動性，並在通膨或通縮兩種情況之一形成時，提供轉向通膨或通縮保護的選項。

今日的債務和成長陷阱是始於二〇〇七年危機的延續。這是一種慢動作的持續性危機狀態，但它隨時可能進入一個爆炸點，它也可能導致一個數十年緩慢成長的輕啜。

不管哪一種結果，投資人並非無計可施。槓鈴式投資組合提供在任何狀態下都能保存財富的方法。

| 第六章 |

海湖莊園協議

我們多常聽到[74]人們提到我們生活在一個根據規範運作的全球貿易體系這個概念？……2017年1月，英國首相梅伊（Theresa May）讚揚自由主義、自由貿易和全球化是「支撐有規範的國際體系的力量」……中國國家主席習近平在達弗斯（Davos）也稱頌以規範為本的經濟秩序……但有沒有人可以解釋：究竟是哪些規範？

——謝爾頓（Judy Shelton），
〈建立新國際貨幣體系的理由〉，2018年

協作或混亂

上一次主要的國際金融會議於一九八七年二月二十二日在巴黎羅浮宮舉行，距今已超過三十年。參與該會議的有美國、英國、法國、西德、加拿大和日本的財政部長及央行總裁。現在我們需要一次新的國際金融會議來使脫序的體系重新恢復秩序。以學者丹姆（Kenneth W. Dam）的經典表述來說，舉行新會議可以帶來另一次金融「改革和演進」，或者以一個普通觀察者較新的說法則是「全球金融重開機」。在過去一百多年來，菁英對世界金融運作的描述是「遊戲規則」。不管貼的是何種標籤，新體系即將來臨。尚難預料的是這個會議將在凝聚力量下以有秩序的方式舉行，或者是為因應新金融危機而在混亂中召開。前者是較理想的情況，後者是較可能的情況。

國際金融會議在一九二〇年代以前很罕見。第一次世界大戰前的國際金融體系是演化的產物，不是出於設計。長期以來黃金是主要形式的貨幣。央行創始於一六六八年的瑞典國家銀行（Sveriges Riksbank），和一六九四年的英格蘭銀行。兩家央行和其他央行發行以黃金擔保的紙鈔，雖然戰爭期間央行往往暫停兌換黃金。

當兩種貨幣與黃金掛勾時，它們也基於遞移律而彼此掛勾。當個別國家的金本位在十九世紀普及時，固定匯率的全球體系也同時產生。例如，從一九〇〇年到一九一四年，英國的黃金官方價格是每盎司四・二五英鎊，美國的官方黃金價格是二十・六七美元。以一盎司黃金作為共同分母意味一英鎊等於四．八七美元。英國和美國之間沒有條約或其他協議來固定這個交叉匯率，僅是各國固定其貨幣與黃金兌換價格的數學結果。倫敦和紐約的私人銀行間有活絡的實體黃金交易，在美國這邊為首的私人銀行是摩根世家（House of Morgan），透過套利交易並納入運輸、保險成本、相對利率和金錢的時間價值，維持一英鎊兌四．八七美元。這些非黃金因素被稱為「黃金點」。當點數使大西洋一方的黃金變「便宜」時，銀行就會買進黃金，運送到其他貨幣中心，賣出以兌換當地貨幣，賺進幾乎無風險的利潤。這些交易的進行利用當時剛發明的電話技術，沒有由上而下或中央化的執行機制，這是自由市場的最佳體現。

從一八七〇年到一九一四年，各國紛紛採用自己的金本位制，促使固定匯率的國際體系興起，即使當時沒有簽訂條約或類似國際貨幣基金（IMF）的機構。美國是最後一個採用金本位制的主要貿易大國，在一九〇〇年通過金本位法案，雖然一八七三年的鑄幣法案已允許紙幣持有人以固定匯率兌換黃金。全球性的金本位制和固定匯率體系興起純粹是基於共識，而非基於命令或條約。

古典金本位制在一九一四年第一次世界大戰爆發後崩解。參戰國暫停公民以紙幣兌換黃金，不管是法律上或實務上都禁止。在一九一七年以前保持中立的美國仍然維持金本位，而由於美國出口武器和農產品給交戰的貿易夥伴，並以黃金結算國際收支順差，因而吸聚全世界的許多官方黃金，其中以英國和法國最多。

第一次世界大戰後的難題之一，是如何以及何時恢復金本位制。凡爾賽和約加諸德國的戰爭賠償金，加上英國、法國、比利時等國累積的戰爭債務，使這些已開發經濟體在戰後陷於沉重的債務泥淖。為換取戰爭物資而運出黃金使歐洲沒有足夠的黃金來重建戰前的體系，敵對國家大幅擴增貨幣供給以提供戰爭資金。過度的債務、過度印製鈔票，和極度缺少黃金，使回歸真正的金本位制困難重重。多邊解決方案的時機已經成熟，該是國際貨幣會議登場的時候了。

第一次正式會議是一九二二年舉行的熱那亞經濟和金融會議，有三十四個國家參與在義大利熱那亞聖喬治宮舉行的這場祕密會議。會議的主題遠比金本位制度更廣泛，包括歐洲經濟的重建、賠償金的地位，以及與取代舊俄帝國的新蘇維埃俄羅斯政權的關係。會議表達了回歸金本位制的目標，實施則由與會的主權國決定。黃金短缺問題藉由保存支持貨幣供給所需黃金數量的計畫獲得部分解決，包括把金幣移出流通，融化金幣並鑄成四百盎司的金塊以保存在金庫中。這使實體黃金交易難以進行，公民變得習慣於紙幣，只要相信紙幣有足夠的黃金做後盾。與會國家也同意接受像法國法郎和英鎊等主要貨幣作為國際收支的結算貨幣。這表示除了黃金外，外匯也被持有當作準備。

這個金匯兌本位制從一開始就露出失敗的跡象。英國、法國和比利時在一九二五年到一九二六年相繼回歸金本位。法國和比利時以遠低於戰前平價的匯率回歸；英國由當時的財政大臣邱吉爾（Winston Churchill）領導採取相反的作法，以戰前平價每盎司四．二五英鎊恢復金本位。這必須極大幅減少貨幣供給才能維持舊平價，結果造成通貨緊縮，使英國陷於蕭條，比世界各國大體上從一九二八年到一九二九年開始蕭條早了好幾年。金匯兌本位制不久後完全崩潰，原因是各國接連貶值貨幣——英國在一九三一年、美國在一九三三年，以及英國和法國一起在一九三六年——直到一九三九年第二次世界大戰爆發使黃金運交和兌換再度全面中止。

下一次的重大國際金融會議是最具意義的一次——一九四四年的聯合國貨幣金融會議，有四十四國代表在新罕布夏州布列敦森林的華盛頓山飯店舉行。布列敦森林以兩項大計畫的對峙而著名。代表英國的凱因斯提出一項計畫，主張設置一種以黃金擔保的世界貨幣，稱為班科（bancor），當作主要準備貨幣，由國際貨幣基金發行，用以結算國家間的國際收支。代表美國的懷特（Harry Dexter White）提出一項以美元作為主要準備貨幣的計畫，其兌換黃金的匯率為一美元兌三十五分之一盎司黃金。其他貨幣都與美元掛勾，並因而間接與黃金掛勾。其他貨幣可以在取得同意時對美元貶值，但美元對黃金的匯率固定。由於美國在二次大戰終結期間支配全球地緣政治、商務和金融，美國的計畫在會議中輕易壓倒凱因斯提出的計畫。諷刺的是，懷特是潛伏在美國財政部的蘇聯間諜，他隱藏的目標是藉由邊緣化英鎊和凸顯英國缺少黃金來加速大英帝國的崩潰。懷特的計畫確實高明，這從一九四七年到一九六四年許多英國殖民地獨立可以得到證明。

一九七一年八月十五日，尼克森總統決定「暫時」中止美國貿易夥伴以美元贖回黃金，但當時美國並無意終止布列敦森林體系，而是想在這段暫停時間召開新國際貨幣會議以貶值美元兌換黃金的價格，調整固定匯價，然後以新匯價重新實施舊制度。為這些改變而舉行的會議在一九七五年十二月華盛頓特區的史密森學會召開，它是二十世紀第三度舉行的大型國際貨幣會議。包含美國、英國、法國、西德、瑞典、義大利、荷蘭、比利時、加拿大和日本的十國集團（G10）在會中簽訂史密森協定（Smithsonian Agreement），把美元兌黃金匯率從三十五美元兌一盎司黃金，貶值為三十八美元兌一盎司黃金，並重估其他簽約國貨幣匯率從七·五%到一七%不等。史密森協定失敗的速度甚至比熱那亞會議的金匯兌本位制還快。一九七三年二月十四日美元再度貶值一〇%，當天官方匯率以四十二·二二美元兌一盎司黃金收盤。美國的主要貿易夥伴紛紛放棄金本位和固定匯率，採用由市場決定的浮動匯率。黃金仍存放於央行的金庫，但不再扮演決定貨幣價值的角色。

浮動匯率受到當時學界經濟學家的偏愛，最著名的是傅利曼，理由是浮動匯率讓各國順利且持續地調整單位勞動成本和維持有利的貿易條件，而避免布列敦森林體系後期常見的貶值震撼和外匯危機。不過，學界鍾愛的理論忽略了浮動匯率的隱藏成本，包括提高了外來直接投資的未來價值、避險成本、不符合現實的掛勾匯率、市場操縱和貨幣戰等不確定性。這些缺陷在布列敦森林體系崩解和一九七三年放棄史密森協定後的動盪年代浮上檯面。

史密森協定不是最後一次具里程碑意義的國際貨幣會議。儘管浮動匯率在一九七三年後崛起，主要貿易強權仍然有可能透過聯合市場干預來操縱即使不很緊密的掛勾交叉匯率。為了這個目的，包括美國、英國、法國、西德和日本的五國集團財政部長，一九八五年九月在紐約市的廣場飯店集會。美元從一九八〇年到一九八五年升值了五〇%，原因是聯準會主席伏克爾（Paul Volcker）的高利率政策和雷根總統的財政刺激。美國的農業和製造業出口商為伏克爾－雷根的「美元王」政策而叫苦連天。在財政部長貝克領導下，美國沒有採取片面或衝突的方式，而是在廣場飯店舉行五國集團財長會議，達成透過五國的央行和財政部聯合干預匯市讓美元貶值的共識。

該會議在一九八五年九月二十二日簽訂的廣場協議極為成功，美國想要的美元貶值幾乎立即展開，但到了一九八七年初開始顯得失控。新的國際貨幣會議於一九八七年二月在巴黎舉行，以採取協調的步驟來阻止美元下跌和將匯率固定在協議的水準。巴黎會議的參與國包括廣場協議的五國加上加拿大，新六國集團一九八七年二月二十二日在巴黎簽訂羅浮宮協議，以穩定美元對主要貿易夥伴的匯率。穩定的局面持續直到二〇〇八年全球金融危機，並在二〇一〇年展開一場新貨幣戰。

從古典金本位制一九一四年崩潰後的一百零五年，見證了五次主要國際貨幣會議：熱那亞（一九二二年）、布列敦森林（一九四四年）、華盛頓（一九七一年）、紐約（一九八五年）和巴黎（一九八七年）。平均每次會議間隔二十一年，雖然實際間隔時間長短不一，最後一次主要會議是三十二年前。在這段期間各國仍會舉行多邊會議以解決國際貨幣問題，不過這些會議並未產生像五次主要會議達成的根本遊戲規則改變。照理說世界早已該舉行新國際貨幣會議，以進行一次真正的全球貨幣重整。對貨幣菁英來說最迫切的問題是，是否從主動創造一個協調體系的觀點來召開會議，或者被動地舉行會議以因應已陷入新全球金融危機而可能採取嚴峻的對策。貨幣史上的一個關鍵時刻已經來臨，川普總統正面對一個獨一無二的機遇。

前聯準會主席葛林斯班在二〇一七年二月接受《黃金投資人》雜誌訪問時，比較目前沒有錨定的貨幣體系和過去金本位體系的好處，他說：

> 我把黃金視為首要全球貨幣[75]。只有它和白銀是貨幣，它們不需要交易對手的簽字。不過，每盎司黃金的價值向來遠高於白銀。沒有人會拒絕接受黃金作為解除義務的支付。信用工具和法定貨幣仰賴交易對手的信任，只有黃金和白銀是具有內在價值的貨幣，一直以來就是如此。沒有人質疑它的價值，它向來就是有價值的商品，公元前六〇〇年最早在安納托利亞被鑄為錢幣……今日若回歸到金本位制將被視為走投無路。但如果今日實施的是金本位，我們就不會淪落到現在的地步。我們沒有錢可以花在應該興建的基礎設施……如果是採用金本位，我們絕對不會困在這種極度負債的境地，因為金本位可以確保財政政策永遠不超越極限。

前國際貨幣基金（IMF）總經理拉加德（Christine Lagarde）在二〇一八年的IMF春季

會議發出如下的警告：

全球債務已達到歷史新高[76]，目前是一百六十四兆美元，佔GDP的二二五%……先進經濟體的公共債務處於二次世界大戰以來未曾見過的水準。而在低所得國家，如果目前的趨勢持續下去，許多國家將面臨無以為繼的債務負擔……金融的弱點已經增加，原因是高債務、金融市場波動性升高，以及資產價格上漲。金融情況若突然緊縮可能導致市場修正、債務無法延續和資金流向反轉。

這些警告並非來自邊緣的批評家或黃金的多頭投資人，葛林斯班和拉加德是國際貨幣菁英的中流砥柱，他們正在警告這個體系將無以為繼，重開機即將發生，而黃金可能是重開機討論中的一部分，儘管黃金不太可能是菁英的第一選擇。知名經濟學家謝爾頓（Judy Shelton）也已在她二〇一八年的文章〈新國際貨幣體系勢在必行〉中，呼籲舉行新國際貨幣會議[77]。她寫道：「今日川普有迫切的政治、經濟和戰略理由，發起和建立一套新的國際貨幣體系。」唯一的問題是，會議是要由一個積極主動的強權來帶頭——也許是川普——還是要等到一場新恐慌出現，強迫菁英在極度不利的條件下才採取行動。

如果川普主動召開一場新國際貨幣會議，他的會議場所是現成的——一九二七年由波斯特（Marjorie Merriweather Post）在佛羅里達棕櫚灘興建的海湖莊園度假中心，現在是川普擁有的一個國家歷史名勝。選擇海湖莊園將有一點諷刺，因為一九四四年布列敦森林會議的地點新罕布夏州的華盛頓山飯店也是一個美國的國家歷史名勝，由小羅斯福的私人朋友新罕布夏州參議員托比（Charles Tobey）擁有。在決定布列敦森林地點前，凱因斯懇求他的美國對手懷特不要在華盛頓特區舉行會議，因為凱因斯有心臟病，無法忍受冷氣機還未發明前華盛頓夏季的燠熱。凱因斯的要求被接受，因而選擇了新罕布夏涼爽的懷特山。如果凱因斯今日還活著，無疑的他也會喜歡海湖莊園涼爽的海風。海湖莊園華麗的鍍金裝飾會議廳，與一九二二年熱那亞會議地點那建於十三世紀的義大利聖喬治宮也有幾分相似。

貨幣菁英的觀點

宣稱不會發生全球貨幣重開機，無異於宣稱全球菁英已達成永久的貨幣涅槃狀態。這不是真的。今日的國際貨幣體系是浮動匯率、強勢貨幣掛勾、管制貨幣掛勾、貨幣戰、開放和關閉資本帳，以及世界貨幣等著上場的拼接物。它是沒有錨定且不協調一致的。

「不協調一致」是前聯準會主席柏南克和前ＩＭＦ代理總經理李普斯基（John Lipsky）在不同場合與我談話的用語。二〇一五年五月二十七日，我和柏南克在南韓首爾談話，幾個月後又在紐約市和李普斯基談話，兩個人都用這個詞來描述國際貨幣體系。我從未在公開場合聽到他們用這個詞，我相信用那個詞沒有經過排演，也不是巧合。兩位最高層貨幣菁英用相同的詞描述這件事，顯示那是菁英圈熱門的討論主題。

柏南克和李普斯基說不協調一致的意思是，這個體系沒有錨定，也就是對用來判斷貨幣價值的參考點或標準沒有普遍的共識。你可以比較每一種貨幣與另一種貨幣，但無法以目前遊戲規則下的客觀標準來判斷任何貨幣。

錨定和以客觀標準來衡量貨幣價值的問題在幾百年前已用金本位解決。在十七世紀前，黃金和白銀即是貨幣，不需要以紙幣作為參考點（除了古代中國的紙幣體制，該體制後來以災難結束）。從十七世紀開始，以黃金擔保的紙幣和金幣同時流通，最後黃金擔保被取消。正如我們看到的，這也分階段發生在一九一四年到一九七一年，讓一般市民幾乎沒有察覺。美國在一九三三年立法禁止市民私人擁有黃金，商業銀行在一九三四年被迫把持有的黃金交給央行。但美國與外國貿易夥伴仍維持金本位，聯準會必須以至少四〇％黃金擔保美元。被稱作「保護」的黃金擔保在一九四五年降低到二五％。一九六五年，聯準會的存款完全取消黃金擔保，而在一九六八年，聯準會紙鈔的黃金保護降至零。最後在一九七一年，尼克森停止外國貿易夥伴以美元兌換黃金。

李普斯基和柏南克都不希望回歸金本位。事實上，今日世界很少有主流經濟學家偏好金本位。這引發一個問題，如果你不使用黃金，但希望主要準備貨幣有錨定，那麼你會提議哪一種錨定？這是討論開始分歧的地方。那些批評不協調一致的人對如何為國際貨幣體系找尋合適錨定的難題沒有解答。

二〇一七年二月十五日，我在紐約市一個小聚會和前財政部長蓋納（Time Geithner）私下談話。我直接問他對下一次貨幣危機有什麼計畫，包括全球貨幣重開機的可能性。我指出聯準會在二〇〇八年的危機後一直未設法削減其資產負債表，截至二〇一七年初，資產負債表仍然接近二〇一四年底的約四．二兆美元。我質疑聯準會在新危機時能否把它的資產負債表再擴大為四倍，就像它在二〇〇八年危機後所做的那樣。我直截了當問蓋納他是否相信必要時IMF會印製數兆美元的特別提款權（SDR），以挹注國際貨幣體系的流動性。那將需要IMF主要會員國達成共識，而這個程序本身將包含舉行一次國際貨幣會議。

出乎我的意料，蓋納對IMF拯救世界的想法大澆冷水。他說：「我們在二〇〇八年後試過，結果不怎麼好。」蓋納說的對。在二〇〇九年八月和九月，亦即二〇〇八年恐慌最危急階段過後近一年，IMF發行一千八百二十七億單位的SDR（以今日SDR／美元匯率計算價值二千五百五十億美元）。大多數市場參與者幾乎沒有注意到這次發行，而且它對刺激世界經濟成長毫無作用。部分問題是這次發行是在恐慌已經平息很久，甚至是在美國的復甦已經展開後。此外，發行的額度相對很小，遠少於聯準會與歐洲央行和其他央行安排的十兆美元換匯，以及聯準會在第一輪和第二輪量化寬鬆時印製的一兆美元鈔票。儘管如此，時機太遲和金額不足並不表示SDR無法發揮作用。

我繼續追問蓋納：「如果無法擴大它的資產負債表，IMF發行SDR又效果不彰，那麼聯準會和其他央行將如何因應新的全球流動性危機？」蓋納停頓一會兒，看著我說：「擔保。」換句話說，蓋納預期在新危機出現時，財政部或聯準會將藉由擔保存款和帳戶餘額，來阻止銀行擠兌和貨幣市場基金的贖回潮。

蓋納的回答很直率，但我對他的提議相當懷疑。擔保在二〇〇八年行得通，是因為私人信用發生擠兌，而政府有能力用公共信用和擔保來作為私人信用的後盾。下一次危機的情況將不同。今日的投資大眾和市場參與者理所當然地認為政府會紓困銀行（即使那表示將採用新的「內部紓困」規定來把存款轉換成權益）。但誰來紓困政府？下一波危機的特性將是對政府本身、央行和法定貨幣的信心崩潰。當政府自己的信用被質疑時，政府如何擔保自己？

最後，二〇一八年五月三十一日，我在香港與李普斯基有一個小時愉快的對話，他是唯一領導過IMF的美國人。這是我從二〇一五年與李普斯基在紐約及後來在華盛頓特區的一個場合對話後，第三次與他討論，也是最深入的一次。李普斯基不像蓋納那樣出名，但他可能是比蓋納更有權力的人，因為他曾經掌握IMF印製世界貨幣SDR的大權。

李普斯基是出身史丹福大學的博士經濟學家，一九七四年在IMF展開他的職涯，並在那裡任職十年，變成IMF的頂尖匯率監管專家。一九八四年他加入所羅門兄弟公司（今日的花旗銀行），與有「末日博士」之稱的傳奇人物考夫曼（Henry Kaufman）共事，最後擔任該公司的首席經濟學家。一九九七年他離開所羅門，出任摩根大通首席經濟學家。二〇〇六年，他回到IMF擔任五年任期的第一副總經理。

李普斯基擔任第一副總經理是歐洲和美國間不成文協議的結果，這項協議在一九四四年的布列敦森林會議達成。該會議設置的機構及安排包括IMF和世界銀行，都是根據美國偏好的方式建構。當時的想法是美國的經濟權力太大，必須與歐洲分享權力，因此由美國人掌管世界銀行，但美國人將不得擔任IMF首長。IMF的最高職位總經理將保留給歐洲人，而第二高的職位第一副總經理則由美國人擔任。實際上第一副總經理是美國在IMF的耳目，因為最高職位由歐洲人擔任。李普斯基擔任第一副總經理期間，在二〇〇九年IMF發行一千八百二十七億單位世界貨幣SDR的決策中扮演了重要角色。

這種安排持續到IMF總經理史特勞斯康（Dominique Strauss-Kahn）二〇一一年五月十四日以性攻擊和企圖強暴的罪名遭紐約市警察局逮捕為止。史特勞斯康在幾天後的五月十八日辭去總經理職位，由於事發突然，IMF的執行委員會沒有充分時間考慮繼任者，所以第一副總經理李普斯基被推選為代理總經理，成為僅有的一位曾領導IMF的美國人。李普斯基在二〇一一年八月底從IMF退休，把剩餘職涯貢獻給學術。

我在二〇一八年五月在香港和李普斯基的會面很美妙，世界上沒有其他人比他了解更多IMF的內部運作，和在全球貨幣重開機中如何使用SDR提供全球流動性。我得到的是第一手的重開機操作手冊。

在二〇〇九年以前，IMF從一九八一年後就未發行過SDR，儘管一九八二年、一九九四年和一九九七年發生了嚴重的新興市場危機。好嘲諷者可能說IMF從未發行SDR來挽救新興市場，卻在二〇〇九年發行SDR拯救已開發市場。李普斯基強調在IMF要達成SDR相關事務的共識困難重重，除非發生危機，否則要發行SDR作為全球貨幣重開機的部分措施可能性很小。換句話說，ＩＭＦ不會在新貨幣會議上主動提議重開機，但可能在新恐慌發生時被動地安排重開機。

我問李普斯基他對蓋納批評二〇〇九年的ＳＤＲ發行，和質疑ＩＭＦ在危機中發揮作用的能力有什麼看法。李普斯基幾乎咆哮著說：「你看過他的書嗎？」他接著說：「蓋納在財政部工作和進入聯準系統中間曾經任職於ＩＭＦ。我不知道怎麼回事，但他當時過得不愉快，所以對ＩＭＦ批評很多。」

蓋納從二〇〇三年到二〇〇九年擔任紐約聯邦銀行總裁，並在二〇〇九年一月二十六日出任財政部長。他之前在財政部的職務是從一九九八年到二〇〇一年擔任負責國際事務的財政部次長。從二〇〇一年到二〇〇三年，蓋納任職於ＩＭＦ，也就是李普斯基指的那段期間。

李普斯基沒說錯，蓋納的書《壓力測試》（*Stress Test*，二〇一四年）中寫到：

> 比起財政部，ＩＭＦ是一個較正式而無趣的地方[78]。有開不完的會議、讓人喘不過氣來的繁文縟節、獨斷而瑣碎的執行委員會、讓人吃不消的文書作業、不同的山頭之間有許多派系衝突……步調比我過去的習慣緩慢得多……ＩＭＦ裡充滿聰明而專注的人，但很少人有像政府官員承擔決策責任的經驗。那裡有無盡的報告和官僚程序，還有沒完沒了的討論。

這只是蓋納一九九七年到一九九八年任職財政部期間處理新興市場危機時，苛毒批評ＩＭＦ的一個小例子。

研究文獻與推論不足以預測ＳＤＲ未來的發展。當我與柏南克、蓋納和李普斯基一對一談話時，他們私下描述的情勢令人對全球貨幣重開機將如何演變感到不安。在川普宣稱的國家主義者和美國優先的觀點下，他對ＩＭＦ的評價不太可能比蓋納好；我們幾乎可以肯定他的評價會更差，而且在全球金融危機和流動性緊縮中，不會願意提供緊急資金給ＩＭＦ和ＩＭＦ的夥伴國家。如果川普召開新國際貨幣會議，較可能的是他會直接與全球領袖交涉，而不會透過ＩＭＦ的體制性管道。這個方法較符合川普避開官僚程序和把個人置於程序之上的特殊個人風格。

我從與全球貨幣菁英的談話發現，像財政部、聯準會和ＩＭＦ等機構在文書上很有權力，但它們的運作不良，且執行緩慢。與我談話的領袖都不認為全球貨幣重開機即將發生。當新全球金融恐慌爆發時，將沒有人掌控大局。在這種情況下產生的解決方案比較可能是一套特殊方案，而非深思熟慮的體系。

理想的結果將是一場海湖莊園貨幣會議，由川普召開，並由全球十大經濟體參與（美國、中國、日本、德國、英國、法國、印度、義大利、巴西和加拿大），它們佔全球ＧＤＰ的八〇％和約一半的全球人口。其他席位將給黃金或石油強權，包括俄羅斯、墨西哥、奈及利亞、印尼、荷蘭和沙烏地阿拉伯，這些國家將為人口代表性增加七億人。邀請的國家還可更多，但對話將由上列的「十六國集團」控制。會議議題將是為世界貨幣體系建立一個錨定，而非為單一貨幣或一組貨幣。這個錨定可以是黃金、與黃金掛勾的SDR，或是以一籃子商品定義的一種新世界貨幣（「新班科」）。外匯準備仍然可以採用主要貨幣，但世界貿易和國際收支義務將以錨定單位來計算和結算，去除貶值貨幣和貨幣戰的誘因。石油將以錨定單位計價，更進一步結束石油美元的安排和美元霸權。由於將有無數技術問題必須解決，所以在最終計畫實施前可能需要數年的研究時間。在研究期間，參與國將有時間適應實施前的「影子錨定」。

在目前的貿易貨幣戰環境下，召開這種會議的可能性很小。矛盾的是，貿易和貨幣戰的徒勞無功可能反而變成會議的觸媒。較可能的結果是持續的混亂直到嚴重的危機發生，但一場正式的貨幣會議不是唯一能讓體系重開機的方法。替代方法包括一種數位金本位制、與黃金掛勾的SDR，以及一種與黃金掛勾但不使用黃金的貨幣。這些替代方法特別有趣的是，它們可以片面和隱密地實行，至少在初期階段如此。以下將探究這些替代方法。

加密黃金

世界上最不諱言要推翻美元霸權的兩個國家，就是過去十年比其他任何國家都收購更多黃金的俄羅斯和中國。它們想埋葬美元的計畫已經從幻想進展到積極的行動。

它們的方法很直接。俄羅斯和中國都在發展一種以許可制、層層加密的數位分類帳為基礎的專屬加密貨幣。它們都很清楚盧布或人民幣都不具備準備貨幣地位所需的元素，包括深廣的流動性債券市場和良好的法治。但這些元素可以藉由創造一種具備這種元素的新貨幣而快速獲得。它們的計畫將如此進行：

俄羅斯和中國將聚集它們的官方黃金（約五千噸，佔全世界官方黃金約一五％），存放在瑞士的非銀行金庫，受瑞士法律管轄。它們將邀請其他國家參與這項計畫，並且也存入黃金。另一方面，俄羅斯和中國將在它們的分散式帳本下推出一種新數位貨幣。這種新貨幣（暫且稱它為「普貨幣」或「習貨幣」）將以一單位貨幣等於一單位SDR的匯率與SDR掛勾。新貨幣的單位數可以根據新存入的黃金，或根據自願創造以新貨幣計價的信用而加以擴增。管理分散式帳本的理事會將決定有關加入計畫、黃金存放和貨幣供給等事宜。

計畫參與國之間將進行產品和服務貿易。身為成員國的北韓將銷售武器給伊朗、中國將銷售基礎設施給俄羅斯、伊朗和俄羅斯可以銷售石油給中國，而中國人可以到土耳其度假等等。這些交易在地方上可用任何貨幣交易，但由參與國央行為了國際收支的目的而轉換成新數位貨幣。數位貨幣餘額將定期計算並結算，淨餘額將以IMF每日公布的SDR匯價換算實體黃金價格來結算。黃金可以運送給應付餘額持有者，或者在瑞士金庫重新分配而無需實體轉移。這套系統將結合最古老形式的貨幣（黃金）與最新形式的貨幣（分散式帳本上的電子貨幣）。重要的是，對俄羅斯、中國和其他參與國來說，這套系統將不牽涉美元。

這套分散式帳本貨幣體系可能隨著印度和巴西等經濟強權被它使用上的方便性和不牽涉美元吸引而快速成長，中國和俄羅斯將藉由要求較小的貿易夥伴使用新系統來推廣它。它們可能對沙烏地阿拉伯和澳洲等主要商品出口國施壓，要求以新數位貨幣進行交易。淨貿易收支餘額可以在需要時藉出售實體黃金餘額來轉換成美元。新數位系統將可藉這個方法，透過黃金的中介與既有的美元體系接軌。

嘗試建立分散式帳本加密貨幣的不只有俄羅斯和中國。一種新類型的全球加密貨幣也正在建立中，將由IMF和多國央行控制其許可制分散式帳本。IMF在二〇一八年的報告〈數位時代的貨幣政策〉中提到：

> IMF總經理拉加德[79]去年在英格蘭銀行的演說中表示，「央行最好的對策是……在經濟的演進中對新創意和新需求保持開放」……政府當局應規範加密資產的使用，以避免監管套利和任何有不公平競爭優勢的加密資產可能從鬆弛的監管中衍生。這表示……有效地對加密交易課稅……央行應致力於提高使用其貨幣作為結算工具的吸引力。例如，央行可以讓其貨幣在數位世界的使用更友善，方法是發行自己的數位貨幣以輔助實體現金和銀行準備。這種央行數位貨幣可以透過分散式的點對點進行交易，就和加密資產一

樣。

這份ＩＭＦ報告應該被視為對非政府加密貨幣的宣戰，和一項呼籲創設由政府控制的加密貨幣的宣言。其結果之一可能是一種由ＩＭＦ管理的電子ＳＤＲ，可以供持有ＳＤＲ的ＩＭＦ成員國彼此交換和在次級市場中交易。一旦為了平息全球金融危機而大規模發行ＳＤＲ時，這種電子ＳＤＲ應可加快發行和轉移給受影響國家的速度，就像萬一火災失去控制，一個城鎮的消防車可以疾馳到另一個城鎮滅火。

在俄羅斯、中國和ＩＭＦ籌劃數位貨幣的同時，其他更奇怪的事件也正在世界貨幣領域進行著。

ＳＤＲ和黃金

全球貨幣重開機已經發生了嗎？

一位名叫包爾（D. H. Bauer）的通訊記者指名我收件的一份研究報告，引起我對這種可能性的警覺。包爾的研究一開始就解釋，在他寫報告那天，黃金的美元價格為一盎司一千二百六十美元。我們從黃金的美元價格考慮在特定日期的黃金是「漲」或「跌」，例如每盎司漲跌十美元。當我們這麼說時，實際上指的是美元和黃金的交叉匯率。

接下來，我們看ＳＤＲ的美元價格，這個交叉匯率由ＩＭＦ每天加以計算並公布。在寫作本書的這個章節時，一單位ＳＤＲ等於一．四〇六五七〇美元。這個匯率每天改變，和任何浮動匯率一樣。包爾拿已知的美元／黃金和ＳＤＲ／美元匯率，並用遞移律計算「ＳＤＲ／黃金」這個通常未出現在交易螢幕上的匯率。然後他畫出兩者從二〇一四年十二月三十一日到二〇一八年三月三十一日的時間序列價格，並加上趨勢線。這個圖包括一條對應於二〇一六年十月一日的垂直線，那是人民幣被正式納入ＳＤＲ一籃子主要貨幣的日期，其他貨幣為英鎊、日圓、歐元和美元。這些數據和圖形顯示，在中國加入ＳＤＲ前，黃金的美元價格和黃金的ＳＤＲ價格呈現波動，且彼此高度相關。中國加入ＳＤＲ後，黃金的美元價格依舊波動，而黃金的ＳＤＲ價格的波動遠為平穩。

重要的是，ＳＤＲ／黃金的趨勢線是一條幾近水平的線。以ＳＤＲ計價的黃金一直在八百五十到九百五十單位ＳＤＲ的狹窄範圍交易，區間幅度為一一％，也就是在九百單位ＳＤＲ的中心趨勢上下五．五％波動。這個價格呈現出均值回歸。當黃金上漲到九百五十單位ＳＤＲ時，它迅速朝向九百單位下跌。同樣的，當黃金跌到八百五十單位ＳＤＲ時，它反轉漲向九百單位。除了二〇一六年十月一日外，沒有價格超越這個範圍。這個價格區間在二〇一七年年初縮小，維持在八百七十五到九百二十五單位ＳＤＲ的範圍，整個區間為五．五％，即中心價格上下各二．七五％。縮小的區間是貨幣掛勾的指標。第一個關聯的暗示是ＳＤＲ與黃金的掛勾一直是以九百單位ＳＤＲ兌一盎司黃金，這意味一種非與美元掛勾的新金本位，而是與ＩＭＦ的世界貨幣掛勾。全球貨幣重開機可能已經在未經正式會議或宣告下發生。九百單位

SDR兌一盎司純金就是新的貨幣基準。

SDR／黃金匯率的低波動性（相對於過去的高波動性）出現在二〇一六年十月一日。在人民幣加入SDR後幾近直線的SDR／黃金趨勢，如果不是有干預因素或操縱幾乎不可能存在，這種情況隨機出現的機率極其微小。SDR／黃金在二〇一六年十月一日後水平的趨勢線是自迴歸的例子，它只出現在有遞迴函式（反饋迴圈）或操縱的情況下。在SDR／黃金的例子中，我們可以排除遞迴函式，因為在相對自由市場的黃金交易取決於供給和需求。我們也可以排除隨機性，因為它在統計上可能性極小。那麼SDR／黃金平直的趨勢線就只剩下操縱的解釋。

如果黃金的SDR價格跌到九百單位SDR以下（顯示強勢SDR和弱勢黃金價格），操縱者便買進黃金、賣出美元，並買進組成SDR的非美元貨幣。如果黃金的SDR價格漲到九百單位SDR以上（顯示弱勢SDR和強勢黃金價格），操縱者便賣出黃金、買進美元，並賣出組成SDR的非美元貨幣。藉由監視市場和持續在黃金與貨幣的公開市場操作，操縱者可以維持這種掛勾。全世界只有四個機構有資源進行能發揮影響的操縱：美國財政部、歐洲央行、中國國家外匯管理局和IMF。只有它們有足夠的黃金和硬貨幣（或SDR）來進行價格掛勾所需的大規模公開市場操作。

我們可以從嫌疑名單剔除美國財政部和歐洲央行，因為這兩個機構對它們持有的總黃金、外匯準備和準備中的SDR組成都相對透明（就歐洲央行來說，這個數據要觀察包括德國和法國等主要數字）。如果美國財政部或歐洲央行進行這類公開市場操作，黃金和ＳＤＲ組成貨幣的改變將出現在官方報告中，但實際數字並未出現任何大幅波動。那就剩下中國國家外匯管理局和ＩＭＦ，兩個機構都不透明。中國擁有約二千噸黃金，甚至更多——中國未揭露超過的部分。除了ＩＭＦ提供給成員國的官方配置外，中國也從次級市場取得ＳＤＲ。ＩＭＦ擁有二千八百一十四・一噸黃金，並可由執行委員會授權印製無限數量的ＳＤＲ。ＩＭＦ授予貸款並回收ＳＤＲ計價的本息，而ＩＭＦ成員國可以透過祕密交易廳交易ＳＤＲ。主要央行透過國際清算銀行暗中交易黃金（國際清算銀行在二次大戰期間也交易納粹的黃金）。那些控制ＩＭＦ的國家也暗中控制國際清算銀行。中國也可以在上海和倫敦的公開市場以人民幣或美元買進或賣出黃金，並可透過ＩＭＦ以人民幣或美元買進或賣出ＳＤＲ。中國可以透過銀行的外匯交易廳分別買進或賣出ＳＤＲ的一籃子貨幣。

九百單位ＳＤＲ兌換一盎司黃金的目標價格很有趣，其中暗含對美元前景的不利想像。目前ＩＭＦ成員國持有ＩＭＦ發行的所有二千四十二億單位ＳＤＲ，而ＩＭＦ擁有二千八百一十四・一噸黃金，相當於九千四十七萬五千二百八十四・八七盎司。如果ＩＭＦ有意讓ＳＤＲ變成以四〇％黃金擔保的唯一全球準備貨幣——和美國在一九一三年到一九四五年用以擔保美元的黃金比率一樣——那麼隱含的ＳＤＲ兌黃金價格將等於0.40×（204,200,000,000÷90,475,248.87），也就是ＳＤＲ的數量除以ＩＭＦ持有黃金的盎司數量，再乘以四〇％。得到的數字是每盎司九百零二・八單位ＳＤＲ，幾乎等於每盎司黃金為九百單位ＳＤＲ的掛勾匯價。

沒有證據顯示ＩＭＦ正實施ＳＤＲ／黃金掛勾匯價。ＩＭＦ持有的黃金從二〇一〇年以來維持不變，而美國或德國不可能允許實施黃金掛勾操作。相反的，有強力證據支持中國是掛勾背後推手的看法。這很諷刺：ＳＤＲ在一九六九年創立時，它剛開始是與黃金掛勾，並定義為以黃金定價（一單位SDR = 0.88867公克黃金）。這個掛勾很快被放棄，連美元與黃金的掛勾（一美元 = 0.02857盎司黃金）也遭放棄。現在ＳＤＲ／黃金的掛勾已起死回生，雖然黃金價格已上漲許多。

由於ＳＤＲ與黃金的掛勾是非正式且未宣告的，它可以被任意放棄。而且這個掛勾被放棄可能比預期早，因為支持這個掛勾的中國忘了一九二五年的教訓，當時英國以高估的英鎊價值回歸英鎊的金本位，其結果是英國在大蕭條前陷於災難性的通貨緊縮。同樣的，中國支持以九百單位ＳＤＲ兌一盎司黃金的掛勾匯價過於便宜以至於難以維繫，因為黃金供應太稀少而ＳＤＲ的供應卻日增。更重要的是，ＩＭＦ在下一波全球金融危機將印製數兆單位的ＳＤＲ，結果將證明極具通膨性，除非ＩＭＦ以收回黃金來限制ＳＤＲ的分配。中國將必須出售珍貴的黃金準備以維繫九百單位ＳＤＲ的掛勾，這將重蹈美國從一九五〇年到一九七〇年耗費一・一萬噸黃金準備以維繫布列敦森林協議以高估的美元掛勾黃金的覆轍。儘管如此，這是一個歷史發展的趨勢。即使這個掛勾無法長期維持，它是中國明確地押注在ＳＤＲ和黃金而非人民幣或美元的短期訊號。全球貨幣重開機的一個重要支柱似乎已經具備。

沒有黃金的金本位

一個不管IMF有沒有參與的國際貨幣會議，或者一種SDR／黃金的掛勾匯制，都不是全球貨幣重開機的唯一途徑。尋求穩定的國家可以片面採取行動，製造促成一套全球貨幣體制興起的網絡效應，建立類似於一八七〇年到一九一四年間盛行的古典金本位的制度。可不可能一個只有很少或沒有黃金的國家在發行貨幣時採用金本位制？奇怪的是，答案是肯定的，只要該國的貨幣不是美元。

一個想讓它的貨幣與黃金掛勾的國家，只需要以黃金的重量為其貨幣計價，並讓該國貨幣兌換美元的匯率自由浮動。該貨幣的持有人若想以掛勾匯率兌換黃金，可以出售該貨幣給發行國銀行以兌換美元，按交叉匯率計算後得出的美元可以用市價購買所掛勾的黃金數量。比起單純轉換地方貨幣為黃金，這個兩步驟的程序有交易成本和摩擦。但這些摩擦可以藉一個實體黃金交易所提供批量折扣、加快程序，和為貨幣賣方帳戶迅速運交安全的非銀行儲藏所的安排而降低。地方貨幣和黃金的中介必須以非美元進行，這可以透過流動性高的黃金市場所接受的任何貨幣達成。上海黃金交易所可以提供這種服務。黃金擔保貨幣的持有人可以透過安排，賣出該貨幣給發行央行以換取人民幣，按交叉匯率計算獲得的人民幣可以用市價購買的黃金數量，等於該貨幣與黃金掛勾的黃金數量。上海黃金交易所將很歡迎這種安排，因為這可促進人民幣的國際化，同時提高該交易所本身的流動性。只要人民幣／黃金的流動市場存在，這種安排也可給該貨幣的發行央行一種美元（或歐元）以外且具吸引力的準備部位選項。

我稱這種非美元發行的事實金本位為馬來西亞計畫，也就是馬來西亞前首相和我寫作本書時的現任首相馬哈迪（Mahathir bin Mohamad）提出的計畫。馬哈迪是堅定的貨幣戰士，他在一九九七年九月香港舉行的IMF年度會議與索羅斯（George Soros）和眾多國際銀行家激烈爭辯。這場備受矚目的爭辯發生在始於六月的亞洲金融危機的最高點。後續的擠兌式貨幣崩盤在泰國、印尼、馬來西亞和南韓爆發，繼之俄羅斯和巴西也捲入類似的崩跌。當時出身醫生而非經濟學家的馬哈迪，徵詢他身邊的顧問馬來西亞經濟的基本情勢是否已改變，在聽到否定的報告後，馬哈迪關閉馬來西亞的資本帳以避免倫敦和紐約恐慌的銀行家兌換馬國的外匯。他因此被索羅斯痛斥為「禍害」，並私下遭到IMF官員和已開發經濟體財長的貶抑。但馬哈迪成功地保護馬來西亞脆弱的外匯存底部位，而且馬國的資本帳最後仍重新開放。馬哈迪違抗國際貨幣菁英的主流觀點十年後，IMF改弦易轍說，在有些情況下——例如馬哈迪當時面對的——關閉資本帳是防止熱錢流竄的有效措施。馬哈迪領先一九九七年當時的許多人，他的行動如今已完全獲得平反。

馬哈迪在二〇〇三年結束他的第一次總理任期，是馬來西亞史上在位最久的總理。二〇一五年七月我在吉隆坡一個私人晚宴中與馬哈迪和一小群密友慶祝他的九十歲生日。當時他許的願是在一個國際貨幣體系動盪不安可能危害馬來西亞的世界中，為馬來西亞找尋一條最好的出路。那個生日晚宴是為期三天的閉門對話的一部分，我獲邀討論包括貨幣戰、IMF和系統風險在內的主題。

以馬來西亞為例，馬來西亞計畫的機制運作如下：

在撰寫此章節之際，美元－馬來西亞馬元（ringgit）的匯率為一美元兌四．〇二〇〇馬元。黃金的美元價格為每盎司一千二百六十八美元，換算黃金的馬元價格為每盎司五千一百馬元。假設馬來西亞政府宣布馬元以五千一百馬元兌一盎司黃金的固定價格與黃金掛勾的政策，那麼馬來西亞實施的將是固定匯率的金本位制。

現在假設黃金的美元價格上漲為每盎司一千三百五十美元，而有一個馬元持有者想以每盎司黃金五千一百馬元的固定匯率把馬元兌換成黃金。在這種情況下，央行將必須以三．七八〇〇馬元兌一美元的美元／馬元匯率（相對於宣布掛勾時的初始匯率四．〇二〇〇馬元兌一美元），把馬元兌換成美元。三．七八〇〇的新匯率提供了必要的美元以較高的黃金美元價格購買一盎司黃金，進而維持了五千一百馬元兌一盎司黃金的固定匯率。央行不需要黃金來維持黃金掛勾，而只要有足夠的美元來讓交易對手以五千一百馬元買到一盎司黃金。

主流貨幣菁英對新金本位制的反對很容易說明。任何固定匯率，不管是黃金、美元或另一種本位制，都妨礙央行透過通貨膨脹和貶值從市民竊取財富的能力。通貨膨脹式偷竊的模式，是菁英把財富轉移給自己和他們的國家機關以追求全球主義政策目標的關鍵。菁英也宣稱，在固定的匯率被認為不符合市價時，固定匯率制會導致貨幣發行國的強勢貨幣準備流失。固定匯率據稱會去除蒙代爾—弗萊明三角（Mundell-Fleming triangle）的一支腳，這個理論是說，同時採用固定匯率、獨立的貨幣政策，和開放資本帳是無法持續的。那將削弱政策的彈性，並迫使貨幣發行國若不是放棄獨立貨幣政策，就是關閉資本帳以支持聯繫匯制。最後一點，與黃金掛勾會提高貨幣對美元匯率的波動性，可能傷及該國的出口商。在前面的例子中，當黃金的美元價格從每盎司一千二百六十八美元漲至一千三百五十美元時，馬元從四．〇二〇〇馬元兌一美元也漲至三．七八〇〇馬元兌一美元，以支撐五千一百馬元兌一盎司黃金的掛勾匯率。這個變動與馬元的外匯價格上漲呈正相關。

這些反對意見很容易駁斥。菁英無法透過通貨膨脹和貶值來向市民竊取財富是這個計畫吸引人之處，而並非其缺點。與黃金掛勾不但不會消耗外匯存底，它帶來的穩定反而會吸引外匯交易，因為全球投資人將視它為投資像馬來西亞這種有高成長潛力的經濟體的機會，同時又能透過與黃金掛勾保存財富。因為黃金沒有收益或其他體制性限制而不會直接購買黃金的投資人，可以藉投資貨幣與黃金掛勾的經濟體而間接獲得黃金的好處。投資人不妨把它視為貶值貨幣的隱含保險。蒙代爾－弗萊明模型的反對意見只是轉移注意力，該模型不適用於黃金，因為沒有黃金的中央銀行也沒有黃金的政策利率可供熱錢套利。這種貨幣（在我們的例子是馬元）仍然對美元浮動，所以（對聯準會）獨立的貨幣政策和開放的資本帳在蒙代爾—弗萊明模型下完全可行。與黃金掛勾貨幣和美元之間匯率的波動性，比較可能是聯準會政策反覆無常的結果，多過於黃金或所牽涉貨幣本身價值的改變。最後，與黃金掛勾指出一種以投資導向、而非出口導向的方式看待新興經濟體的成長。用黃金衡量貨幣價值的穩定性可以吸引外來直接投資，並提供亞洲經濟體逃脫中等收入陷阱的出口（除了台灣、新加坡、南韓和更早的日本外，亞洲經濟體已陷入這種陷阱數十年）。當經濟體擺脫貧窮進入中等收入階段時，低附加價值出口是一條經濟死路。更上一層樓有賴於生產高附加價值的產品和服務，而做到這一步要靠投資而非低廉的貨幣。簡而言之，菁英的批評忽略了穩定貨幣的二階利益，並且誇大了他們宣稱以通膨和貶值貨幣取代永續成長的假利益。

在採用馬來西亞計畫的國家，央行可以藉由進行黃金的公開市場操作，降低該國貨幣對美元匯率的波動性。以馬來西亞為例，如果黃金的美元價格大幅下跌，假設跌到每盎司一千二百美元，造成馬元對美元匯價下跌（假設每盎司黃金為一千二百美元，且馬元對黃金的掛勾匯率為每盎司黃金五千一百美元，那麼馬元對美元將跌為一美元兌四．二五〇〇馬元），央行可用其外匯準備購買黃金，直到黃金漲回建立掛勾制初始的每盎司黃金一千二百六十八美元水準。這種黃金公開市場操作似乎違反直覺（它們牽涉在本國貨幣疲弱時花費美元準備），但長期操作下來將因為黃金交易獲利實現而使美元準備增加，然後增加的外匯準備將可在必要時用來保衛馬元—黃金的掛勾。相反的，如果黃金的美元價格大幅上漲，將不需要進行公開市場操作，因為與黃金的掛勾匯制將因為馬元（或其他國貨幣）保持強勁（對美元）、而美元本身貶值（對黃金和對與黃金掛勾的貨幣）而證明是正確的。

採用馬來西亞計畫的國家有一個重要的好處，就是當兩個國家與黃金掛勾時，它們的貨幣也將透過單純的遞移而彼此掛勾。在上述的例子中，馬元與黃金掛勾，以5,100馬元兌1盎司黃金。如果印尼採用同樣方法讓印尼盾與黃金掛勾，以1,790萬印尼盾兌1盎司黃金（寫本章時的匯率為1印尼盾兌0.000071美元，且黃金的美元價格為每盎司黃金1,268美元），那麼馬元／印尼盾匯率將固定在1印尼盾兌0.000285馬元。這個馬元與印尼盾事實掛勾的匯率將可避免貨幣戰、降低交易成本，並促進這兩個重要新興經濟體間的跨境貿易和投資。如果這種作法擴大到一個三十或四十國的集團，類似一九一四年之前的金本位制可能興起，而且兩者將有兩個重要的不同點。這些參與國本身幾乎不需要有黃金，而是由市場透過美元／黃金交易的中介提供結算所需的黃金。美國將不參與其中。事實上，世界將以搭便車的方式，利用深廣、流動、美元計價的黃金市場來回歸金本位制，並可利用這些市場作為本國貨幣與黃金掛勾的中介。世界將押注美國將無法在成長疲軟、債務佔GDP比率接近歷史水準和不利的人口趨勢下，長期維持強勢美元（以黃金來衡量）和高實質利率。這是勝算很大的押注。馬來西亞計畫將證明是成功的計畫，因為機構投資人將把資產配置到採用黃金掛勾貨幣的國家，並避開那些不得不創造通貨膨脹以減少難以永續的債務負擔的經濟體。參與計畫的貨幣將組成一個合成的世界貨幣，它們彼此的固定匯率將使它們可以交互使用而降低貨幣貶值和貨幣戰的疑慮。

馬來西亞計畫是一個由下而上的自助模式，它的運作不依賴發行準備貨幣的央行或ＩＭＦ。這個計畫是新興經濟體擺脫ＩＭＦ欺凌和美元霸權，同時為機構提供有吸引力的投資環境的方法。這個計畫把價格調整的負擔從窮國轉移到富國（透過美元－黃金交易），並保護窮國免於透過貶值進行的沒收。

本章已說明多種全球貨幣重開機可能發生的方式，包括舉行新國際貨幣會議（不管是在協調一致或混亂的狀況下）、加密ＳＤＲ、與黃金掛勾的ＳＤＲ，以及與黃金掛勾的國家貨幣。還有其他重開機的方式，包括法幣ＳＤＲ，或完全沒有全球準備基準的各自為政結果。全球貨幣重開機即將來臨，現在缺少的是領導和遠見。

投資祕訣六

以實體黃金迎接資產擔保貨幣

在一九〇七年後的恐慌情勢下，摩根（John Pierpont Morgan）於一九一二年應傳喚到國會作證，主題是華爾街操縱市場和當時摩根公司（J. P. Morgan & Co.）的壟斷銀行事業。

在作證過程中，摩根發表了金融史上意義最深遠的談話之一。他在回答國會委員會律師恩特邁爾（Samuel Untermyer）詢問時的對話如下：

恩特邁爾：我想問你幾個有關你今天早上談到的控制貨幣的問題。控制信用牽涉到控制貨幣，對不對？[80]

摩根：控制信用？不對。

恩特邁爾：但銀行業務的基礎是信用，不是嗎？

摩根：不一定。信用是銀行業務的外表，但它不是貨幣本身。貨幣是黃金，其他的都不是。

摩根對「貨幣是黃金，其他的都不是」的看法很正確，這可從兩方面來看。第一和最明顯的是，黃金是一種貨幣形式；第二和較不明顯的是，「其他的都不是」這句話透露出，其他聲稱是貨幣的工具實際上是債務的形式，除非它們可以兌換黃金。

對黃金價格的中期預測是，金價在當前這波始於二〇一五年十二月的黃金多頭市場將漲到每盎司一萬美元。投資人應保持可投資資產的一〇%在實體黃金上，同時在投資組合中保留投資「紙黃金」的餘裕，其形式可以選擇ＥＴＦ和礦業股。

第一步是決定可投資資產。可投資資產與淨值不同，投資人應把生活中的住宅權益、事業權益和其他不流動或無形資產排除在外，別讓你的主要收入來源或你的住家承擔市場風險。把這類資產移除後，剩下的就是你的可投資資產，然後你應該把這個金額的一〇%配置在黃金。你的黃金不應該保存在銀行的保管箱或銀行金庫。你最需要黃金的時候，和政府下令銀行關閉的時候，兩者間有極高的相關性。把你的黃金存在非銀行的儲藏所。

下一步與黃金的美元價格預測將攀至一萬美元有關。這個預測很直接，聯準會從二〇〇八年到二〇一五年印製過多的鈔票，加上二〇一八年以後美國政府赤字預料在可預見的未來每年將超過一兆美元，和美國的債務佔ＧＤＰ比率幾年內將從一〇五%攀升到超過一一〇%，使外國投資人和美國民眾對美元的信心面臨崩潰的危險。信心崩潰不會憑空發生，它將與對所有主要準備貨幣的信心全面淪喪同時發生。這種信心淪喪將因俄羅斯、中國、土耳其、伊朗和其他國家惡意地完全放棄美元和繞越美元支付系統而惡化。原油定價從美元轉向ＩＭＦ的ＳＤＲ將是美元棺材的最後一根釘子。

到那時候，美國本身的因應措施或召開新的布列敦森林全球會議，都將尋求藉由黃金來恢復信心。一旦選擇這條途徑，關鍵的因素將是為黃金設定一個無通膨的價格，此舉既能恢復信心，而且不導致新蕭條。美國、中國、日本和歐元區的總Ｍ１貨幣供給為二十四兆美元，而這些國家的總官方黃金約有三．三萬噸。正如前面討論過，過去成功的金本位制需要四〇%的黃金擔保來維繫信心，二十四兆美元的四〇%等於需要價值九．六兆美元的黃金擔保來支持貨幣供給。以九．六兆美元除以三．三萬噸的可得黃金，算出的隱含黃金價格為每盎司略超過九千美元。設想全球Ｍ１貨幣供給繼續以超過官方黃金數量的速度成長，這個隱含價格將逐漸往上漲，每盎司一萬美元是黃金和央行貨幣間平衡關係的合理估計。投資組合的建議是把一〇%的可投資資產放在實體黃金，作為一種分散資源配置和投資組合的保險。以下的例子用以說明保險的概念。

為了簡化說明，假設整體投資組合包含一〇%黃金、三〇%現金和六〇%股票，比率可以改變，股票部分可以包括私募股權和另類投資。以下是一〇%的黃金配置如何用來保存財富：

如果金價下跌二〇%，對你整體投資組合的影響是下跌二%（二〇%×一〇%），這不是嚴重的損失，而且可以藉股票的績效彌補。相反的，如果金價上漲到每盎司一萬美元，這表示目前的價格獲得六五〇%的利得，為整體投資組合帶來六五%的利得（六五〇%×一〇%）。黃金上漲六五〇%與股票、債券和其他資產下跌之間呈現條件相關性。就這一點來說，假設一個類似於一九二九年到一九三二年大蕭條最嚴重時的狀況，當時股票下跌八五%。股票下跌八五%，將使你的投資組合損失略超過五〇%。

在這種情況下，黃金的利得（黃金利得六五〇%和整體投資組合利得六五%）將足以彌補佔投資組合六〇%的股票下跌八五%（股票損失八五%和整體投資組合損失五〇%）還有剩餘。三〇%現金配置的財富不變。

如果你的投資組合有六〇%下跌八五%（相當於大蕭條時股市的跌幅），而投資組合的一〇%上漲六五〇%（黃金在貨幣重開機時的預期漲幅），投資組合因為股票損失五〇%，但因為黃金獲利六五%。你的總財富獲得保存，甚至略微增加。在這個新蕭條的假想情況下，你的總投資組合表現是獲利一五%。這就是保險的作用。沒有黃金配置的投資人將損失慘重，有一〇%黃金配置的人將安度風暴，財富毫髮無傷。

| 第七章 |

哥吉拉

有限時間奇點（finite-time singularity）只是數學對成長公式的解決方案[81]……在某個有限時間變成無限大……這顯然是不可能的，而那就是有些事必須改變的原因。

——韋斯特（Geoffrey West），

《規模》（*Scale*），2017年

摩根大通對上哥吉拉

從我小時候在電視上看到一九五四年版的《哥吉拉》（*Godzilla*）電影後，我就一直是個哥吉拉迷。哥吉拉是一隻史前海怪，在第二次世界大戰後被核子輻射喚醒。哥吉拉一開始摧毀在海上的數艘日本漁船，後來一個偏遠小島的村民看到牠在岸邊。日本海軍派遣軍艦並以深水炸彈想摧毀哥吉拉，但牠逃過一劫。最後，哥吉拉在東京附近上岸，以牠巨大的身體和「原子吐息」蹂躪這個城市，然後又潛回東京灣。最後，日本科學家用一種先進的氧氣破壞裝置殺死海中的哥吉拉。儘管如此，日本科學家仍擔心持續測試核子武器造成的輻射可能再製造出新的哥吉拉。

哥吉拉的商業發行成功帶來日本和美國製片廠拍攝的一連串續集，包括一九五五年的《哥吉拉的逆襲》（*Godzilla Raids Again*），和一九六二年的經典《哥吉拉對金剛》（*King Kong vs. Godzilla*）。金剛是一隻巨大的大猩猩，最早出現在一九三三年的黑白片《金剛》（*King Kong*）。兩隻怪獸的受歡迎度歷久不衰，總共有三十九部哥吉拉電影和九部金剛電影被拍攝。

哥吉拉有多高？不同版本的電影有不同的答案。在初始的一九五四年電影中哥吉拉有一百六十四呎高，到了一九九八年重拍的電影裡已長大到一百九十七呎。迄今最高的哥吉拉是二〇一六年的《正宗哥吉拉》（*Gozilla: Resurgence*），此處牠是一頭三百八十七呎超級巨獸。

金剛有多高？答案也取決於你看的是哪一部電影。初始的金剛到了紐約時有二十四呎，奇怪的是牠在家鄉骷髏島時只有十八呎。等到勞倫提斯（Dino De Laurentiis）重拍金剛電影時，這隻大猩猩已長高到五十五呎。最大的金剛有一百四十七呎高，出現在《哥吉拉對金剛》，似乎電影製片人需要金剛強壯一點，以便與更大的蜥蜴怪獸哥吉拉決戰。

在這些不同版本的巨大蜥蜴和大猩猩電影背後，有一個有趣的物理學和生物學問題。地球上出現過真的金剛和哥吉拉嗎？今日地球上最高的陸上動物長頸鹿可以長到二十呎高，雖然較常見的大約十五呎。在海洋動物中，藍鯨是已知最大的，長度為一百呎。在已滅絕的動物中，雷龍可以長到七十二呎長，而暴龍從頭到尾四十呎長，以後腳站立時可達十二呎高。由於這些動物都是真的存在過，為什麼一百四十七呎的金剛或三百八十七呎的哥吉拉就不能是真的？

然而動物要超過二十呎高或一百呎長在物理上是不可能的，因為心臟血管系統超過這個規模將無法運作。藍鯨是我們曾經見過或未來可能出現的最大動物。這個結論背後的規模科學也提醒我們有關資本市場規模的問題，如果能對得到的答案迅速採取行動，或許可以避免毀滅。

讓我們先談談大小的限制。數學和分析是直接的，大型陸上動物以兩腳或四腳站立，而腳由骨骼支撐。骨骼能支撐多少重量？

為了便於分析，我們以房屋之類的簡單木頭結構為例，雖然這種分析適用於從摩天大樓到人類身體的所有結構。木梁結構的支撐強度增加是側邊橫截面長度增加的平方倍數，不管木梁的長度多少。例如，如果你把一根二乘四吋木梁的側邊增為兩倍，它的強度將增加四倍。強度增加倍數是大小增加倍數的平方，即二的平方等於四。

體積的增加則依循不同的法則。當一個結構的大小增加時，這個增加牽涉長、寬、高三維。同樣的，當一種動物大小增加時，牠的身體以長、寬、高三維擴大。如果你放大一個物體兩倍，得到的體積是增加倍數的立方，即二的立方等於八。

根據這些關係，問題就很清楚了。當一個物體的大小增長為兩倍，強度增加的倍數是二的平方，而體積的增加是二的立方。如果體積的增加比強度的增加快，一棟建築或一隻動物被自己的重量壓垮只是遲早的事。兩個函數以不同的指數增加，它們決定了自然或人造物體的最大規模和高度。

著名的物理學家韋斯特在他的書《規模》中說明這一點：

想想把一棟建築或一棵樹的高度增加十倍[82]，並保持它的形狀不變，那麼需要支撐的重量將增加一千倍（十的立方），而支撐它的支柱或樹幹強度將只增加一百倍（十的平方）。因此，安全地支撐新增重量的強度只要之前強度的十分之一。結果是，不管什麼結構，如果結構的大小任意增加，它終究會被自己的重量壓垮。規模和成長是有限制的。

這就是最高的摩天大樓愈接近頂層形狀愈尖的原因。變尖可以在高度愈高時減少增加的體積，讓結構可以支撐在高層以指數增加的體積。儘管如此，以立方增加的體積仍然大於以平方增加的梁橫截面，所以終究會達到根據強度和體積計算的規模限制。

那麼最大的動物的長度又如何？鯨魚有骨骼，但牠們支撐體重的方式與陸上動物不同。鯨魚在水中的浮力對支撐體重幫了大忙，不過，成長也有其限制。為什麼一條藍鯨不能長到二百呎或三百呎長？

要解答這個問題，物理學家會告訴你「終端單位」的概念。終端單位是較大生物的器官（或建築結構）和能源單位以最小規模傳遞的中介，對活的動物如藍鯨或人類來說，終端單位是血液細胞，它是個別細胞把以氧為形式的能源轉移給細胞和移走廢物的媒介。一條藍鯨的重量可能是一般人體重的二千倍，但藍鯨和人的血液細胞大小相同。不管有機體的大小如何，終端單位（血液細胞）的大小一樣，這個法則也適用於建築物。建築物的終端單位是燈、電腦、充電器和印表機接電的標準牆插座。不管你是考慮一層樓的房子或一百層的摩天大樓，終端單位（牆插座）的大小都相同。摩天大樓沒有巨大的牆插座，它們的牆插座和你公寓的一樣大。

終端單位雖然相同，能源到終端單位的距離可能不一樣。較大的結構或動物有以指數性增加的管子、電線、動脈或管道，讓能源從中心來源流到需要使用能源的地方。要通過這些管道，特別是分支的管道，就必須使用能源。當動物擴張尺寸時，用來移動血液到身體所有部分（終端單位）使用的能源量將超過可得的能源。這時候動物會死於所有組織缺氧。演化藉由確保動物一開始就不會長得太大來解決這個問題，因為牠們無法生存。這種演化的反饋迴圈是生長的另一個限制。

這可以藉藍鯨的循環系統來說明。藍鯨的心臟是中央幫浦，血液離開心臟後就快速且流暢地流過大動脈等大血管。但血管最後會縮小到微血管的大小，以通達組織中需要血中氧氣的終端單位。身體的所有部分必須接收這些血液細胞，否則將死於缺氧。動物愈大，就需要愈多連接點或分叉，以便血液從大動脈流到廣布各處的微血管網絡。每個連接點都有一些對血液流動的阻礙（事實上，心臟是對自己泵送血液），因此需要更多能源。如果泵送血液需要的能源超過血液中可得的能源，藍鯨將死於組織缺氧。科學家估計，根據心臟到微血管的距離和耗損的能量計算，哺乳類動物重量的極限約二十五萬磅，大約是一般藍鯨的大小。簡單的說，藍鯨是歷來最大的動物，因為牠是能源產出、投入和缺氧等限制下能夠存在的最大動物。同樣的，生長有其極限。

這些生物學和結構的認識與金融有什麼關係？韋斯特和他的同事研究的動物和結構，是複雜動力系統的例子，這類系統包括動物、森林、企業、城市和宇宙。資本市場是複雜動力系統的最佳例子之一，全球市場展現出與其他生物和人造複雜系統一樣的行為和限制。像藍鯨所呈現的大小限制，也適用於船舶、建築、友誼、自然和金融。堆積在山側的雪只能維持一段時間，雪堆就會開始不穩定並滑落成雪崩。一艘船只能這麼大，否則將傾覆和沉沒。銀行的資產負債表只能有這麼高的槓桿，否則信心將崩潰，銀行也將倒閉。韋斯特和其他人已辨識出許多系統成長限制的規模度量。金融的成長有什麼限制？

雖然複雜系統有獨特的性質（一片積雪與一片苔蘚不同，一片苔蘚又不同於鯨魚的血液循環），但它們都有一些共通的動力。它們展現多樣性，各部門互相溝通、各部分相互作用，以及有適應行為。它們展現突現的性質，一些無法從完全了解系統的各部分推測的行為會出現。它們展現出規模不變性，次單位幾乎完全模仿較大的單位，像是支流與大河，或者像樹枝和樹幹。能源投入增加比能源產出增加快，所以隨時需要新的能源來源（或效率）。更重要的是，極端行為或系統崩潰的風險是規模的超線性函數。

這些複雜系統動力的理論已經被提出，且展現在無數系統的驗證中。韋斯特和他的同事已證明，城市中加油站的規模與城市人口的相關性。比較人口規模與加油站數量的對數檢定力曲線斜率為〇．八五，這表示當人口規模增加一倍，加油站數量將增加八五％。比起加油站數量增加一倍——一個經濟規模的例子——這裡減少了一五％。每個加油站處理的顧客增多了。〇．八五的指數斜率的證明是它適用於所有國家不管規模大小的所有城市，如果你告訴韋斯特任何地方的城市名稱和大小，他就可以相當精確地告訴你該城市有多少加油站，唯一的根據就是這個檢定力曲線斜率。在自然和人造的系統中有無數類似的例子。

在加油站這個例子，科學家有一個規模度量（城市的人口數）和一個具體的檢定力曲線斜率（根據實證研究得出的〇・八五）。如果這兩者都沒有呢？如果你有一個以組成和行動為條件的複雜動力系統，但沒有普遍被認同的規模度量，也沒有對極端行為頻率的實證研究呢？這大概就是今日金融風險管理面對的情況。資本市場當然是複雜動力系統，它們展現出所有複雜性的條件，包括適度比例的多樣性、溝通、相互作用和適應行為。資本市場規模可以擴大或縮小，一如我們在二〇〇七年到二〇〇九年看到的情況，而且容易發生嚴重的崩潰，例如一九八七年、一九九四年、一九九八年、二〇〇〇年和二〇〇八年的例子。我們所不知道的是如何明確地衡量規模，和連結規模與崩潰的檢定力曲線斜率指數。

衡量資本市場規模的候選因素包括銀行資產的大小、衍生性金融商品的總名目值、資產集中在少數銀行、或有負債（結算所信用、擔保、選擇權等）、非銀行放款商、貿易額、環球銀行金融電信協會（ＳＷＩＦＴ）訊息流量，和其他衡量標準。許多因素的加權混合可能是最好的選擇。可能觸發市場崩潰的風險因素包括槓桿率、政府債務佔ＧＤＰ比率、政府赤字佔ＧＤＰ比率、實質利率、實質成長、名目成長、傳染、貿易戰、貨幣戰、信用利差和地緣政治震撼。使用預測分析科學的人尋找以規模衡量的臨界狀態，加上有兩個或更多的觸媒當作反饋迴圈中的力乘數（例如過度槓桿和資產價格下跌）。困難之處是，雖然這些因素都有專家個別追蹤，卻沒有人將這些因素整合成一個大拼圖，以捕捉預料之外的突現、放大、反饋和傳染。最具挑戰性的動力是資本市場本身相互作用的程度。

這把我們帶回到哥吉拉。在體積對應強度的指數和達到終端單位所需分支的規模限制研究中，韋斯特一直很審慎地說明，「當然，如果組成的物質沒有改變，所以密度也維持不變」，那麼規模的限制就適用。換句話說，只有在有機的身體部位相同的情況下，一隻一百呎的哥吉拉可以拿來與一隻三百呎的哥吉拉比較（前者是可能性微小，後者是不可能）。如果三百呎的哥吉拉是鈦和銅線製造的機器物，那麼就需要不同的因素分析；或者，如果一隻三百呎的哥吉拉用鋼製鷹架繫住，也許它就能直立。

金融中有隱藏的鷹架嗎？

像摩根大通這樣的大型金融機構是一個複雜實體，像是一個更廣大的資本市場。它有多樣性、溝通、相互作用和適應行為的特性，並展現突現的性質，例如二〇一二年五月突然出現六十億美元的交易損失，原因是一名綽號倫敦鯨的交易員伊科西爾（Bruno Iksil）進行的交易。伊科西爾交易的信用衍生性金融商品在一年間持續擴張，但缺少良好的監督導致損失出乎意料突現──複雜系統的典型行為。

就像藍鯨有終端單位血液細胞，銀行也有終端單位，那就是客戶。交易可能是自動提款機的一百美元，或企業帳戶的一千億美元，但銀行在每一樁交易面對的就是一名客戶。銀行的血液是錢。正如血液流過動脈和微血管，錢也流過支付系統，一直到自動提款機。血液攜帶以氧和營養素為形式的能量，並帶走廢物。同樣的，錢是儲存的能量。你支出勞動或資本形式的錢以便賺錢，並花錢藉由僱用勞工或投資廠房設備來釋放能量。錢是儲存的能量，用來推動資本主義經濟體。銀行提供的是心血管系統，讓錢流往各處。

哥吉拉無法存在，因為牠會因為自己身體的重量而倒地不起。沒有任何比藍鯨大的動物能存活，因為移動其血液所需的能量大於可得的能量。摩天大樓有不同於哥吉拉的高度－體積等式，因為它們以鋼鐵取代骨骼。儘管如此，它們的絕對高度和體積也有限制。銀行大小和規模的限制又如何？一家銀行的規模如果過大，會不會像一隻過大的哺乳動物被自己的重量壓垮，或因為缺氧而死？

我們對銀行規模是否過大沒有精確的度量方法，因為規模因素還沒有確定，且還沒有進行實證測試。財政部對銀行進行的所謂壓力測試大體上只是表演，採用的是靜態的資本適足率，在極端壓力下絕對不足。銀行會因為規模過大而倒閉的事實已經屢見不鮮。二〇〇八年，貝爾斯登（Bear Stearns）、美國聯邦貸款金融公司（Fannie Mae）、美國聯邦住屋貸款抵押公司（Freddie Mac）和雷曼兄弟，相繼在三月十八日到九月十五日間倒閉，原因是槓桿過高、傳染效應和信用利差——三個我們的規模度量指標。雷曼兄弟倒閉後，摩根士丹利也岌岌可危，高盛（Goldman Sachs）和其他主要銀行眼看要步上後塵。這足以證明個別的銀行和整個銀行體系已發生體系性的缺氧，它們已沒有氧氣可吸，即將死亡。只有政府採取存款保證、貨幣市場擔保、定期貸款和數兆美元換匯形式的干預，才能夠支撐銀行體系還未坍塌的部分。把大銀行想成是搖搖欲墜的哥吉拉，聯邦政府看成是支撐牠的鷹架，用來支撐過度龐大的銀行。

一旦銀行四周的鷹架撐住，除非銀行縮小或倒塌的風險被接受，否則無法移除鷹架。聯準會無法逃避這個問題。如果銀行的衍生性金融商品只是被轉移到由同樣這些銀行擔保信用的結算所，那麼降低衍生性金融商品曝險無法降低系統風險。當槓桿仍然太高和信用風險被有缺陷的模型低估時，增加銀行資本無法減輕風險，頂多只是拖延幾天以想出救援方法。聯準會為像摩根大通這類銀行架設的鷹架不能移除，更糟的是，聯準會容許哥吉拉銀行變得更大，大到讓它們被自己的重量壓垮，並帶著支撐它們的鷹架一起倒塌。

中產階級力士

你有多常聽到人們怨嘆「中產階級之死」？「死」和「中產階級」沒有明確定義，但大家都了解它們的意思。富人無疑的更富有了，窮人卻為三餐奔勞。在此同時，中產階級的成員辛苦工作以支撐家庭、繳納大部分的聯邦所得稅，在他們工作年齡期間很少得到聯邦的支援，似乎承擔了社會的大部分重擔。

中產階級並沒有消失，美國可能有一億人符合中產階級成員的定義，但他們正在用盡力氣保住這個地位，感覺只要稍一鬆懈就可能跌出中產階級之外。美國中產階級的這種不安全感對投資人應該是一個警訊。中產階級和更廣大的社會未來經濟前景並不樂觀，中產階級的個別成員可能無力扭轉這個趨勢，因為他們沒有政治權力，加上菁英又漠不關心。

中產階級沒有標準定義。不過，有幾個學術模型可供參考，其中一個模型由比格利（Leonard Beeghley）在他的書《美國的社會階層結構》（*The Structure of Social Stratification in the*

United States，二〇一六年）中提出[83]，把美國社會分成四類人：富人（五%）、中產階級（四五%）、勞工階級（四〇%）和窮人（一〇%）。在這個分類中，富人的地位（年收入超過三十五萬美元）和窮人的地位（生活在貧窮線下）不言而喻，但兩個居於中間的類別可能被一些分析師認為都屬於中產階級。富人的淨值為一百萬美元以上，不過，這些淨值大部分是流動性低的住宅權益。有一百萬美元住宅權益的人可能自認為「上層中產階級」，他們算不算富有還得看他們住宅的區域。同樣的，比格利定義的勞工階級包括一年賺四萬美元的人，他們可能自認是「下層中產階級」。如果採用這些擴大的定義，中產階級可能佔人口的八九%，其餘則是一%的極富族群，和一〇%的貧民。

另一個分類由威廉·湯普遜（William Thompson）、蜜卡·湯普遜（Mica Thompson）和希凱（Joseph Hickey）在他們的書《焦點社會》（*Society in Focus*，二〇一七年）中提出[84]，分類的方式像是修改版的比格利分類法。威廉·湯普遜、蜜卡·湯普遜和希凱的分類包括上層階級（一%）和下層階級（二〇%），中間有上層中產階級（一五%）、下層中產階級（三二%）和勞工階級（三二%）。上層階級的年收入為五十萬美元以上；上層中產階級年收入介於七·五萬到四十九·九萬美元，下層中產階級年收入為三·五萬到七·四萬美元；勞工階級一年賺一·六萬到三·五萬美元。下層階級的收入很少，他們接受政府的移轉支付，或擔任低薪的工作。

最後，吉爾伯特（Dennis Gilbert）在他的書《不平等時代中的美國階級結構》（*The*

American Class Structure in an Age of Growing Inequality，二〇一五年）中提出第三種分類[85]。吉爾伯特把社會分成六個階層，而非常見的五個。他的分類包括資本家階級（一%）、上層中產階級（一四%）、下層中產階級（三〇%）、勞工階級（三〇%）、勞工貧民（一三%）和下層階級（一二%）。吉爾伯特以工作內容和教育程度來分階級，而不以收入，雖然以收入來區分階級較直截了當。資本家階級包含執行長和政治人物、上層中產階級包括教授和中階經理人、下層中產階級包含準專業人士和工藝匠、勞工階級由藍領勞工組成、勞工貧民是低階員工。下層階級通常不在勞動力中，而且接受政府的移轉支付。

還有許多可供參考的所得分布研究，以及經濟學家和社會科學家使用的其他階級定義。探討這個問題最常見的方法是把社會分成五層或五分位數，每層都有相同的人數，而且各層按照收入水準區分，而不管工作內容或教育程度。這種方法顯示，截至二〇一六年，最上層二〇%的美國家庭獲得總收入的五一・五%，接下來二〇%獲得總收入的二二・九%，中間二〇%獲得總收入的一四・二%，再下一層二〇%獲得總收入的八・三%，最後是底層二〇%獲得總收入的三・一%。換一種說法，上層四〇%的家庭獲得總收入的七四・四%，而底層六〇%的家庭只獲得總收入的二五・六%。

這個五分位數的分析揭露出今日美國收入分配的幾個嚴峻的現實，第一個是這些數字是家庭收入，它取決於家庭的大小。如果這些數字換算成個人，那麼收入分配將更向富人集中。第二個現實是，美國的趨勢是傾向更嚴重的收入不平等。下層六〇%的家庭在一九七〇年獲得三二・三％的總收入，相對於今日只有二五・六％，這表示下層六〇％的比率在過去四十八年下跌了驚人的二一％。在此同時，上層二〇％在同一期間所佔比率增加一九％（從佔四三・三％提高到五一・五％）。在今日的美國，富者愈富而貧者愈貧的格言從來沒有這麼真切過。

不管是以五分位數、收入級距、工作內容，或者以極細微的頂層〇・〇一％的區隔來分析，結果都相同——美國人的收入和淨值呈現高度集中於最富裕者的現象，而極大比率的人則備極艱辛地勉強抓住他們卑微的美國夢。

這個資料可以用來建立一個較簡單的中產階級定義。把人口分成富人、上層中產階級、下層中產階級、勞工階級和貧民。富人是頂層一％，每年收入五十萬美元以上；上層中產階級每年收入從十萬到五十萬美元；下層中產階級每年收入從三・五萬到十萬美元；勞工階級每年收入從一・五萬到三・五萬美元；貧民每年收入不到一萬美元，並且接受政府補助。這個階級結構顯示中產階級佔美國總人口的八五％，人數有二・七億人。

這裡必須釐清幾點。第一點是二・七億人包括持家的配偶和孩子。以平均家庭人口為三・五人計算，中產階級勞工人數將近八千萬人，人數仍然很多，但只佔美國總人口的二五％。第二點與稅有關。上面提到的收入是稅前收入。如果課以三〇％的法定邊際稅率，稅後收入數字將比稅前減少不少。二十萬美元的稅前收入將減少為十四萬美元稅後收入，十萬美元稅前收入將減為七萬美元稅後收入。這些稅後收入數字比稅前寒酸許多。

稅前－稅後的區分很重要，因為稅負不成比例地落在中產階級身上。皮尤（Pew）研究中心的資料顯示，中產階級（以上述方式定義）繳納所有所得稅的逾六〇%。貧民幾乎未繳納所得稅，因為稅率低、減免和扣抵。富人繳納所有所得稅的三八．三%，但賺進總收入的逾五〇%。富人的有效稅率比中產階級低是因為收入遞延計畫和資本利得的優惠稅率，中產階級感覺被課徵的稅比富人和貧民多是正確的。

中產階級感覺辛苦是針對未來多過於對現在。雖然今日的數字證明有眾多的中產階級存在，但他們對未來很悲觀。普遍的感覺是孩子未來的生活將不如他們的父母，另一種感覺是就業的不安全感，還有一種感覺是稅負比其他社會階層重。最重要的是一種操縱遊戲的感覺，富人掌控內線消息，貧民有政府補貼，而中產階級做所有苦工，卻得不到菁英或政治領導階層的尊重。這些感覺都很正確，中產階級的負擔從未像今日這麼重，而社會的利益都被巨富投資人或政府補助的接受者攫走。

最明顯的例子莫過於二〇〇八年金融危機的過程。在危機爆發前，葛林斯班和聯準會一直壓低利率水準。這讓銀行家得以發放次級房貸，並把貸款包裝成高信用評級的證券以銷售給機構投資人。銀行家從發放貸款、服務費、承銷費和交易收入賺進龐大的獲利。這些房貸和房貸衍生性金融商品往往被評為ＡＡＡ等級，原因是像標普（S&P）、惠譽（Fitch）和穆迪（Moody's）等主要評級公司的風險模型有問題，以及貪腐和違法行為。銀行監管機構對牽涉的風險無知，因為它們自己的模型也有問題，而且監督鬆懈。房貸違約率無可避免地升高，最早的違約案例在二〇〇七年出現，引起聯準會和財政部官員的注意。柏南克在二〇〇七年三月向聯準會理事會保證，情勢可以控制且違約會停息。美國財政部不想干預，甚至不要求聯準會提供資訊，儘管後果得由財政部承擔。

到二〇〇七年夏末，金融骨牌開始倒下。兩家貝爾斯登的房貸避險基金倒閉。幾家由法國巴黎銀行（BNP Paribas）出資的貨幣市場基金停止營業，以阻止贖回潮。市場到二〇〇七年十二月穩定下來，因為新加坡、中國、阿布達比和科威特的大型主權財富基金被財政部說服進場紓困大銀行，包括花旗銀行、摩根士丹利和美林（Merrill Lynch）。然後恐慌在二〇〇八年三月貝爾斯登倒閉時再度升高，接著是二〇〇八年六月房利美和房地美破產，最後是二〇〇八年九月雷曼兄弟倒閉。二〇〇八年九月底股市崩盤，銀行擠兌開始，美國已瀕臨所有大銀行連鎖倒閉的邊緣。聯準會和聯邦存款保險公司必須干預才能紓解恐慌，包括無限存款保險、擔保所有貨幣市場基金、大規模印製鈔票，和與歐洲央行簽訂數兆美元的換匯協議。最後，股市終於在二〇〇九年三月觸底，然後展開漫長而遲緩的回升。

中產階級以混合恐懼和不敢置信的心情看著這些發展。投資人知道恐慌偶爾會發生，股市榮景無法永遠持續。中產階級如果見識過這些菁英銀行家、執行長和監管當局承擔責任的紀錄，他們或許會甘心面對他們的虧損，但這些菁英從沒有這類紀錄。事實上，從來沒有銀行執行長或資深主管負過責。他們繼續擔任高管，或者若無其事地跳槽到其他金融公司。經過兩年的加強監管後，銀行執行長恢復發放豐厚紅利和選擇權的作法，而聯準會支撐的股市繼續讓他們的選擇權上漲。財政部長蓋納私下與歐巴馬的司法部長霍德（Eric Holder）溝通，要求避免起訴銀行家，因為起訴可能傷害信心和導致金融體系不穩定。霍德也同意。這個過程完全沒有針對市場崩盤而對銀行菁英有所懲罰、起訴或下令免職。

中產階級卻被大量毀滅。他們損失一半的儲蓄，有許多人失去工作和住宅。那是大蕭條以來最嚴重的經濟挫敗。中產階級除了財務和工作損失外，還遭到莫大的情緒壓力，造成高自殺率、離婚率攀升，和普遍的鴉片類藥物成癮。除了金融崩潰外，社會和情緒崩潰的現象卻鮮少出現在粉飾太平的理財電視節目。中產階級可能承擔了金融危機的後果，正如他們承擔了從大蕭條到第二次世界大戰的後果。但這場危機卻不一樣，它的後果承擔並不平均。事實上，它的後果完全落在中產階級身上，而菁英階級卻逃脫了責任。

二〇〇八年大銀行的執行長是摩根大通的戴蒙（Jamie Dimon）、高盛的貝蘭克梵（Lloyd Blankfein）、美林的莫尼罕（Brian Moynihan）、摩根士丹利的麥晉桁（John Mack）、貝萊德的芬克（Larry Fink）和花旗銀行的潘偉迪（Vikram Pandit）。他們和許多他們的部屬現在如果不是還在同樣的職位，就是已經帶著他們王侯級的紅利和股票選擇權退休。另一方面，中產階級還未從震撼中復原。股票確實在十年的回升期中從低點再度大漲到新高點，不過對賺回你的老本來說，十年是漫長的時間。

中產階級甚至沒有福氣享受這段漫長的復甦。他們在二〇〇九年接近最低點時賣出持股，絕望地嘗試保住僅存的資本，且因為合理地恐懼崩盤隨時可能再現而拒絕重回市場。簡而言之，富人變得更富，而中產階級遭到富人雄厚的財力碾壓。

富人變得更富而中產階級遠遠落後的情況，不僅展現在投資的競技場，在大學入學上也很現實，富人繼續把兒子和女兒送進菁英學校，而中產階級卻受制於飆升的學費和學生貸款的負擔。住宅市場的情況也一樣，當富人在法拍市場精挑細選豪宅之際，中產階級卻因權益變為負值而動彈不得。在醫療照護方面，富人可以負擔他們需要的保險，中產階級卻因失業而喪失與工作有關的福利。這些差距也影響中產階級已成年的孩子。在零工經濟中沒有鍍金福利。

所得重分配流向富人和流出中產階級的情況，在德意志銀行近日的研究中表現無遺。這項針對子女在三十歲時收入超過他們父母的比率所做的研究顯示，今日三十歲的子女收入超過父母三十歲時收入的比率不到五〇％；對照之下，這個比率在一九七一年時為六〇％，在一九五〇年時更高達八〇％。每個世代賺的錢比前一世代多的美國夢，已在我們的眼前破碎。

這個數字和類似的數據讓我們不得不再次問道：中產階級正在消失嗎？答案是否定的，但中產階級卻掙扎求生，而且比起有權有勢的菁英愈來愈陷於劣勢。中產階級相較之下愈來愈窮，愈來愈落後於富人，而富人的收入佔GDP的比率愈來愈高。這個結果讓中產階級感到氣餒，並為成長製造了生產力降低的逆風。如果分配不公平，為什麼要努力工作？

富人當初能夠致富的原因有許多種，它可能是純粹的運氣，就像兩個農民買了毗鄰的兩塊地，一塊挖出石油，另一塊卻沒有。它可能是個人在醫療照護、婚姻、接受高等教育等事務的聰明選擇。它可能是辛勤工作、創新或創業的結果。在資本主義體系中，初始的財富來源未必是不公平的。

問題出在富人永遠是富人、變得更富裕，和把財富傳給他們的兒女和孫子的方式。保存財富的技術受到主要是富人自己為了永遠保存和增加他們財富而倡導的習俗、法律和規定的支持，這就是中產階級正確地抱怨的體制操縱的由來。

第一個體制操縱是稅法。從表面上看，富人繳納的稅率比中產階級高，但累進稅率只是幻相，現實情況遠為複雜。最富有的美國人財富大部分都未繳稅，因為他們持有房地產和股票，並把它們傳給免稅的受益人。當媒體指出Amazon執行長貝佐斯（Jeff Bezos）身價超過一千億美元時，我們不能忘記這一千億美元大部分是貝佐斯未繳納所得稅的Amazon股票（除了他賣掉的股票外）。即使貝佐斯賣出一些股票，他也只支付遠低於一般所得稅率的資本利得稅。同樣的分析適用於Facebook的祖克柏，和特斯拉的馬斯克。一般上層中產階級的專業人士繳納的有效稅率都比世界首富高。持有股票不是現金流的負擔，因為億萬富豪可以用股票質押貸款，而貸款所得無需繳納所得稅。

避稅的另一個方法是基金會。超級富豪可以捐獻股票給基金會（他們可以獲得其他收入的稅務扣除），然後任命自己或配偶擔任基金會會長。然後他們可以藉最少的法定捐款來保持對財富的控制，並且將基金會的資產投資在他們選擇的投資組合。基金會本身不繳納所得稅。事實上，億萬富豪控制實際上免稅的龐大財富，中產階級沒有支付法律費用的現金和資源來做類似的安排。

其他避稅方法不勝枚舉，包括境外收入、遞延收入計畫、應稅和免稅實體間的移轉訂價，以及浮報慈善禮物的價值。其結果永遠相同——富人得以避稅，而中產階級繳納的稅最多。

富人的其他優勢還包括社會網絡對就業機會、學校入學和投資機會的影響。過去二十年許多獲利最豐厚的投資機會只流傳在關係緊密的矽谷圈和華爾街內部人士，他們彼此交換像Google、Amazon、Uber、Airbnb和其他公司的利多消息（有許多是這些公司公開上市前的利多）。中產階級投資人得到的像Snap（舊稱Snapchat）這類公司暴跌的股價，這家公司從二〇一八年初的每股二十．七五美元，跌到寫作本書時只剩每股九．一五美元。矽谷創辦人坐享首次公開發行股票（IPO）的行情暴漲，而把今日的股價下跌留給中產階級。最好的股票內線消息在鄉村俱樂部和私募股權公司的富人圈裡流傳，而中產階級投資人甚至不知道這些公司的存在。

菁英大學的入學永遠保留一大部分名額給「名門校友」子弟。如果你爸爸是哈佛畢業，你進入哈佛的機會就比一般中產階級申請者高。這套制度並非百分之百或是成文規定，但它給美國巨富的兒女競爭優勢，並幫他們整個家族保持菁英的優勢。在大學畢業後，同一個網絡也確保菁英家族的畢業生在法律事務所、投資銀行、財富管理公司和其他理想的職業找到最好的工作。這種把權杖從一個菁英世代傳到下一代的體制，協助菁英得以完全控制財富和特權。有才智的中產階級畢業生並沒有被完全封殺，他們只是很難了解箇中奧祕。

最後，學生貸款的障礙是富人和中產階級間力量最強大的差別因素。富人家族的子女在大學快活度日，畢業時無債一身輕；中產階級家庭必須向政府學生貸款計畫借大把錢才能從同樣的學校畢業。這個差別在畢業後馬上顯現，菁英進入職場時沒有債務，而中產階級畢業生可能背了數十萬美元學生貸款。

這種債務負擔在零工經濟中很快造成逾時還款。正如前面談到，不良還款紀錄會影響畢業生的ＦＩＣＯ信用績分，ＦＩＣＯ分數太低會影響找好工作、租好公寓，或在好鄰區首購房子的房貸申請。學生貸款對中產階級畢業生變成一種勞役契約，迫使他們辛苦工作償債，但也因為辛苦償債而更進一步落後。另一方面，富裕的畢業生得到晉升、加薪，並能輕易買房子。讓下一個世代的富人變更富裕、而中產階級繼續落後的舞台已經搭好。

有沒有一套公共政策能解決收入分配愈來愈不平等的問題？謝德爾（Walter Scheidel）在他的書《不平等社會》（*The Great Leveler*，二〇一七年）中[86]，檢視農業時代以來的收入不平等。他觸及幾個對了解今日面臨的收入不平等很重要的結論。

謝德爾的第一個結論是，收入不平等對策的提議有很多，隨著社會發展的階段而各不相同。常見的對策是土地重分配、進步主義的所得稅、較高的遺產稅、免費教育、更開放的教育管道、支持學前教育計畫、免費午餐和改善營養、全民健保、終結名門校友子女入學優惠、終結僱用歧視，以及提高大公司管理的多樣性。

謝德爾的第二個結論是，這些矯治方法都無法大規模地轉變為足以實質影響收入不平等的法律。無法執行的原因有許多，但最突顯的原因是立法機構和法院實際上由菁英銀行家和律師們控制，他們阻礙會損害客戶菁英地位的政策。總之，狼群控制了雞舍。

這並不表示收入不平等從未被剷平或反轉。歷史上偶爾會出現謝德爾稱為「剷平」的時期，在這些時期的所得分配變得較平等，富人和窮人的差距大幅縮小。這是好消息，壞消息是，剷平只有透過帶來死亡和暴力的大規模戰爭、極端革命、瘟疫或體系崩潰才能達成。一個典型的例子是十四世紀歐洲的黑死病，當時有三分之一人口死亡，存活的工人因為勞力極度短缺而獲得較高的薪資。這個現象在史書上有許多記載，不過瘟疫是很痛苦的加薪方法。

如果沒有以戰爭、革命、瘟疫或體系崩潰這四種暴力形式的四騎士出現，縮小收入不平等和改善中產階級相對福祉的機會很渺茫。沒有人希望發生這些結果，但也沒有人應該期望在不發生這些情況下，收入不平等能夠縮小。

儘管有這種根深柢固的不平等，站在所得不平等分配錯誤一邊的人不應該假設擁有巨富是理所當然。富人可能不擔心支付帳單，但如果一如許多人預期的當前的社會失序擴大成社會崩潰，他們就會擔心能否存活。這是在舊飛彈倉筒和在紐西蘭的偏遠莊園蓋豪華地下碉堡，屯積配給品和好葡萄酒的動機。即使是這些預防措施也無法讓他們放心，因為這帶來另一個憂慮，就是在恐慌中如何到達避難所，以及在社會動亂中如何確保保全警衛和私人飛機駕駛員的忠誠。這些第二階的恐懼充分展現在理論家魯斯科夫（Douglas Rushkoff）描述與超級巨富客戶私下談話的文章節錄中：

> 抵達後[87]，我被引導到我以為是綠廳的地方，但我卻被戴上麥克風和帶上一個舞台。我坐在一張沒有放東西的圓桌旁，等我的聽眾加入——五個超級有錢的傢伙，都是男性——都是避險基金界的頂尖人物。先談了一些瑣碎的事……他們慢慢進入他們真正關心的話題……一家經紀商的執行長解釋他已經快蓋好自己的地下碉堡，然後問：「在事件發生後，我要如何保持對安全人員的控制？」
>
> 「事件」是他們對情勢崩潰、社會動亂、核戰爆發、病毒蔓延，或機器人入侵破壞一切的委婉語。
>
> 他們知道需要武裝警衛來保護他們圍起的土地免於憤怒的暴民入侵，然而一旦錢已經沒有價值，他們要拿什麼東西支付警衛？如何才能阻止警衛挑選自己的領導人？這些億萬富豪考慮使用特殊的密碼鎖，保護只有他們知道的食物儲藏室。如果讓警衛穿戴某種約束項圈，以交換他們可以活命……。
>
> 當這些避險基金的大人物問我「事件」發生後控制警衛的最好方法時，我建議最好的方法是現在就對待那些人真的很好。他們應該對待警衛人員如同對待自己的家人……所有這些技術上的祕訣現在就可以用一種較實際、但完全出於共同利益的方式應用。

魯斯科夫的建議是，對別人好是值得的，但避險基金業的大多數人似乎不明白。更具體的回答是用黃金或白銀支付你的警衛，絕不拖欠。那些避險基金專家從未想過這個方法，這顯示出即使是最有錢的人也不懂真正的金錢概念。

這些菁英的憂慮證明了二〇〇八年的全球金融危機還沒有結束。事實上，危機才剛開始而已。歷史上的經濟不景氣都呈現V型模式，衰退階段的成長下滑，然後很快回歸趨勢線。衰退時期失去的成長靠快速回升彌補。一旦成長回歸趨勢，財富也失而復得，然後經濟繼續歷史的成長途徑。這種情況從未發生在二〇〇八年的危機：成長下滑了，但它未再回升。成長沒有恢復到趨勢線，財富未能失而復得。相反的，成長展開一條遠低於舊趨勢線的新趨勢線，呈現出一條較低的軌道。

不但沒有V型復甦，新趨勢愈來愈落後舊趨勢。新舊趨勢的落差表示財富的缺口，換句話說就是如果二〇〇八年後出現強勁復甦我們會有多富裕，和出現歷來最疲弱的復甦我們會有多富裕的落差。今日這個財富落差超過四兆美元。更糟的是，財富缺口擴大，因為新趨勢線不像舊趨勢線那樣陡峭。新舊趨勢線不是平行前進，而是分道揚鑣，所以財富缺口日益擴大。

儘管如此，財富缺口只是美國仍然深陷危機的部分原因。不但成長很疲弱，而且美國藉由無法永續的債務購買了如此疲弱的成長。從全球金融危機以來，美國的國家債務從十兆美元大約擴增一倍到二十兆美元。這個債務因為川普減稅、國會取消支出上限和學生貸款違約潮，在未來五年將再增添五兆美元。這個預測的假設條件是經濟未陷於衰退。如果衰退發生，分析師預測，未來的稅收減少、較高的失業救濟金和食物券、更高的學生貸款違約率和更高的失能給付，將使增添的五兆美元債務再增加二兆美元。

成長減緩、高債務和財富缺口的現象不會只局限於美國，它是全球性的現象。中國、日本和歐洲的情況更嚴重。過去二十年來的全球債務持續增加，這個債務癌症在二〇〇八年全球金融危機之前就已發病，並且持續蔓延至今。危機本身對債務增加沒有持久的影響，危機後世界已去槓桿或銀行體系已變強壯的說法只是一則神話。

儘管二〇一二年到二〇一七年已開發經濟體的債務佔GDP比率，從三八七%略微下降到三八二%，但債務的絕對規模仍從一百七十兆美元增加到一百七十四兆美元。比率下降是因為主要經濟體的成長略微改善，特別是二〇一二年以後的美國。另一方面，新興市場債務從二〇一二年的四十二兆美元，增加到二〇一七年的六十三兆美元；新興市場債務佔GDP比率在同一期間上升的幅度遠超過已開發經濟體比率的小幅下降。把已開發經濟體和新興市場的數據加起來，結果是二〇一二年到二〇一七年的世界總債務從二百一十二兆美元增加到二百三十七兆美元，債務佔GDP比率從三一〇%升高到三一四%。這些水準是無法永續的，這個趨勢對投資人來說是凶兆。

投資祕訣七

分配財富到另類資產

我們都很熟悉所謂的銀行擠兌。擠兌開始時悄悄發生，少數存款人擔心銀行的償債能力，他們在銀行打烊前排隊領出他們的現金。很快消息傳開來，排隊的人龍變長了。銀行表現出很有信心的姿態，儘可能把現金還給要求提款的存款人，但很快現金用完了。今日紐約聯邦準備銀行正在上演銀行擠兌，不同的是擠兌的是黃金，不是現金。

紐約聯邦準備銀行永遠不缺現金，因為它需要多少鈔票都可以自己印，然而它的黃金可能用完。直到不久前紐約聯邦準備銀行有六千噸黃金儲存在它位於曼哈頓下城自由街的金窖，那些黃金不是美國的，而是屬於外國和ＩＭＦ。從幾年前開始，各國央行開始要求把它們的黃金運回自己的國家。德國是最顯著的例子，但還有其他國家，包括亞塞拜然。持有黃金最多的國家之一土耳其也已要求運回它的黃金。這個程序很困難，因為聯準會的金條包括一些古老的金塊，有些從一九二〇年代就堆在金窖裡，它們不符合今日的純度和重量標準。這不表示這些黃金不好，只是這些金塊必須融化重鑄以符合新標準。紐約的黃金庫藏逐漸減少，而世界各國的行為正愈來愈像擠兌黃金。原因是金價將因美國的通貨膨脹而上漲的預期，加上聯準會在未來金融恐慌時可能不願釋出黃金的看法。

在擠兌聯準會達到瘋狂階段時，投資人該如何判斷黃金處於有吸引力的價位？如果黃金只是另一種形式的貨幣（它的確是），那麼黃金的美元價格就可以當成一種貨幣匯率來分析。黃金價格的歷史高點是二〇一一年九月初創下的每盎司一千九百美元，而此後的最低價格是二〇一五年十二月的每盎司一千零五十美元。

美元－黃金匯率波動性的原因在於美元多過黃金。當黃金每盎司一千零五十美元時，那可能表示美元太過強勢；當黃金漲到每盎司一千九百美元，那可能是美元極度弱勢。不管哪一種情況，單純的匯率是衡量美元相對於黃金價值的有用方法。儘管如此，這並非了解黃金在較廣大的貨幣體系和總體經濟中所扮演角色的精確方法。我們還能使用什麼測量法？

其中一個測量法是黃金的市場價值佔特定國家貨幣基數的比率。這個替代方法必須知道一個國家擁有多少相對於其基礎紙鈔貨幣供給的黃金。即使是最熱中的金本位支持者也不要求以百分之百的黃金擔保貨幣發行。我們已看到，一些介於二〇%到四〇%的擔保已經很足夠，因為不太可能所有貨幣支持者會同時要求贖回實體黃金。

美國財政部持有逾八千噸黃金，而美國聯準會系統持有財政部發行黃金憑證作為資產的數量也有大約這個數量。美元（聯準會負債）或聯準會黃金憑證（聯準會資產）都無法兌換黃金，雖然市民可以自由地以市價購買黃金。黃金在體系中的存在被各方正式地忽視，黃金在體系日常運作的現實中不存在。儘管如此，黃金對紙幣的比率是一支溫度計，透露美國經濟中貨幣的健康水準。在一九三六年和一九八〇年，當官方黃金的價值超過基礎貨幣供給時，代表美國經濟不健康，一九三六年的情況是因為經濟蕭條，一九八〇年的情況是瀕臨惡性通膨。

今日的經濟情況如何？簡單的回答是不太好。黃金對紙幣比率再度處於極端水準，它不是反映黃金過度高估，而是過度低估。黃金對紙幣比率大約是一〇%，遠低於歷來金本位認為適足的二〇%到四〇%，更不用說奧地利學派經濟學家和其他鐵桿金本位擁護者視為必要的一〇〇%。

美國貨幣體系從未有像今日這麼低的黃金擔保，我們的信心也從未像今日這般脆弱。如果對紙幣的信心因為極端經濟事件或過度舉債而淪喪，使當局不得不靠黃金來恢復信心，我們的能力也從未像今日這樣虛弱。這意味美國應該效法中國和俄羅斯收購更多黃金。這種發展的可能性意味散戶投資人也應該這麼做。

| 第八章 |

浩劫之後

歸結到根本，歷史顯示……財富的追求只有兩種模式：賺來和攫取[88]。

——謝德爾（Walter Scheidel），
《不平等社會》（*The Great Leveler*），2017年

瑰麗酒店

矽谷下一〇一國道後位於沙山路上的瑰麗酒店，是一個讓造訪世界科技首都的高檔訪客賓至如歸的地方。從瑰麗酒店到Google、Apple總部和其他電腦城堡只有很短的車程。住在這家旅館很昂貴，但物超所值，酒店設施一流，但是特權的氣息很強烈。網景公司（Netscape）的安德森（Marc Andreessen）創立他著名的創投公司的地方，就在毗鄰旅館的一間套房辦公室，在它與酒店相連的石板道兩旁，排列著修剪整齊的樹籬和流水噴泉。辦公室外的庭園安靜得近乎詭異，若不是告示牌和安全警衛，四周的景象可能讓人誤以為是水療按摩院或靜坐中心。

旅館的設計帶著融入環境的現代感，建築低矮而有平緩的屋頂，以深棕色建材、木頭和石板構成漂亮的平行線條，搭配綠樹和園圃。房間好像連接的平房，可以直通戶外而非走廊，沒有成排的編號房門。

只有酒店大廳看得到人。染金髮的女人和五十幾歲的男人佔據了全部是土黃色調的矮背沙發、休閒椅和軟墊椅，他們多半皮膚曬得黝黑、高瘦，穿著牛仔褲、昂貴的休閒裝、Nike Dunk Low運動鞋或義大利樂福鞋，不穿襪子，有幾個穿著粗棉布夾克。他們的身體語言說：「我很有錢，我在這裡投資，我屬於這裡，你是誰？」這些常客與小裝置形影不離，他們邊玩手機，邊啜飲白蘇維翁（Sauvignon Blanc）葡萄酒，或視而不見地盯著假火爐。

我在二〇一八年四月底從甘迺迪國際機場飛到舊金山，並開一小段車到矽谷後，在黃昏抵達瑰麗酒店，準備住一個晚上。我之前兩次到矽谷是很久以前的事，第一次是在奇點大學帶領一個複雜性科學研討會，這個大學是設在美國太空總署的庫柏蒂諾艾美斯研究中心（Ames Research Center），它的教育宗旨其實只是一個掩飾，實際上它是聰明才智之士和贊助下一個大發明的億萬富豪快速約會的地方。

我的第二次矽谷之旅是在半月灣麗思卡爾頓酒店（Ritz-Carlton）向一大群聽眾演講。麗思卡爾頓酒店和瑰麗酒店一樣裡面的錢淹腳目，但更大剌剌、更喧鬧，像達拉斯多過於數位世界。那裡正進行一場高爾夫錦標賽，有一頂帳篷裡展示著給優勝者的凱迪拉克豪華轎車。我以為半月灣麗思卡爾頓是矽谷訪客的旅館首選，但我錯了，瑰麗酒店才是。儘管麗思卡爾頓充滿菁英氣氛，我還是喜歡瑰麗酒店，那裡散發著安靜的氣氛，是過冬的好地方。我可以在辦第二天的正事前寫一些東西。

我到瑰麗酒店是為了與全世界影響力最大的銀行之一摩根士丹利的董事會舉行一場祕密會議。董事會是在一趟包含訪問科技巨人客戶的行程中間舉辦這次會議，我受摩根士丹利科技投資銀行部門主管古埃瓦拉（Drew Guevara）的邀請，進行一場資本市場和地緣政治風險的自由討論。董事會在白天私下開會，然後休息一會兒，再集合喝酒和晚餐。我在餐後的討論會是一天最後的活動。

古埃瓦拉對他決定邀請我有點緊張。一方面他對風險的科學方法很感興趣，認為董事會可以從討論中獲益；另一方面他擔心我對「菁英」的批評。他說：「吉姆，我只是要你了解，這些人是菁英。我不希望我的董事把椅子丟上講台。」我回答：「我了解，德魯，我很有經驗。我總是尊重聽眾，特別是這個董事會。他們最大的問題是活在一個思想泡泡裡，他們需要聽聽像我這種人的聲音。等討論會結束，他們會謝謝你。」我謝謝他邀請我。儘管如此，這不是一個沒有風險的決定。我曾說過刺耳的批評，包括我曾告訴一位聯準會理事她的央行從市價計值的觀點來看的話已經破產。她反駁我，然後支吾其辭，最後同意我的看法。

我在討論會前研究過董事會成員。他們的履歷很熟悉，但我在活動前只親自見過一個。董事會成員都彼此熟悉，所以這是一個不掛名牌的活動。我必須熟記他們的名字，執行長高曼（James Gorman）顯然是最容易記住的一個。

黃昏時刻，「好戲上場了。」我想。從我的房間到雞尾酒會場的路是在戶外，由一段階梯和一條架高的開放步道構成，一旁是修剪整齊的草坪，另一旁則是二十呎落差的側壁。當我從階梯轉彎踏上步道時，一隻漆黑的烏鴉飛降在遠端的圍欄上，然後像一個哨兵般棲止不動。我想到愛倫坡（Edgar Allan Poe）的詩〈烏鴉〉（The Raven），和激發我寫《下一波全球金融危機》這本書的《蘇黎世渡鴉》（*The Raven of Zurich*）。烏鴉自古以來是先知的象徵。這隻烏鴉沒有說「再也不會」（nevermore），但我經過這隻幽靈般的鳥時想像聽見了牠這麼說。我沒有回頭看。

雞尾酒會在有一個大火盆的露台上舉行。參加者都穿著半休閒的正式衣著，沒有牛仔褲，但也不打領帶。現在是董事們放鬆的時候，雖然我的工作才要開始。我從吧檯取了一杯嵌萊姆片並攙了威士忌或夏多內白酒的健怡可樂。古埃瓦拉招呼我，並開始介紹我給董事會成員。我與高曼握手，並謝謝他邀請我。他身材高大結實，人又聰明，說話一絲不苟。高曼在轉進投資銀行界前是一個來自墨爾本的成功律師。他的舉止從容自若。澳洲人總是很樸實，即使攀至高位時也一樣。摩根士丹利由律師當家、而不是交易員或金融工程師當家是一件好事。律師的訓練是要看到事情的兩面，並成為好的傾聽者和好的擁護者。「這是好事。」我想：「讓金融工程師做份內的事是好主意。」

接下來是摩根士丹利總裁凱勒埃（Colm Kelleher）。他比高曼矮，但體格更健壯。他滿面春風地說：「到了裡面我要把你擊倒。」我心想：「強悍的愛爾蘭人，典型的華爾街銀行家。要小心這傢伙。」我沒有想錯。

我主動去自我介紹的下一個董事是米斯奇克（Jami Miscik）。她在中情局任職過很長一段時間，並被擢升到副局長的職階。她主管情報處，亦即負責分析所有蒐集來的情報並整合成分析報告的部門。情報處也從事戰略研究，以尋找未來的威脅和新的分析技術。情報處是中情局的兩大支柱之一，另一個是行動處，負責祕密行動。行動處裡面有專案官員，處理各地的情報員和祕密行動與欺敵。米斯奇克對這些運作很熟悉才能執行她的分析工作。在哈斯佩爾（Gina Haspel）二〇一八年五月被任命為局長前，米斯奇克是中情局史上位階最高的女性。

我看到就知道是她，並走過去自我介紹。在我為預言計畫工作時米斯奇克曾是我的大老闆，但雖然她掌管我工作的團隊，我們在中情局卻未見過面。那是情報界文化中典型的區隔化。儘管如此，我們有許多共同認識的人，包括我的計畫和她的辦公室中間的官員。我們的談話很輕鬆，直到我提起九一一恐怖攻擊前的內線交易。她突然轉身走開，加入別人的談話。老習慣改不了。

像摩根士丹利這樣有強大影響力的公司也有影響力很大的董事，但不是所有董事會都能發揮影響力。一些董事會大到個別董事的力量被稀釋。一些高知名度的董事徒有虛名，從一個董事會飄到另一個董事會，只是當門神。摩根士丹利的董事會不同，每個董事都很傑出，董事會小而有效率，每個董事似乎都高度參與。摩根士丹利很幸運有兩位女性超級明星米斯奇克，以及沙烏地工程世家的繼承人歐拉揚（Hutham Olayan）。高曼能召募這群人真了不起。

現在是晚餐和我上場的時候了。形式很輕鬆，幾張八個座位的圓桌，一個小講台和兩張高腳凳，一張給我坐，另一張給古埃瓦拉，他會先介紹我，並在討論中串場。我聚精會神等待，接到提示後便走上台。我的引言包含一段影片，用寬螢幕電視播放我在二〇一六年總統大選前最後一次接受訪問。影片由《彭博電視》錄於選舉日當天紐約時間清晨四點，並向歐洲觀眾實況轉播。《彭博》經濟通訊員麥基（Michael Mckee）說：「今晚我們都會十點鐘就上床，希拉蕊會贏得很輕鬆。她的票數甚至會比她老公一九九六年時還高，她會贏在東岸。」主播拉克奎（Francine Lacqua）轉向我，問我：「吉姆，你認為怎麼樣？」我說我們都會熬夜到很晚，但川普會以小贏勝出。拉克奎似乎大吃一驚。她很聰明，但即使是她也很難料到川普會勝出。她問我民調和投票率，我針對這兩方面分析我的預測。然後影片結束。我心想：「這是個好的開始。」

大部分我的演講是過去說過許多次的論點。資本市場不是平衡系統，而是複雜系統。風險不是呈現常態分布，而是檢定力曲線分布。事件並非隨機的，而是路徑依賴的。最悲慘的結果不是一個規模的線性函數，而是超線性函數。我在總結中說，資本市場和銀行體系因為體系的規模、大銀行過高的相互作用，和有缺陷的風險模型，而很容易出現史無前例的崩潰。

重點不是我提出新的看法，而是我的聽眾大多數從未聽過這些說法。風險長哈茨基（Keishi Hotsuki）聽過我的統計分析，他不是董事，邀請非董事會成員的資產經理人到董事會議作決策備詢，或測試未來的升遷是常見的作法。哈茨基說：「吉姆，你的說明深得我心，我已經說同樣的話好多年了。」他誇張地說：「我很高興聽到你做這些分析，我想擁抱你！」強悍的澳洲人高曼站起來，打趣說：「十年來我每年給你幾百萬薪水，你從沒說過要抱我。」很快現場有許多人互相擁抱。有一句老話說：「每舉行一場葬禮，科學才前進一步。」也許風險管理得每擁抱一次才前進一步。

現在是問答時間。

高曼率先說：「我讀過你的書。」他指的是《下一波全球金融危機》，我知道他說真的。許多人會藉讚美作者的書來討好作者，但作者立刻能分辨他們是不是只翻了幾頁。這是本能，高曼的開場白表示接下來是批評。

他指出摩根士丹利的資本適足率從上次危機以來已提高許多，一些高風險的交易策略也已被禁止，法規遵循和風險管理已大幅加強。他強烈地不同意我評估摩根士丹利和其他證券公司抵抗金融崩潰的能力比以往都更脆弱。

從狹義觀點看，高曼的說法正確，但忽略了更深層的現實。我說了一則一九八一年與花旗銀行傳奇執行長李世同（Walter Wriston）對談的故事，當時對美元的信心逐漸消蝕，原油富饒的阿拉伯國家傳聞正從包括花旗在內的美國銀行撤出石油美元。李世同向我解釋，銀行體系是一個封閉迴路。阿拉伯人可以從銀行提領存款並購買其他資產，包括黃金，但這些資產的出售者會把錢存入其他銀行，其他銀行會在銀行間存款市場把錢貸回原本的銀行。這中間有些微利率和手續費的成本，但錢最後還是流回初始的地方。李世同告訴我：「銀行不需要資金，它們只需要向其他銀行借。」

事實是，當市場平靜無波時，銀行不需要資金，銀行間的流動性已經很充裕，而擔保很低。但反過來看卻非如此。當恐慌發生而流動性枯竭時，資產沒有人出價，每個人都想領錢，資金便陷於極度短缺。即使是體質好的銀行也有槓桿，只要資產價格小幅下跌，有槓桿的資產負債表就可能虧損巨額資本。我對高曼的回答是，改善的資本緩衝足以應付大多數市場情況，但遠遠不夠應付更大規模的二〇〇八年歷史重演。

凱勒埃一直在等待機會，現在他出擊了。他重複高曼有關資本適足率和風險的觀點，但更進一步。他宣稱衍生性金融商品曝險已大幅降低（我認為相反）。即使根據我的複雜性分析，減少衍生性金融商品名目金額的結果應該是風險的非線性降低，進而讓體系更安全。凱勒埃果然難纏，但他的分析是專家級的。

根據國際清算銀行的全面統計報告，銀行持有的衍生性金融商品通常不在資產負債表內，而只在附註中記載，其總名目價值從二〇〇八年以來確實如凱勒埃所稱的下降。這是因為銀行把交換合約和其他衍生性金融商品讓渡給中央化的結算所，在二〇〇九年九月二十國集團領袖的呼籲下，結算所計算出互抵後的曝險淨值。如果把結算所的註記算進去，衍生性金融商品的總名目價值從二〇〇八年來呈現增加，符合我的說法。結算所提供透明度和結算淨額，若發生恐慌問題將更容易看出。儘管如此，衍生性金融商品的風險並未消失，它們只是從銀行轉移到結算所，這也引發結算所資本適足率的問題。如果一家主要交易所的顧客發生財務緊俏而無法履行義務呢？包括芝加哥商業交易所（CME）、洲際交易所（ICE）和倫敦結算所等主要結算所，使用的風險值和壓力測試風險管理法，都和二〇〇八年時未能偵測出災難到來的方法相同，這一點實在很難讓人心安。所有結算所會員的損失共同化是任何會員違約的對治辦法，但這種辦法只是提供一個傳染管道。那就像一個感染致命傳染病的病患走出隔離所，並在星巴克待了一天。和二〇〇八年的美國國際集團（AIG）一樣，一旦交易對手的情況引起懷疑，淨曝險很容易就可以轉變成總曝險。

高曼和凱勒埃的批評問題出在凱因斯所稱的合成謬誤，換言之即系統各別的組成部分可以加總起來描述整體的系統。這在複雜系統中是錯誤的，複雜系統的規模度量意味突現性質可以憑空出現，無法藉由對部分系統的充分了解推論而得。

我向前傾，直視著凱勒埃說：「你說的對，摩根士丹利是更安全，不過體系卻不安全。摩根士丹利是體系的一部分，當體系崩潰時，摩根士丹利會跟隨著崩潰。光看自己的資產負債表還不夠，你必須看全球的資產負債表，它是整個連結的。」當然，只凸顯摩根士丹利是不對的，所有大銀行都面臨相同的情況。狹義地看，它們的資產負債表都比以前安全，但它們對系統風險的脆弱程度比以往更甚。

到了快回酒吧的時候，米斯奇克問了當晚最聰明的問題：「如果你和我一樣是摩根士丹利的董事，你會怎麼做？」我說我會和同事共同努力拆解大銀行，包括摩根士丹利，禁止大多數衍生性金融商品，並採用貝氏統計和複雜理論作為新風險管理工具。和中情局的老兵一樣，米斯奇克沒有顯露任何反應。不過，她顯然了解每個重點。

我同情一個銀行董事對銀行和股東有責任，但對整個體系沒有責任。系統風險比較是央行、財政部長和ＩＭＦ的職責，但董事和執行長的影響力很大，如果他們呼籲政府決策者設定降低風險的目標，決策者可能採納。現在沒有證據顯示已經有人這麼做。惰性使然。

冰河

在寫作和公開演講時，我經常使用雪花－雪崩現象來描述複雜系統動力，和系統崩潰的方式。資本市場是複雜系統，但它們的運作是一般人難以了解的。關注的投資人知道道瓊指數上漲或下跌，或者他們的401（K）餘額比上個月增加或減少，但就只是如此。人們很忙碌，除非是財務專業人士，他們沒有理由知道最新股價以外的東西。當解釋複雜系統如何運作和為什麼資本市場很可能發生全面崩潰時，人們會很感興趣，但提到密度函數、檢定力曲線和超同步時，他們的眼神卻一片茫然。所以不難了解雪崩的比喻很有用。雪崩始於山腰不穩定的積雪，數十億片單獨的雪花形成一個結構。一片新雪花降下，它打在雪堆時讓幾片別的雪花鬆脫，這些雪花開始下滑，進而獲得動力，很快整個雪堆從山腰鬆脫，並掩埋山腳的村莊。這個景象很鮮明，不只是個比喻。雪崩背後的數學和動力學和資本市場崩潰完全一樣，差別只是雪花相對於交易員的特性。用炸藥炸散不穩定的積雪可以降低危險，這個道理和拆解大銀行一樣。

但雪崩不是唯一可以用來譬喻資本市場的東西。在某些情況下，冰河更適合用來描述驅動證券價格、匯率和利息的經濟過程。一條冰河是一個複雜動力系統，但冰河移動比雪崩更緩慢和引發更持久的改變。冰河切鑿山谷，移動巨石，輕易地把障礙推到兩旁。

儘管冰河以移動緩慢著名，但它們也可以暴流。一九五六年，阿拉斯加山脈迪納利

（Denali）附近的馬爾德勞冰河（Muldrow Glacier）以每天一千五百呎的速度奔騰，迅速流向較低的海拔。這條冰河在暴流結束後在山區流動了四哩。

今日撼動資本市場的事件更適合以冰河而非雪崩來做比喻，它們緩慢地持續前行，但有時候出現戲劇性的暴流。短期來看它們不像雪崩那樣劇烈，但最後的破壞力量更大。今日鑿刻體系的一些冰河包括中國的債務、貿易戰爭、聯準會的貨幣操縱，以及新興市場的債務崩潰。還有其他威脅，但這些破壞因素的威脅最大。以下是一些冰河正步步進逼，把資本市場推向新冰河時代和將讓我們面對不可測後果的摘要。

中國是馬多夫

一%、一%、一%、一%、一%……。

這是馬多夫（Bernie Madoff）經營他的財富管理事業二十年期間報告逐月報酬率的約略數字。

如果你每月的報酬率是一%，每年的複合報酬率就是一二．七%，一年又一年都是如此。這個報酬率可以在六年間讓你的財富翻倍，六年後又再增加一倍。十八年後，也就是從你的孩子出生到上大學的時間，你託付馬多夫的錢已經變為八倍。你在一九九〇年交給馬多夫的一百萬美元，到二〇〇八年將變成八百萬美元。

只有一個問題，那是一場詐騙。其中沒有投資的資產池、沒有超越市場的報酬率、沒有複合報酬率，也沒有獲利。一切都是馬多夫的假帳冊和真掠奪。有時候新募集的錢被用來支應想贖回的舊投資，但大多數錢繼續留下來錢滾錢。馬多夫的龐氏騙局（Ponzi scheme）在二〇〇八年崩潰。

在馬多夫詐騙案虧損的金額取決於計算的方法。如果以投資人相信他們擁有的金額計算——雖然帳冊是假造的——虧損約六百五十億美元；如果以不包含假獲利的投資金額計算，損失是一百七十億美元。不管哪一種計算方法，馬多夫創下歷史上最大龐氏騙局的紀錄。

這場騙局被發現時正值二〇〇八年的金融恐慌，全球投資人正從股票、房貸、衍生性金融商品和其他類別的資產虧損；槓桿投資人遭追繳保證金打擊；貨幣市場基金和銀行面臨擠兌和贖回潮，因為投資人不計血本想拿回他們的錢。那是史上最嚴重的全球流動性危機。

在恐慌環境中，馬多夫的投資人知道他們可以信賴馬多夫是一個流動性的來源。他們開始向馬多夫的基金要求贖回，而龐氏騙局就是這樣被揭穿的。馬多夫沒有錢可供贖回，他開始違約，傳聞逐漸散開，證管會和聯邦調查局介入，後來發生的事已經眾所周知。二〇〇九年六月二十九日，馬多夫在聯邦法院被判決監禁一百五十年。

熟悉馬多夫故事的讀者可能也知道，早在一九九〇年代中期就有無數疑點和跡象警告馬多夫經營的可能是龐氏騙局，而證管會和其他機構從未好好調查這些警訊。

最著名的警告來自鑑識分析師馬科波洛斯（Harry Markopolos）。第一個讓馬科波洛斯懷疑馬多夫可能是騙子的證據是什麼？就是那些穩定的報酬率，月復一月的一％、一％和一%。把馬多夫長期的報酬率畫出的線呈現幾近完美的四十五度角，馬科波洛斯知道金融投資不可能創造出那種報酬率。

長期創造正的年報酬率確實可能辦到，有些最優秀的避險基金經理人就是如此，雖然大多數人辦不到。但即使是超級明星級的避險基金經理人也會偶爾出現績效不佳的月份或年份，而且每一年的正績效也有高有低。你可能第一年達到一〇%，下一年大賺二五%，然後虧損三%，第四年又賺七%。這是很不錯的績效紀錄，但績效有起有伏，不會呈一直線。

類似馬多夫一段時間內的報酬率序列有一個技術名稱叫序列相關（serial correlation）或自相關（autocorrelation），它發生在一個訊號包含了一個反饋函數導致它不斷製造相同的訊號，有時候還放大它。序列相關存在於物理學、數學和聲學，但在金融領域並不會自然地存在。市場是複雜動力系統，它帶著突現性質，會破壞產生序列相關所需的穩定反饋。馬多夫自稱的報酬率所展現的自相關對馬科波洛斯來說是致命的洩底。遺憾的是，證管會不了解馬科波洛斯的警告。

我們還看到另一個經濟報酬率的時間序列：一・八%、一・七%、一・五%、一・八%、一・八%、一・六%、一・四%、一・八%。這是中國從二〇一六年第二季到二〇一八年第二季ＧＤＰ的每季成長率，它不像馬多夫報酬率那樣平滑，但很接近。這也不可能發生。中國只能靠假造帳冊來製造這些成長率，和馬多夫一樣。中國一季又一季地報告穩定的正成長率，像鐘表的發條。這些數字不是真的，它們是編造出來安撫容易受騙的投資人、政策制定者和媒體的。

真實的經濟是什麼樣子？以下是美國同期的GDP成長率：一．九％、一．八％、一．八％、三．○％、二．八％、二．三％、二．二％、四．一％。注意美國的成長率呈現比中國大的變化，從最高的四．一％到最低的一．八％。注意較弱的季（例如一．八％）和較強的季相連（例如三．○％）。

如果把時間序列挪移到更早的時間，你會發現中國在五年期間沒有出現過負成長的季，而美國有。簡而言之，美國的數據呈現出複雜經濟體會出現的混合了弱、強和負值的季成長，而中國呈現出金融詐欺會出現的自相關。

無疑的中國操縱了它的成長數據。中國的實質成長較接近每年五．五％，而非中國宣稱的每年六．八％。如果把浪費的投資去除掉，成長還會更低。問題是為什麼中國感覺必須假造數據，同時又以幾乎不可能的自相關時間序列來呈現它？

原因是中國是一個像馬多夫一樣的龐氏騙局主持人。中國有數兆美元的外幣計價債務、財富管理產品、銀行貸款、公司間貸款，和其他可能永遠無法清償的金融協議。如果每個有債權的人向中國要求償還，中國甚至連滿足一小部分要求流動性的人都難以辦到。

這並不表示中國沒有實質經濟，中國確實有，只不過這個實質經濟已經陷入一個由槓桿、無法清償的債務、假帳，以及妄想共產黨領導階層可以鎮壓異議直到全球經濟改善，所交織的網。

全球經濟並未改善，而且正深陷貿易戰、貨幣戰和搶奪智慧財產權等無形資產的爭鬥。南海、台灣海峽、韓國和中東的戰爭可能接踵而至。

中國無法贏得貿易戰，因為中國的出口遠超過進口，特別是與美國的雙邊貿易。川普希望美國－中國雙邊貿易逆差減少數兆美元，中國無法在不傷害其經濟的前提下輕易做到，因此貿易戰將持續不斷，而且日益慘烈。

中國有一項可以用來減輕貿易戰壓力的金融武器：貶值貨幣。中國有約三兆美元的外匯準備，其中約一兆美元屬低流動性資產，投資於避險基金、私募股權和其他無法輕易贖回的另類資產；另外一兆美元是預防性準備，用以在必要時紓困銀行體系；剩下只有一兆美元可用於保衛與美元的貨幣掛勾。這並不足夠。在二〇一六年，中國用掉一兆美元的外匯準備在保衛其貨幣，有一度以每個月八百億美元的速度流失其準備。如果不是關閉資本帳以留住中國境內的準備，中國在二〇一七年底原本可能破產。

中國可藉由貶值貨幣釋放資本外流的壓力，爭取時間，進口通貨膨脹以降低本國貨幣債務的價值，並使出口產品更具吸引力。貶值是中國金融失衡的簡單解決方法。想像如果馬多夫可以「貶值」他對投資人的負債，他可能現在還在營運。中國一百年後還會照常營運，但那不表示在過程中不會蒙受巨大的投資人損失和造成全球經濟破壞。

中國的風險遠超過流動性和匯率。它現在正承受一九八〇年代、一九九〇年代和二十一世紀初一胎化政策的苦果。禁止家庭有兩個孩子——有時候導致殺女嬰事件——已使中國人口快速老化，缺少年輕勞工使成長難以維繫，以及無法提供退休者福利。近幾年來中國放鬆這項政策將無助於提高未來二十年的勞動參與率和生產力。勞動參與率和生產力是經濟成長的關鍵，中國的短視造成勞動力不足和生產力嚴重落後。除了舉債、浪費的基礎設施投資和虛假的會計外，中國沒有經濟成長奇蹟。中國在還沒有變富前就開始變老。到最後，中國將只是另一個陷於IMF所稱的中等收入陷阱的新興經濟體，而要脫困將不是易事。

經濟與人口的逆風之外，中國還面臨與美國地緣政治衝突日益升高的局面。這種被專家稱為「灰犀牛」的衝突，可以用香港大學學者沈聯濤的描述來總結：

> 除了結構性和景氣循環性的風險外[89]，中國必須解決來自中美地緣政治角力加劇的「灰犀牛」（很可能發生，但往往被忽略）戰略風險。與起中的貿易戰只是冰山的一角，美國和中國勢必陷入科技和戰略優勢的長期競爭。為了保持領先，它們將動用一切可能使用的影響力和工具。如果這種競爭不加以節制，勢將引發深遠的外溢效應。

在分析中加入地緣政治鬥爭極其重要，因為它標記了一個不同於全球化時代的改變，在全球化時代經濟成長勝過所有其他政治考量。戰爭要付出代價，即使冷戰也是如此，而如果壓制中國野心的代價是成長減緩，那就是美國準備保護其智慧財產權和國家安全要付出的代價。這對較年輕的銀行家和學者是一個粗暴的覺醒，他們迄今只經歷過全球化的黃金時代

（一九八九年到二〇一七年）。經歷過第一次冷戰（一九四七年到一九八九年）的資深分析師將會覺得爭奪成長的地緣政治衝突升高相當熟悉。

貿易探戈

二〇一八年五月，川普政府的高階官員代表團飛抵北京，進行一輪重要的談判，想避免全球最大的兩個經濟體間爆發全面的貿易戰。

美國的代表包括財政部長梅努欽（Steve Mnuchin）、貿易代表萊特海澤（Robert E. Lighthizer）、國家經濟委員會會長（庫德洛）和白宮貿易主任那法若（Peter Navarro）。換句話說，除了商務部長羅斯（Wilbur Ross）外，這個代表團包括每一個負責貿易事務的資深美國官員。代表的組成意味川普總統宣示這場談判具有最高重要性。聰明的人拿這個代表團來比較最早的《星際大戰》（*Star Wars*）電影裡的酒吧場景，一群說各式各樣語言的角色似乎相處很愉快，實際上卻暗藏各種衝突——相當貼切。

萊特海澤是貿易戰的老兵，他的公職可追溯到雷根政府時代，還有在民間擔任貿易法律師逾三十年，代表包括美國鋼鐵等大公司客戶。那法若也是一個貿易鷹派，但他來自學界，而且沒有萊特海澤達成談判交易的經驗。庫德洛備受賞識，但被認為是自由貿易的支持者。梅努欽未曾展現對貿易問題的興趣，向來較支持全球主義者的主張，但他偏袒以貶值美元來改善美國貿易逆差的手段。代表團的正式領隊是梅努欽，因為他是擔任最高內閣職務的代表。不過，無疑的萊特海澤是這個貿易代表團中最重要的官員。

萊特海澤在更早的一次訪問北京與高階中國貿易和政治官員閉門會談中[90]，對著談判桌對面的談判對手侃侃詳述中國在貿易問題上作弊的歷史。萊特海澤列舉的貿易欺騙例子從一九九四年開始，當時中國在一夕間大幅貶值人民幣三三％，使匯率跌到八．七元人民幣兌一美元。貶值貨幣是宣告貨幣戰和貿易戰同時開打，因為低廉的貨幣協助中國出口產品在貿易夥伴市場的競爭。萊特海澤繼續列舉更多貨幣操縱、偷竊智慧財產權、補貼國有企業、發展貿易財的過度產能、傾銷、忽視環境成本、奴工和任意違反世界貿易組織（ＷＴＯ）規範近二十五年（從一九九四年到二〇一七年）的例子。萊特海澤列舉完後，直視著中方最高階代表說：「你們已經欺騙我們二十五年，現在我們為什麼要相信你們？」

中國代表大感震驚，他們從未碰過像萊特海澤那樣直言不諱的場面，以及他對事實的完全掌握。這場會議已無需再多說什麼，但訊息已經傳給中方。美國將不再接受含糊的承諾和延遲似乎永遠不會到來的截止期限。從現在起，美國將堅持可驗證的具體行動。

在得知萊特海澤在貿易談判中的卓越表現後，川普總統要求萊特海澤交出他描述中國違反貿易規範的筆記。川普認為可以用它來建構有關這個主題的競選演說。

「長官，我沒有用筆記。」萊特海澤回答。

「好吧。」川普說：「我了解。那就給我你的大綱或要點。」

「長官，我也不用要點。」萊特海澤告訴總統。

川普微笑著點頭。他發現萊特海澤把所有事項都記在腦袋裡，因為他幾十年來都在處理這些貿易問題，所以隨時可以舉出中國欺騙的例子，無需任何準備。川普很欣賞這一點，因為他自己也是個很少使用筆記或提示機的臨機演說家。川普知道他選對了貿易談判代表。

萊特海澤獲得川普全力支持他在與中國談判貿易中的衝突，在未來與加拿大、歐盟、日本、巴西和其他貿易夥伴的談判中也可望如此。萊特海澤本身很少接受採訪，他不習慣在鎂光燈下，也不對媒體洩露消息。他在與那法若一連串備受矚目的訪問和擔任貿易戰公開發言人中，表現可圈可點。在川普的白宮裡，搶老闆的鋒頭或反駁沒看到的即時Twitter訊息，可能讓你得不償失。萊特海澤以低姿態的言行避免這些危險，川普也喜歡他這一點。

萊特海澤住在佛羅里達州棕櫚灘，距川普總統的度假勝地海湖莊園不遠，這很方便川普離開華盛頓特區時邀請萊特海澤一起搭空軍一號到棕櫚灘度週末。萊特海澤儘可能接受川普的邀請，這給他寶貴的機會讓他與總統一對一相處，避開在白宮的睽睽眾目，是大多數內閣官員和白宮西廂辦公室難以企及的。

萊特海澤策劃了川普對中國的貿易策略，利用的是他在雷根時代與日本對抗的強硬派教戰手冊。在一九八〇年代初，美國汽車業遭到廉價的日本進口車打擊。萊特海澤發現日本操縱貨幣以降低日本單位勞動成本兌換美元的價格。他與雷根研究對日本和歐洲汽車課徵高關稅，迫使日本和德國汽車製造商遷移工廠到美國以避免關稅。今日大多數「德國」寶馬汽車和「日本」本田汽車是在阿拉巴馬州、南卡羅來納州、田納西州和南部及中西部的地方製造，其結果是為美國帶來數以萬計的高薪製造業工作。萊特海澤和川普準備把這套策略用在中國。

二〇一八年初，川普宣布援引一九七四年貿易法案第二七二條款，對中國太陽能面板、洗衣機、鋼鐵和鋁課徵關稅。川普也根據該法案三〇一條款對中國進口產品課徵五百億美元關稅，以懲罰中國人偷竊美國的智慧財產權。

中國很快宣布對美國進口產品課徵五百億美元關稅，包括黃豆和高粱等農產品，以報復美國援引三〇一條款的關稅。正如擁有大疊籌碼的精明撲克牌玩家，川普又宣布對中國進口產品再課徵五百億美元關稅，作為反報復措施。那就好像中國說：「我跟進你五百億美元。」而川普說：「我再加碼五百億。」

剛開始股市不把這些宣布當一回事，認為川普的宣布只是談判的嚇唬套路，而中國的反應只是為挽回顏面。華爾街相信等兩方互相威脅恫嚇後就會談判彼此的歧異、降低關稅，並務實地降低貿易逆差，中國會增加對美國黃豆的採購。

和過去一樣，華爾街的預測既不切實際又太過樂觀。事實上，第一輪關稅在二〇一八年開徵，然後川普又宣布另一輪關稅加徵。中國沒有退讓，也宣布另一輪對美國出口中國的產品關稅。不過，中國打的是一場注定失敗的戰役，美國從中國進口的產品比中國從美國進口的產品多出近三千億美元。中國將無法繼續對美國報復對等金額的關稅，因為中國向美國購買的產品就是不夠。到二〇一八年底，中國唯一的對策就是貶值其貨幣以降低美元計價的成本，希望抵銷因為課徵關稅而升高的成本。和在一九三〇年代一樣，貨幣戰和貿易戰總是攜手並進。

中國感覺它的經濟已足夠強韌，可以抵擋與美國進行一場貿易戰。中國可以向加拿大買黃豆和向空中巴士（Airbus）買飛機，它押注如果貿易戰升高，美國的損失將超過中國。中國的估計錯誤。雙方在貿易戰都會有所損失，但中國的損失將遠大的多。貿易佔中國GDP的比率遠高於美國。川普把美國外國投資委員會（CFIUS）武裝起來以避免中國人收購美國科技公司。中國的債台高築。因為與美國的貿易戰而減少中國貿易順差，將使中國經濟減緩、失業率升高、危及償債能力，並可能導致共產黨最畏懼的社會動亂。梅努欽雖不是貿易鷹派，卻是貨幣鷹派，因此他可能促使美元貶值以配合川普的關稅，並使美國人購買的中國產品變昂貴。總之，川普的貿易戰武器比中國多，而萊特海澤對使用這些武器的嫻熟程度有如一個四星上將。

美國與中國的貿易戰還未結束。美國將獲勝，但市場將承受附帶傷害。美元將趨向貶值以減輕貿易損失，並對中國施加最大壓力。

聯準會幻想曲

聯準會準備好因應下一波衰退了嗎？

答案是否定的。

經濟研究顯示，聯準會必須降低利率三百到五百個基點才足以讓美國經濟擺脫衰退。一個基點是一個百分點的百分之一，降低利率五百個基點意味聯準會必須降息五個百分點。截至二〇一九年一月，聯準會的聯邦資金利率目標（即所謂的政策利率）是二．五％。如果起始點是二．五％，你如何降低利率三到五個百分點？你辦不到。

再更多量化寬鬆有用嗎？聯準會在二〇一四年底經過ＱＥ１、ＱＥ２、ＱＥ３三輪量化寬鬆（從二〇〇八年到二〇一四年）後結束這項政策。萬一發生新衰退，聯準會可能進行第四輪量化寬鬆嗎？問題是聯準會的資產負債表在三輪量化寬鬆後從未正常化，因此有沒有能力執行第四輪量化寬鬆值得懷疑。在那段期間聯準會已把資產負債表從八千億美元擴大到四．四兆美元。聯準會用三．六兆美元新印製的鈔票，購買長期公債以抑制長短期債券的殖利率，進而拉抬股價和房地產價格，製造鼓勵更多支出的財富效應。資產價格上漲也為更多借貸提供擔保，預期增加的支出和借貸可以讓美國經濟恢復永續的高成長率。

這個推論是學術界犯的另一個錯誤。財富效應從未出現，而消費者恢復高槓桿也未在美國發生。柏南克的計畫唯一發揮作用的部分是資產價格升高，但這些價格現在看起來像隨時可能爆破的危險泡沫，其結果是幾乎所有來自量化寬鬆的槓桿仍然留在聯準會的資產負債表。聯準會從未收回三．六兆美元的新鈔票，它們仍以銀行準備金的形式存在於聯準會的帳冊。聯準會二〇一七年展開資產負債表正常化的計畫，但未執行很久，至今聯準會的資產負債表仍然有近四兆美元。這使得聯準能否進行第四輪量化寬鬆成為一大問題。聯準會在二〇〇八年展開第一輪量化寬鬆時資產負債表為八千億美元；如果聯準會現在展開新一輪量化寬鬆，它將從遠為提高的基準開始。問題是聯準會可能在第四輪或第五輪量化寬鬆中，把資產負債表擴大到五兆美元或六兆美元嗎？回答這個問題時，別忘了聯準會只有四百億美元資本。以目前的資產四兆美元來看，聯準會的槓桿是一百比一，這個比率對銀行和經紀商來說都高得嚇人，對避險基金更是聞所未聞。

由左派學者如克爾頓所倡導的現代金融理論認為，聯準會印多少鈔票來貨幣化財政部的債務都不成問題。現代金融理論在這一點幾乎可以確定是錯的。一般美國人對聯準會的負債（即美元）有一個無形的信心極限，超過極限後這個信心將在超同步相變中突然喪失。沒有人知道極限在哪裡，但沒有人想以痛苦的方式來得知。信心極限一定存在，可能是在五兆美元的水準。聯準會雖然沒有公開承認，但似乎同意此說法。聯準會正嘗試降低現在的資產負債表，以便未來能再度擴增而摧毀信心。如果衰退明天就發生，聯準會將無法藉降低利率挽救大局，因為他們在利率降到零時就已無能為力。他們無法靠第四輪來挽回大局是因為他們的槓桿已經太高。

聯準會還能怎麼做？

聯準會能做的只有提高利率（逐步地），縮小資產負債表（逐步地），並希望在政策利率和槓桿恢復到正常前不發生衰退，也許是在約二〇二一年。聯準會能在下一波衰退前達成正常化的機率很低。目前的經濟擴張期始於二〇〇九年六月並持續至今，已超過一百一十七個月，是一九四五年以來第二長的擴張期。它比雷根－老布希從一九八二年到一九九〇年的經濟擴張期還長，也比甘迺迪－詹森從一九六一年到一九六九年的擴張期長，僅次於柯林頓－金瑞契從一九九一年到二〇〇一年的擴張期。從概率上看，目前的擴張期在二〇二〇年底前轉變成衰退的機率非常高。

總之，美國經濟在聯準會準備好將它拉出泥淖前再次陷入衰退的可能性很大。一旦衰退開始，美國可能像日本在一九九〇年代那樣持續數十年停留在瀕臨衰退的水準。日本已失落三十年，美國剛結束第一個失落的十年，未來可能還有更多個失落的十年。

情勢甚至比這個悲慘的預料還糟，原因是聯準會可能為了準備對抗下一個衰退，因而製造出他們準備對抗的衰退。那就像嘗試跑馬拉松的同時被一隻飢餓的熊追逐。聯準會必須提高利率和縮減其資產負債表，以便有足夠的政策餘裕對抗新一波衰退。如果他們操之過急，就會造成另一波衰退；如果他們動作太慢，將耗盡時間而被熊吃掉。

這個困境的根源是聯準會的貨幣操縱。造成這個陷阱的原因是柏南克未能在二〇一〇年和二〇一一年經濟情勢好轉時提高利率，利用擴張初期階段吸收升息的影響。造成它的原因也是柏南克堅持實施第二輪和第三輪量化寬鬆，儘管當時或現在沒有證據顯示量化寬鬆對經濟有幫助（第一輪量化寬鬆對因應流動性危機有其必要，但危機已在二〇〇九年解除，第二輪和第三輪量化寬鬆沒有實施的理由）。

衰退正逐漸迫近，聯準會還沒準備好，而且聯準會及時準備好的可能性極低。投資人害怕通貨膨脹，但如果衰退的假想情況發生，通貨緊縮將成為更大的憂慮。

新興市場覆沒

新興市場的債務危機就像春雨那樣可以預測，它們每隔十到十五年發生一次，很少變動或例外。過去幾十年來，一連串危機的序曲是一九八二年到一九八五年的拉丁美洲債務危機。一九七〇年代末的通貨膨脹加上商品價格大漲，大幅拉抬了巴西、阿根廷、墨西哥、薩伊（今日的剛果）和許多其他國家的經濟。這個商品榮景使這些新興市場經濟體得以從出口賺取美元外匯，這些美元準備又因為美國銀行的美元貸款而進一步增加。當時的美國銀行想再流通石油輸出國組織（OPEC）國家在一九七〇年代油價暴漲後存入的存款，因而提供大量美元貸款。

我在能源危機期間直接與花旗銀行傳奇領導人李世同討論石油美元再流通的過程。李世同在一九六〇年代發明了可轉讓歐洲美元定期存單，後來在支應這些新興市場貸款時扮演關鍵角色。季辛吉（Henry Kissinger）和賽蒙（William Simon）一九七四年創造石油美元後，李世同被認為是石油美元再流通的首創者。花旗銀行從再流通石油美元和它的股價大漲賺進數十億美元。那是國際銀行家最意氣風發的美好時代。

然後市場榮景崩潰並造成重創。從一九八二年開始，債務國紛紛違約。它們把外匯虛擲於像是在叢林中蓋摩天大樓這類華而不實的計畫，那是我在中非洲的剛果河親眼目睹的情況。沒有浪費的錢被貪官汙吏竊走，藏在瑞士銀行帳戶裡。這些違約使花旗銀行處於技術上的破產狀態，但因為缺少依市價計值的會計處理而倖免於難。當時我們可以假裝那些貸款仍然沒有問題，只要能設法再融資或展延它們。花旗銀行有著從一九三〇年代一直到二〇一〇年代屢次被紓困的悠久光榮歷史。

一九八〇年代的違約潮後，後果逐漸顯現。新興市場不得不採取緊縮政策、貶值貨幣、削減支出、控制進口，和逐步重建信用。一九九四年墨西哥再度發生重大新興市場債務危機，即所謂的龍舌蘭危機，但美國在財政部長魯賓帶領下再度提供紓困。整體來看，新興市場利用一九九〇年代重建外匯準備，並恢復它們的債信。銀行業逐漸對新興市場的進步恢復信心，新貸款已開始湧進。當時銀行貸款的目標不是拉丁美洲，而是亞洲小龍（新加坡、台灣、南韓和香港）和南亞的新興經濟體。

下一場新興市場債務危機在一九九七年準時爆發，距一九八二年的拉丁美洲債務危機整整十五年。新危機始於一九九七年六月的泰國。資金已持續湧入泰國數年之久，大多數用於興建住宅、度假中心、高爾夫球場和商業辦公大樓。泰國貨幣泰銖與美元掛勾，因此美元投資人可以在沒有貨幣風險下獲得高報酬。但突然泰銖擠兌潮出現，投資人蜂擁撤出投資以兌換美元。泰國央行被迫關閉資本帳和貶值貨幣，導致外國投資人巨額損失。

新興市場在一九九七年到一九九八年的危機中學到寶貴的教訓。在接下來的十年，新興市場蓄積了龐大規模的準備部位，以避免在另一次全球流動性危機中處於劣勢。這些過度的國家儲蓄被稱為「預防性準備」，因為它們遠超過央行正常外匯操作所需的金額。新興市場也避開不切實際的固定匯率，以避免讓索羅斯（George Soros）等外國投機客放空它們的貨幣和耗盡它們的外匯準備。

這些改進措施意味新興市場在二〇〇七年到二〇〇八年的全球金融危機，以及接踵而至的二〇〇九年到二〇一五年歐洲主權債務危機時，已不再處於暴風眼。這些危機主要發生在已開發經濟體，和在美國房地產業、歐洲銀行業和歐元區較弱的成員，包括希臘、賽普勒斯和愛爾蘭。

但記憶是短暫的，從上一次新興市場債務危機至今已超過二十年，上一次全球金融危機也有十年以上。新興市場舉債正以前所未見的速度增加。再一次的，來自美國和歐洲的熱錢正在新興市場追逐高獲利，尤其是在金磚五國（巴西、俄羅斯、印度、中國和南非），以及次一級的國家如土耳其、印尼和阿根廷。

世界正處於過去三十五年來第三次重大新興市場債務危機的開端。一個關鍵的衡量指標是強勢貨幣準備的規模，相對於這些準備可以購買進口產品的月數。這個相對關係很重要是因為新興市場需要進口零組件以創造出口、需要機器以從事生產、需要購買石油以維持工廠和觀光設施的運作。除了俄羅斯、中國和巴西外，大多數主要新興市場經濟體的準備部位只有不到十二個月的流動性。

另一個關鍵指標是以佔總準備比率計算的總外部融資需求。總外部融資需求顯示在未來十二個月到期債務佔總準備的比率，土耳其和阿根廷都超過一二〇%，這表示它們要償還的到期債務高於準備。總外部融資需求考量以外幣計價的到期債務（包括美元和歐元），以及未來一年的經常帳逆差。

兩個指標都顯現新危機正在醞釀中。土耳其、烏克蘭、墨西哥、阿根廷和南非等國擁有的可支付進口的強勢貨幣，都不到一年。這表示萬一已開發經濟體衰退或其他流動性危機導致新興市場出口萎縮，這些新興市場維持必要的進口投入的能力將很快消失。土耳其未來一年內的到期債務和經常帳逆差已達到可動用準備的一六〇%，阿根廷的債務和逆差佔準備比率超過一二〇%。委內瑞拉的這項比率約為一〇〇%，這個數字很驚人，因為委內瑞拉是石油輸出大國。

這些指標不只預測未來的新興市場債務危機，而且指出債務危機已經開始。委內瑞拉的部分外債已經違約，與債權人的訴訟和若干資產沒收正在進行。阿根廷為了保護其貨幣已消耗大量外匯準備，並已轉向ＩＭＦ尋求緊急融資。烏克蘭、南非和智利也面臨準備不足和美元計價外債違約的高度風險。俄羅斯因為外債很少而處於相對穩健的地位。中國有龐大外債，但也有超過三兆美元的龐大外匯準備可以因應這些債務。

問題不是個別的主權債務違約，它們是一定會發生的，問題在於傳染。歷史顯示，一旦有一個國家違約，債權人就會對其他新興市場失去信心。這些債權人開始從新興市場的投資全面撤資，引發一場恐慌。一旦恐慌出現，即使像中國這麼強健的國家也會很快流失準備，最後導致違約。在最壞的情況下，一場全球流動性危機全面爆發，比二〇〇八年更加嚴重。

新興市場債務危機可能很快全面爆發，它將從土耳其、阿根廷和委內瑞拉開始，蔓延到其他高槓桿國家，包括印尼、南非和墨西哥。然後這場恐慌將影響烏克蘭、智利、波蘭和這條鏈子中其他較弱的連結。IMF將用盡貸款的資源，必須向富裕國家求援。但歐洲有自己的問題，而川普當家的美國很可能回答「美國優先」，並拒絕參與用美國人納稅的錢來紓困新興市場。到時候，IMF可能訴諸印製數兆單位的特別提款權，以挹注恐慌世界的流動性。

這場迫近的危機有如春雨一樣可以預見。

一種適合各種季節的資產

從十四世紀的黑死病到十七世紀的三十年戰爭，再到二十世紀的世界大戰，黃金一直是可靠的財富保存方法。現在沒有理由相信攸關生存的事件已不再有危險性。

讀者不需要我提醒今日世界存在的種種風險。美國已決心避免伊朗取得核子武器，伊朗同樣也決心發展核武。伊朗的鄰國如沙烏地阿拉伯已表示，如果伊朗擁有核武，它也會很快取得核武。一旦事態如此演變，土耳其和埃及將有樣學樣。這個選擇歸結為與伊朗進行傳統戰爭，或者在一個高度動盪的地區發生全面的核武競賽。

北韓已擁有一個核子彈頭火藥庫，其當量數大約是廣島原子彈的大小（一．五萬噸TNT），而且已試爆威力更強的彈頭。北韓也已發展中程彈道飛彈，並測試洲際彈道飛彈。

美國和北韓正持續進行去核武談判，但川普已明白表示，如果北韓繼續發展射程可達美國的核武，美國將攻擊北韓。如果美國真的攻擊北韓，北韓很可能發動對南韓的全面攻擊，並可能朝日本發射核子武器。

委內瑞拉已陷於政治和人道的災難，且正瀕臨失能國家的情況，進而可能引發內戰、暴動、大規模難民，和中斷佔今日全球總供應三%的石油出口。其他世界的熱點包括敘利亞、烏克蘭、以色列和與它對峙的哈瑪斯和真主黨、沙烏地與伊朗支持的葉門胡塞反抗軍的戰爭，以及南海主權的爭奪。

自然災害頻仍發生，從哈維颶風和佛羅倫斯颶風造成的水災，到夏威夷奇勞亞火山的岩漿流帶來的災害。伊波拉病毒繼四年前在西非洲奪走一萬條人命後，近日再度在剛果出現。其他威脅也遍布世界各地。

非傳統地緣政治性的威脅或非傳統自然災害也開始出現，包括電力網崩潰、網路戰、網路入侵、資料盜竊和濫用大數據，還有像俄羅斯干預美國選舉等例子。殺手機器人、蜂群攻擊無人機和惡棍人工智慧程式，也很快會成為現實。

如果投資人說「那又如何？」並不奇怪，上述的威脅已經醞釀多年。若把時間再往前推會得出一串不同的威脅，其中絕大多數未曾實現。特別是美國人似乎未曾經歷過最惡劣的威脅，只有在特定地區發生暫時性的狂風暴雨或森林大火。對大多數美國人來說，這些威脅只是背景的白噪音。自滿讓我們失去戒心。

但以下是一些有趣的數學[91]，有點簡化，但可能讓投資人擺脫自滿心態。讓我們想想經常被討論到的「百年洪水」，用來指稱像是哈維颶風這種一百年發生一次的洪水，或者只是用來比喻罕見的事件，即所謂的黑天鵝。假設「P」代表在一個已知常發生洪水的區域出現百年洪水的機率，然後思考在一段年份洪水發生和不發生的機率。數學家會如此表達這種情況：

P（發生百年洪水）＝P（F）＝1%＝0.01

P（沒有發生百年洪水）＝P（F^1）＝1－0.01＝0.99

P（二年沒有百年洪水）＝P（F^1）×P（F^1）＝P（F^1）^{2}＝0.99^2＝0.9801

P（X年沒有百年洪水）＝P（F^1）^{X}

因此，P（三十年沒有百年洪水）＝P（F^1）^{30}＝0.99^{30}＝0.7397

這表示，在三十年期間，沒有發生百年洪水的機率大約是七四%，而發生一次百年洪水的機率是二六%，相當於每四年發生略多於一次。這個數學稱作伯努利程序（Bernoulli process），是一個標準的統計公式。重點是，在短時間發生機率很小的災難事件，在一段較長的時間內幾乎一定會發生。

讓我們用上面的數學來思考四個不同的災難，每一個災難都等於是一個百年洪水，但彼此之間沒有相關性。如果每一個事件在三十年內發生的機率是二六%，那麼在同一期間發生任何一個災難的機率是一〇〇%。當我們思考更多種百年洪水時，一〇〇%會發生任何一種事件的期間會從三十年縮短到二十年、再到十年等。換句話說，下一次百年洪水已等著要發生了。

真實世界的經驗與數學不同，當我們只思考近來的金融災難影響美國投資人而不管其他災難時，我們想到的是主要的股市崩盤，或者一九八七年、一九九四年、一九九八年、二〇〇〇年和二〇〇八年的全球流動性危機。這是三十年間發生發生五次重大災難，相當於每六年一次。最後一次這類事件發生在超過十年前。這並不表示你該很快躲進強化碉堡，蜷縮成一團。我們還是每天早上醒來，照常面對新的一天。但這些崩盤意味我們必須克服認為未來會如過去一般的認知偏誤，並且要和聽到對未來的正向預測一樣保持鎮定。

面對極端事件要保存財富的最好方式是，把少量的投資組合配置在實體黃金。當百年洪水真的來襲時，再買洪水保險就已經太遲了。同樣的，當下一波金融危機發生時，要以今日的價格購買黃金已經太遲。買洪水保險最好的時機是太陽高照時，買黃金的最好時機是現在，在自滿的牆倒塌前。

結論

重大悲劇的本質不是不快樂，而是在於事物冷酷運作的嚴肅性[92]。

—懷海德（Alfred North Whitehead），
《科學與現代世界》（*Science and the Modern World*），1925年

在尷尬中，他領悟到的就只是該如何可靠而正確地花錢：花在別人身上[93]。

—絲薇佛（Lionel Shriver），
《曼迪波家族》（*The Mandibles*），2016年

末日時鐘

美國文學中最著名的一段出現在海明威（Ernest Hemingway）的《妾似朝陽又照君》（*The Sun Also Rises*）第十三章。對話發生在西班牙潘普洛納（Pamplona），當時正在舉行奔牛慶典。

書中主人翁巴恩斯（Jake Barnes）的朋友戈登（Bill Gorton）剛從紐約來到此地。戈登在咖啡館裡與坎貝爾（Mike Campbell）談話，坎貝爾是一位家道中落但仍保持外表體面的英國貴族。坎貝爾在談論有關他的裁縫師的故事時，不經意提到他破產了。以下是對話：

「你怎麼破產的？」戈登問。

「兩種方式，」坎貝爾說：「逐漸的，然後突然的。」

「什麼事造成的？」

「朋友。」坎貝爾說。「我有許多朋友，假朋友。但我也有債權人。我的債權人可能比英格蘭的任何人都多。」

你可能見過坎貝爾這句「逐漸的，然後突然的」的變形。它常被錯誤引用為「剛開始是慢慢的，然後快速的」。原本的句子是在警告緩慢、穩定的債務累積而沒有償還債務的計畫，這種情況可能持續比預期來的長，然後突然滑落到全面的財務窘困狀態和迅速崩潰。我的引文較長，為的是交代前後文的背景。債務人坎貝爾不只是破產，他有許多「朋友」仰賴他的慷慨和支持，但他們都無意在他落難時還他錢或協助他。

他也表現出對財務狀況缺少控制。大多數債務人能看到問題逐漸迫近，也能減少支出或採取其他因應的措施。這兩種方法或快或慢都可能扭轉情勢，但缺少控制讓債務人走上債務無法承受的地步，也就是「慢慢的」部分；然後很快的危機突然發生，也就是「突然的」部分。那就是無法避免的事發生時仍會出乎意料的原因。

這就是美國發現自己所處的情況。美國的國家債務已慢慢的累積了數十年，美國沒有擬訂讓它可以持續的計畫，只是模糊地期望債權人繼續增加借貸或展延貸款。美國有許多「朋友」，國內和國外都有，他們期待美國給予優惠、外援、政府合約或減稅等形式的福利。咖啡館的場景在美國的情況已經齊備。

問題是美國現在是不是處在突然破產的點。當然，美國不會破產，必要時它可以印製鈔票來償還所有的名目債務。但什麼時候美國會不得不印這些鈔票？

物理學家和應用數學家都很了解這種「逐漸的，然後突然的」動力。在物理學它是大家知道的相變，一壺水燒開了然後變成蒸氣就是好例子。爐火可能燒那壺水一段時間而沒有肉眼可見的變化，水溫逐漸上升，但熱水看起來像冷水。突然水的表現變得擾動，很快冒泡的表面逸出蒸氣。水已經轉變。如果繼續下去，整壺水會蒸發。

在數學，同樣的動力稱為超同步性。這個專有名詞用來表示每個人同時都做相同的事。銀行擠兌是絕佳的例子。銀行擠兌始於少數幾個人在出納櫃檯要求提領現金（或數位版的提領存款，或向貨幣市場贖回基金）。很快的耳語傳開，人們陷於恐慌，每個人同時都想把錢拿回來，而銀行沒有足夠的錢滿足流動性需求。這就是二〇〇八年九月雷曼兄弟破產後發生的情況。那場危機從二〇〇七年八月就已進入緩慢滾燙的階段，然後在二〇〇八年九月突然整個世界都想把錢拿回來。

數十年來我一直是海明威的粉絲，他的書和文章我幾乎都讀過，包括信件和不完整的手稿，以及幾本被深入研究的傳記。我沒見過他對物理學或數學感興趣的證據，但有許多證據證明海明威是敏銳的人性觀察者，和絕佳的安樂椅經濟學家。一九二〇年代海明威住在歐洲擔任駐外記者和旅遊歐洲各地時，學到大量有關外匯交易、通貨膨脹和國家破產的資訊。一九二五年，他親眼目睹法國的惡性通膨。身為美國人和有美元收入讓他可以住在不錯的公寓，能在最好的咖啡館享用最好的葡萄酒，因為法國法郎大幅貶值。他的美元收入是對抗法郎貶值的天然避險。法國人飽受惡性通膨之苦，因為他們的收入是法郎，不是美元。

如果美元突然變成像一九二五年的法國法郎那樣沒人要呢？

想想美國現在已很危險地接近海明威描述破產情況的「突然」階段的證據：

- 國會在二〇一七年底通過川普的減稅案。這項立法為預算赤字炸開一個一．五兆美元的大洞。減稅刺激的成長足以彌補減少稅收的說法，是庫德洛、拉弗（Art Laffer）等少數人沒有根據的推論。

◆國會取消從二〇一一年實施的國內和國防自由裁量支出上限；同時，國會恢復國會議員對專案計畫的特別撥款支出。這兩項法案為美國的赤字每年增加三千億美元。

◆學生貸款違約現在每年高達一五%，而學生貸款金額已超過一・六兆美元，遠高於二〇〇七年垃圾級房貸的金額，而且違約率也遠高於後者。彌補這些損失將在未來幾年每年再增添二千億美元的聯邦赤字。

◆美國的債務佔GDP比率已超過一〇五%。這已遠超過經濟學家羅格夫和萊因哈特確認的九〇%危險門檻。一旦跨過門檻，再舉債所能帶來的成長將是負值，而無法發揮刺激作用。

◆俄羅斯、中國、伊朗、土耳其和其他美國對手正在囤積數以千噸計的黃金，為它們預期美國嘗試以印製鈔票支應無法持續的債務避險。

還有其他跡象顯示美國債務情勢審判日的到來將比專家預期的快。和海明威描寫的外國人一樣，美國的財政政策完全缺少紀律。

海明威的看法是，破產來得比任何人預期快，尤其是破產者本人的預期。美國已瀕臨轉捩點，而且比國會和白宮所知的還接近。水壺已開始沸騰，現在就該採取行動以規避最壞的結果。

騎在公牛上

老練的股市投資人知道如何面對牛市。他們增加股票的配置，利用信用帳戶和其他形式的槓桿；他們在高點賣出，在低點買進，希望在公牛耗盡力氣前獲利了結和現金落袋。

投資人也知道如何面對熊市。他們轉進防衛股，例如消費者非耐久財和公共事業；他們也增加現金配置，降低槓桿，避免用手接落下的刀子，並耐心等待底部的訊號才重回股市。

投資人不知道如何面對的是我們現在所處的情況。思考一下近日的數字。

道瓊工業指數二〇一八年開盤時為二萬四千七百一十九點，二〇一八年三月底時為二萬四千一百零三點，小幅下跌了二．五%。如果你只知道這個資訊，可能以為沒有發生什麼事。當然，投資人知道的不只如此。

股市在二〇一八年一月大幅上漲，一月二十六日攀至二萬六千六百一十六點，漲幅達七．六%。然後這場股市派對突然告終，結束了從二〇一七年以來的多頭行情。到二月九日，股市已重挫一二%到盤中的二萬三千四百四十六點，這是二〇一六年以來首見的大幅修正。

接著的一波回升帶領道瓊指數到二〇一八年二月二十七日共上漲近一〇%，來到二萬五千一百六十點。然後很快又是一波拉回，這次是到三月二日下跌六%至二萬四千二百七十點。在三月十二日反彈近五％到二萬五千四百一十五點，雖然到三月二十三日再下挫七．四％到二萬三千五百三十三點。接著道瓊展開一波疲弱的回升到二萬四千一百零三點，結束第一季的走勢。

股市在二〇一八年以一波更極端的走勢封關，包括「耶誕前夕大屠殺」（道瓊重挫逾六百五十點），並在下一個交易日的節禮日強勁彈升逾一千點。即便是這裡的回顧也未能道盡整個故事。在這些暴漲暴跌的過程中還有許多後繼無力的漲跌，包括一連串五百點的盤中漲跌。股市的波動性急劇升高。

到底出了什麼事？

投資人的不確定感是部分原因。市場可以調適利多或利空消息，但無法輕易以價格反映真正的不確定感。除此之外，這種市場行為還反映出更多因素，而不只是不確定感，有些因素還互相矛盾。市場嘗試反映許多不一致的訊息，卻發現難以調和其中的不一致。市場每日的暴漲或暴跌都根據傳聞、小道消息和Twitter，卻沒有夠重的壓艙物來穩住這艘船。

有四個主要因素在驅動市場，它們是經濟成長、貿易戰、地緣政治和科技監管。這四個因素各有自己的內部矛盾，各個因素都可能有兩個結果，這表示市場可能出現十六種可能的路徑（二的四次方等於十六）。市場的困惑不言而喻。

在成長方面，多頭投資人期待川普減稅的拉抬效應。他們也預期強勁的就業創造、升高的勞動參與率和低失業率帶來的通貨膨脹。他們預期利率上升，但認為這是經濟好轉的跡象而不是隱憂。強勁的成長對企業盈餘是利多，而溫和的通膨通常對名目股價也是好事，至少在初期階段是如此。多頭投資人對成長的看法是菲利普曲線加上拉弗曲線的奇怪組合。

空頭投資人指出，二〇一八年第四季出現經濟減緩，這與二〇〇九年六月上一次衰退結束以來平均成長率只有疲弱的二．二％相符。強勁的成長受到人口結構、債務逆風，以及中國勞工和科技對全球訂價力的影響所阻礙。減稅預料將幫不上忙，因為債務增加對成長的拖累超過低稅率的刺激效果。

聯準會正對疲軟的經濟施予雙重劑量的緊縮，其形式是升高利率和結束量化寬鬆帶來空前的銷毀基礎貨幣。聯準會曾把經濟推到衰退邊緣，然後才猛然發現這一點而停止升息。這個空頭觀點結合了萊因哈特和羅格夫的債務死亡螺旋論點，加上省思聯準會一九二九年和一九三七年的錯誤政策。

貿易戰是另一個謎題。真正的貿易戰會降低全球成長是無庸置疑的。我們是否面臨一場長期的貿易戰，或是一連串川普交易藝術中的談判姿態？川普先是援引二三二條款對鋼鐵和鋁的進口課徵關稅，隨即又把加拿大和墨西哥排除在外，聲稱將視北美自由貿易協定（NAFTA）談判的進展而定。接下來川普在與南韓的貿易談判中勝出，對鋼鐵進口設置配額，然後又馬上宣布該談判協議是以南韓必須協助對付北韓為條件。南韓確實提供了協助，因此到二〇一八年九月新韓美自由貿易協定（KORUS）開始生效。

川普以三〇一條款揚言對中國竊取美國智慧財產權懲罰五百億美元，數日後中國和美國宣布將舉行雙邊貿易談判以安撫市場恐懼。美中談判初期似乎沒有成果，到二〇一八年九月雙方的報復升高到牽連彼此價值四千五百億美元的貿易產品。到二〇一八年底，兩國展開長期貿易戰已無可避免，但對全球經濟成長的衝擊卻出乎意料輕微。股市繼續上漲，彷彿貿易戰從未發生。

地緣政治是另一個時斷時續的市場影響因素。有強烈跡象顯示美國與北韓的戰爭即將開打。北韓數十年來發展核武和彈道飛彈和近幾年來加快試射腳步，透露出北韓已決心打造一個核子洲際彈道飛彈的彈藥庫，將對美國的生存帶來威脅。美國本身已明白表示，不允許北韓取得或擁有這些武器。兩國的立場無法調和意味將步向戰爭。在此同時，一輪快速的外交談判，包括南北韓、中國與北韓，以及日本和北韓的高峰會談，甚至二〇一八年六月川普和金正恩在新加坡的高峰會，卻指向這個僵局有可能和平解決。如果你相信金正恩是真心誠意，你將對情勢的發展感到鼓舞；如果你認為金正恩存心欺騙，只是想爭取時間以達成發展武器技術的目的，你將預期戰爭只是遲早的問題。

令市場混淆的最後一個因素，是實施科技監管的可能性。投資人不需要提醒就知道FAANG（Facebook、Apple、Amazon、Netflix、Google）和特別是那斯達克一百指數成分股，對整體市場的影響過大。

Facebook因為濫用顧客個資和協助俄羅斯干預美國選舉而突然遭到檢視。Amazon也因反托拉斯顧慮、貨運疑似接受政府補貼，以及川普厭惡《華盛頓郵報》的假新聞而備受關切

（《華盛頓郵報》的老闆是Amazon創辦人貝佐斯）。國會已為這些事務的立法舉辦公聽會。矽谷的遊說者會不會阻撓立法？反托拉斯的指控會不會日益升高？民粹主義者對科技巨人的憤怒會不會導致大變革，和類似一九〇〇年代初對洛克斐勒信託事業的嚴格執法？沒有人知道未來的發展。這將是一場大企業遊說者和憤怒的民粹主義者間的戰爭。通常遊說者會勝出，但這次可能不同。

這四個問題都不會在短期內解決。聯準會可能要六個月以上的數據才知道減稅之後經濟仍然疲弱，或者市場空頭已棄股投降。貿易戰通常持續數年之久，而非數個月。如果與中國的談判很快得出結果，貿易戰的顧慮將消失，否則戰火將隨著報復而升高。如果金正恩想要和平，我們很快就會知道，否則目前暫停的戰爭倒數將恢復計時。有關科技監管的聽證和立法程序也要一年以上才會有結果。國會議員喜歡在解決這些議題前先榨取兩黨的競選獻金，因此別指望會很快有結果。

投資人的問題是，他們每天醒來必須決定資金的去處，不管他們知不知道這些問題的答案。如果成長強勁、貿易戰停息、北韓想要和平，而且科技遊說者勝出，那麼道瓊指數三萬點指日可待。如果成長疲弱、貿易戰升高、北韓在談判中虛與委蛇，而民眾的憤怒壓倒科技巨人，那麼道瓊跌回一萬五千點不無可能。當然，這些因素的其他組合可能發生。整體來說，較不樂觀、較利空的發展似乎最可能出現。但把一切押注在特定的結果是不智的作法，此時應該保持靈活應變。

《曼迪波家族》成真

最糟的假想情況會是如何？

對許多投資人來說，二〇〇八年金融恐慌可以用來作為最糟結果的標準。道瓊工業指數從二〇〇七年十月九日到二〇〇九年三月六日的十七個月內下跌五四％。包括雷曼兄弟、貝爾斯登、房利美、房地美和美國國際集團等大型投資公司聲請破產，或在大幅虧損後接受政府紓困。失業率從二〇〇七年三月的四．四％上升到二〇〇九年十月的一〇％。標普凱斯－席勒房價指數從二〇〇七年一月的一百八十二．七二點，下跌至二〇一二年二月的一百三十三．九九點，跌幅二七％。只剩下一〇％或二〇％權益的房屋投資人血本無歸。無數避險基金關門，或暫停贖回。投資人的損失以兆美元計算。傳染效應波及歐洲和中東。杜拜世界（Dubai World）在二〇〇九年十一月違約，一場主權債務危機從二〇一〇年到二〇一五年肆虐歐洲。那是大蕭條以來最嚴重的金融危機。

這場金融破壞並未很快恢復，從二〇〇九年六月到二〇一八年十二月，美國經歷史上最疲弱的復甦。但破壞確實已平復，從二〇〇九年三月到二〇一八年九月，主要股市指數上漲逾三倍，失業率從二〇〇九年十月的一〇％下降到二〇一八年十二月的三．九％。標普凱斯－席勒房價指數到二〇一八年六月飆漲至歷史新高點二〇四．四四點。沒有在二〇〇九年三月的谷底賣出而緊抱部位的投資人收復了所有損失，到二〇一八年還賺進可觀的獲利。銀行執行長或像巴菲特這樣的投資專家可以笑看這場危機。

不過大多數經歷這場崩盤的投資人感受並非如此。投資人在二〇〇八年底或二〇〇九年初撤出股市以保留僅剩的資金，他們一直等待多年後才重回股市，甚至一去不回，錯失了大部分回升的漲勢。住宅遭到法拍，原本的持有人無緣參與始於二〇一三年的行情回升。最慘的是信任的淪喪。蒙受慘重損失的投資人看到銀行執行長到二〇一六年仍穩坐他們的職位，並賺進數百萬美元紅利。沒有人因為詐欺遭起訴，最高管理階層無需擔負責任。投資人逐漸重返市場，但對華爾街的研究或所謂財富經理人不再心存信任。二〇〇九年之後的投資都是狗咬狗式的自助逐利，懷疑取代信心，怨毒取代信任。

想像一個比二〇〇八年及其後果更嚴重的假想情況可能很難，但這種情況並不少見——它們在美國歷史上已發生許多次。在大蕭條期間，主要股價指數從一九二九年到一九三二年下跌八〇%。在南北戰爭期間，南方經濟崩潰直到一九七〇年代才完全恢復，持續超過一世紀。第二次世界大戰對家庭加諸嚴格的節約壓力，並使逾一百萬名美國人在前線傷亡。一九三四年到一九三九年的沙塵暴乾旱造成約三百五十萬名美國人的國內移民，這些人大多數是貧民，他們用老爺車載著家當從奧克拉荷馬州、阿肯色州和德州，遷移到加州尋找工作，數萬人死於肺炎或飢餓。簡而言之，美國經歷過遠比二〇〇八年金融危機更悲慘的情況。

這意味考慮一場真正惡劣的假想情況必須比股市下跌超過五〇%和銀行倒閉更廣泛。這種情況應包括金融停擺，但除此之外還得進一步設想更大規模的資本市場和緊密相連的機構間更快的傳染效應，且不可避免地衝擊重大基礎設施和最終的社會秩序。

我們可以立即去除幾種假想情況。美國人數十年來已看夠了電影描寫的殭屍復活和外星人入侵，那是很棒的娛樂，但這世界上沒有殭屍。這世界可能有些地方有孤魂野鬼，但沒有殭屍。現在也沒有外星人接觸的明確證據。根據實證分析，用超自然現象來解釋遭遇外星人的可能性，和用星際接觸來解釋的可能性不相上下。這種辯論不應阻止我們思考。外星人太空船降落華盛頓特區國家廣場的假想情況，並未列在我的黑暗假想清單前面。

較可能發生的是與其他災難事件有關的金融崩盤，例如電力網瓦解或自然災害。這類雙重災難出乎許多人預料的並非很罕見，事實上密度函數使它們很可能發生。日本二〇一一年三月的福島災難是一個絕佳的例子：一場地震造成數萬人遇難的海嘯，破壞一座核能發電廠，導致部分反應爐熔毀，進而使東京證券交易所崩跌。這是一個臨界狀態系統（地殼構造）觸發其他臨界狀態系統（水力學、輻射、資本市場）相變，直到臨界連鎖完成其過程的例子。

臨界狀態系統間的連結不但取決於情況（像是在福島的例子），它們也可以出於設計。如果中國人有意對美國的電力網發動攻擊，他們不會在大晴天進行。他們會等待股市崩跌的時候才攻擊電力網，這是一種力乘數的技巧，就是在燈熄滅時突顯恐懼。伊朗可能看到混亂發生，並認為關閉一部分全球資訊網（WWW）的機會來到，其方法是癱瘓阿拉伯聯合大公國富吉拉（Fujairah）機場附近的網路數據中樞等重要節點。網路和電力中斷可能加速股市崩跌，雖然較可能的結果是股市交易所關閉，而這個情況則可能進一步放大恐慌。

其他觸媒包括瘟疫、戰爭，和一家主要銀行在央行來不及救援前出乎意料地破產。雖然這些事件個別的可能性都很低，但未來幾年不發生任何這類事件的機率趨近於零，正如前一章討論的伯努利公式已經證明的。一個觸媒觸發骨牌效應時，一個系統的失靈導致另一個系統失靈，其結果是失靈擴散到癱瘓整體的程度。

社會學家和歷史學家都記錄了文明的淺薄。一旦關鍵的系統崩潰，文明的行為只能持續三天，然後叢林法則開始當道。市民憑恃暴力、金錢、退避偏鄉，和採用其他形式的威嚇來維繫他們的地位。對國家的忠誠遭拋棄，因為國家不再履行提供秩序的承諾，根據地方共同價值而組織的部落出現。二〇〇五年八月侵襲紐奧良的卡翠娜颶風是一個典型的例子。第一天暴風來襲，第二天是震撼和對抗立即的生存威脅。到了第三天，劫掠事件爆發，雖然一些官員淡化劫掠只是受害者進入生存模式，尋找食物和水。接著是武裝義勇軍團體形成，他們槍殺一些劫匪，但也槍殺更多剛好出現在「錯誤」鄰區的無辜倖存者。我們關心的不是這種情況下的正義，而是極端情勢只持續幾天而非幾週，就有武裝的準民兵擁上街頭肆行暴力。文明只有薄薄一層外表。

秩序終於恢復，但什麼樣的秩序？五世紀末入侵羅馬的「野蠻人」保留了帝國的體制，並向君士坦丁堡的東羅馬皇帝要求正統性。儘管如此，貴族的財富遭沒收，且大批貴族遭殺害。一九四四年的布列敦森林協定是一個新世界經濟秩序，從一九二〇年代和一九三〇年代的貨幣戰和貿易戰造成的崩潰中興起。二次世界大戰後同盟國軍隊以戒嚴法讓戰敗的德國恢復秩序，但遭破壞的基礎設施、摧毀的財富和精神委靡的市民卻是冷酷的事實。秩序恢復了，但和大災難前的秩序不同。劫後的世界已經截然不同。

投資人不應該只注意崩潰的原因（原因有一長串，而且崩潰的時機不確定）。崩潰本身將走完它的過程，而秩序將透過強迫、合作或純粹的耗竭而重現。問題是你在新秩序中的處境將是如何？

麥卡錫（Cormac McCarthy）的小說《長路》（*The Road*）描述的末日後世界十分引人入勝，其隱喻深具啟發性，但不是我們必須考慮的情況。麥卡錫的世界是一個遭遇滅絕等級事件的世界，幾乎所有世界上的生命已經滅絕，少數倖存者是食人族、俘虜，或小家園的保衛者。這種結果不能排除，但「投資人」這個詞在一個經濟運作或法治完全不存在的世界中將毫無意義。倒退至一個一八七〇年代前的農業社會，沒有汽車、手機、自來水或電力，比末日較可能發生，但可能性仍然很微小。有人會把電燈再度點亮，就算那些人是根據緊急授權和戒嚴法運作的美國軍隊。

金融崩潰後的生活最傳神的描述出現在《曼迪波家族》（*The Mandibles*）[94]，這本二〇一六年出版的精彩小說是由獲獎的作者絲薇佛（Lionel Shriver）所寫。它描述發生在二〇二九年的一場經濟崩潰，但大部分情節是災劫之後一般人的生活。和伯吉斯（Anthony Burgess）一樣，絲薇佛在必要時會創造字詞以傳達不熟悉的情境。她以「石器時代」來描述金融崩潰前的電力網瓦解，並以「乾涸」（Dryout）來描述都市地區的水源匱乏。

《曼迪波家族》詭異的不是生活像末日（一如《長路》的情景），或生活依然正常（像華爾街的啦啦隊喜歡描述的），而是兩者的混合。美國的債務已違約，正仰賴聯準會印鈔票來償付利息和本金。新全球準備貨幣班科（bancor）已推出，但美國被排除在這個貨幣體系外。墨西哥裔的美國總統阿爾瓦拉多（Alvarado）——他以西班牙語發表演說——沒收美國的所有私人黃金，相當於一九三三年小羅斯福沒收黃金的歷史重演。惡性通膨高達每週三〇％（我在土耳其旅行時曾親身經歷），因此以物易物逐漸取代鈔票。商店仍然存在，但貨架上經常是空的。購物者不是買他們想要的東西（貨架上沒有），而是買其他人未來可能想要的（五金之類的東西），以便他們以物易物換取食物。警察仍在街上，但他們為賄賂工作，任由罪犯侵害無力賄賂的居民。一般工作仍然找得到，但專門職業和學術工作已被去除以節省成本。這發生在曼迪波家族過去最富有的成員身上，迫使他們舉家搬遷，以依附較貧窮、但仍然有地方可住的親戚。

《曼迪波家族》中一個不斷出現的主題是，這個家族原本屬於菁英階級，而菁英堅信經濟崩潰只是暫時的，經濟將很快回升，正如他們經歷過的石器時代後，和更久遠前的大蕭條後。但經濟回升在絲薇佛的世界並未出現，情況反而每況愈下，那些死抱著復甦幻想的人最後的損失也最大。絲薇佛描述政府計畫捨棄現金以遏阻黑市經濟，正如今日羅格夫和桑默斯等人的主張。一些富裕的美國人存活下來，但他們把自己囚禁在為危機準備的豪華碉堡裡。

絲薇佛加入一個情節：兩位曼迪波家族成員進入一個碉堡，發現沒有人殺死那些富人，而是他們相互殘殺。《曼迪波家族》的書評大體上很正面，只有《華盛頓郵報》的一篇負評，這並不令人意外，因為絲薇佛狙擊手般的洞識瞄準的正是華盛頓特區。

絲薇佛在《曼迪波家族》中創造了一個遠比末日預言或反抗極權主義更真實的經濟假想情況。那是一個你可以上街購物，但商店貨架空蕩的世界。那是一個你可以使用錢，但錢的價值像冰塊在你手中溶解的世界。那是一個你可以找到工作，但大多數人沒有工作的世界。那是一個市民不是靠機關槍，而是靠機智、拐騙和冷酷的堅忍存活的世界。

雖然《曼迪波家族》被歸類為反烏托邦、未來派，甚至科幻小說，事實上它是經濟崩潰後的現實派描寫。絲薇佛的角色每天經歷的試煉，對南北戰爭戰火下的平民或大蕭條下的老百姓應該很熟悉。那些以為這類情況不會再發生的人對央行太有信心，對歷史研究也太過輕忽。

大多數災難應變計畫在需要它的頭五分鐘就會失靈。華盛頓特區環城快速道路的交通在平常日子總是汽車一輛接一輛，在緊急狀況下用汽車疏散特區的想法很荒謬。超級巨富在紐西蘭已有安全藏身處，這聽起來不錯，但大亨們花太多時間在挑選地點而花太少時間研究他們是否到得了機場、他們抵達時機場是否仍在運作、他們在半途如何為私人飛機加油，以及如果他們到得了目的地，紐西蘭人的軍隊是否等在奧克蘭機場。較藍領式的方法如半自動步槍、彈藥庫和一箱箱的冷凍乾燥食物也不見得更高明。這些明日藍波的碉堡將在幾分鐘內就被四處竄起的民兵攻破，雖然會有人傷亡。當時機來臨時，腳踏車這類簡單的裝置可能比子彈還有價值。

這是絲薇佛在她小說的高潮時指出的重點。被圍困的曼迪波一家人決定離開布魯克林，他們聚集起來開始長途跋涉前往紐約州格洛弗斯維爾（Gloversville），那裡是阿第倫達克山麓阿伯尼市西北的一個小鎮。曼迪波氏的親戚賈瑞德之前已搬到那裡並買了一座農場。賈瑞德在經濟崩潰最惡劣的階段前已培養出一種生存本能，但他的農場並不是碉堡，而是種了果樹、蔬菜和養了牲口的營生農場。他告知他的家族成員如果可以設法來到農場，他需要許多幫手，並且會分享食物和住所。布魯克林的曼迪波家族展開跋涉，最後活著抵達農場。

在真正在崩潰中生存的關鍵不是靠碉堡、來福槍或私人飛機。關鍵是社群。你無法靠自己存活，但你在一個準備分享食物、水、勞力和工匠技術的社群中，很可能活下來。你是木匠、牙醫或農夫的技術可能獲得豐富的玉米、乳酪、牛奶和培根的獎賞。城市瓦解的速度會比周圍的鄉間快，因為城市過於依賴電子和交通網絡，而且容易發生暴動、劫掠和暴力犯罪。絲薇佛描述布魯克林一樁既恐怖又超現實得近乎好笑的住家遭劫持事件。

但在城市不再適合居住後很久，鄉間仍然可以相當順利運作。這不是靠武器換來的，而是靠社群的力量。鄰居會互相照顧，有需要的人會僱用有技術者。生產將穩定下來，價格也會保持平穩。這幅景像不是麥卡錫《長路》裡荒蕪的大地，而是懷爾德（Thornton Wilder）的戲劇《我們的小鎮》（*Our Town*）所描寫的一九〇一年新罕布夏的葛洛佛鎮（Grover's

Corners）。對《我們的小鎮》中的鄰家男孩吉布斯（George Gibbs）或《曼迪波家族》裡的賈瑞德來說，一座農場比大學文憑還重要。

錢和財富的保存呢？一九〇一年的葛洛佛鎮和絲薇佛二〇二九年的格洛弗斯維爾都有錢。在葛洛佛鎮，那是銀幣和黃金擔保的紙幣；在格洛弗斯維爾則是金塊和銀塊、黃金擔保的紙幣，或單純的以物易物。不被當成錢的是我們今日所稱的錢——由聯準會印製的法幣。財富在這兩個地方都只剩下有形的資產，和勞動者、藝匠或創業家擁有的技術。在葛洛佛鎮或格洛弗斯維爾被視為無物的另一種財富是股票和債券。絲薇佛藉由一位教授的抱怨傳神地描述了這個現實，他的投資組合在崩潰中蕩然無存：

> 所有那些用圓餅圖表示有六二%股票和二七%債券的退休基金[95]……所有採用「成長」或「收益」策略的投資帳戶……摩根士丹利熱心地調查你能容忍多高「風險」程度的問題——那些通常沒有地方可以選擇「零」風險的問卷……那些「大股本」、「小股本」還有「新興市場」的選項……那些微妙的用詞……也許我們應該再加碼一些能源產業和減少強調醫藥類股……所有這些帳戶都歸零了。什麼策略都沒有差別。

換句話說，硬資產和硬工作是唯一能儲存價值的東西。股票和債券將一文不值，因為企業會倒閉，債務人會違約，剩餘的任何名目價值會被通貨膨脹抹除。遊戲可能重新開始，但舊有的玩家將被完全掃除。

這不是說今日除了硬資產外，投資人不能也持有股票和債券。重點是保持警覺，並隨著情勢惡化和風險升高而靈活應變。需要迅速做決定的時機將在不久的未來來臨，這個決定是先從證券轉移到現金，然後從現金轉移到黃金……或者一座農場。

絲薇佛在《曼迪波家族》結尾時揭露了當時家族中年紀最大的成員做的一件事，他藉由贈與某種形式的貨幣而拯救了家族，這些藏在盒子裡的東西經歷了一切混亂而存留下來。我不會告訴你盒子裡是什麼而破壞了驚喜。不過，如果你熟悉我的作品，你可能猜得出來。

感謝詞

《下一波全球經濟浩劫》可能不是我的最後一本書，但那是我在八年期間寫出的四冊國際金融著作的最後一冊，前面三本是二〇一一年的《下一波全球貨幣大戰》、二〇一四年的《下一波全球貨幣大崩潰》，和二〇一六年的《下一波全球金融危機》。部分或全部參與了這趟個人「奧德賽」的經紀人、出版人和編輯給予我的支持、鼓勵和耐心，是我完成它們所不可或缺的。我衷心感謝他們無比慷慨的精神。

我的經紀人Melissa Flashman最先看出以深入淺出風格寫作國際經濟學，避免大多數經濟學書籍的教科書語調的潛力。如果不是她，整個出書計畫不會存在。二〇一八年《下一波全球經濟浩劫》的進度因為我從受傷康復而落後時，Melissa對這本書的樂觀對我是一大鼓舞。她支撐我繼續完成本書。我對她除了衷心感激之外，更是深心讚佩。

我的出版人、也是Penguin Random House的Portfolio創辦人Adrian Zackheim，是支持本書出版的重要來源。獨自工作的作者經常看不到背後支持他們的編輯、宣傳人員和製作群形成的網絡。Adrian的領導確保了這個團隊以最高的標準把作者的手稿轉變成與讀者分享的成品。《下一波全球經濟浩劫》是我最厚的一本書，也花了最長的寫作時間。Adrian的支持始終未曾動搖。副出版人Will Weisser與Adrian合作無間，讓出版程序順利進行。謝謝你們，Adrian和Will。

身為書籍、文章和評論專欄作者，我可以肯定地說，我很少寫一個沒有經過好編輯改善的作品。我很幸運多年來與Portfolio總編輯Niki Papadopoulos合作，她把卓越的才能應用在《下一波全球經濟浩劫》上，並加上她的機智和聰明的讀者觀點。如果各章的開頭很吸引人，那要歸功於Niki找到埋在文字的金句（一個我的律師訓練遺留的壞習慣），並建議我將它們移到前面，以便讀者立即抓住意旨。Niki也忍受我多次錯過截稿期限，而她總能以諒解和鼓勵面對。謝謝，Niki，我保證下一次會表現得更好。也謝謝Niki編輯團隊裡的Rebecca Shoenthal；和以勤勉和創意處理宣傳事宜的Stefanie Brody；以及審稿人Jane Cavolina。

我的特約編輯Will Rickards特別能抓出我寫作的錯誤，並以巧妙的方法修正它們。其結果是一本讀來更流暢的書，為讀者提供更好的閱讀體驗。Will編輯了我所有的書，是團隊中不可或缺的一份子。謝謝，Will。

書籍的宣傳和行銷在書稿還未完成前就已開始。作者寫作不只是把一本書放上書架，其他如與讀者的連結、把訊息散播出去，和獲得讀者與書評家的回饋都極其重要。書的旅程從作者寫完書才開始，這句話仍然適用。我每天與我的事業經理人兼媒體顧問Ali Rickards共事，討論書籍內容和相關脈絡，以便把最好的書呈現給讀者。謝謝Ali讓我們保持最好的水準。

我很幸運能參與一個廣大的Twitter、電子郵件和其他頻道的通訊者網絡，他們持續地提供挑戰主流觀點和僵化意見的點子和見解。謝謝Larry White、Art Santelli、Peter Coyne、Dan Amoss、Ronni Stoferle、Mark Valek、Chris Whalen、Chris Blasi、"TraderStef"、Velina Tchakarova、Robert與Kim Kiyosaki、Steven "Sarge" Guilfoyle、Dave Collum、Nomi Prins、Byron King，以及Terry Rickard。請繼續傳送短信、連結和訊息給我。

寫作的矛盾之處是，它是一個孤獨的活動卻尋求廣大讀者的閱讀。個人與群體之間的橋梁是一個家人和朋友的小圈，他們支持作者每日的努力讓作品終於可以呈現給讀者。如果沒有我親愛的妻子Ann和我們逐漸增加的家人——兒子Scott和他妻子Dominique，以及他們的四個孩子Thomas、Sam、James、Pippa；女兒Ali；兒子Will和他妻子Abby——四十年來持續的支持和回饋，我的寫作不可能達成。而我變大的家庭照片中當然也少不了狗狗Ollie和Reese，還有貓咪Pliny。我對你們所有人支持的感激無以言表，沒有你們我辦不到。我愛你們。

至於本書中的任何錯誤，它們都是我的責任。

Age to the Twenty-first Century (Princeton, N.J.: Princeton University Press, 2017).

87. Douglas Rushkoff, "Survival of the Richest-The Wealthy Are Plotting to Leave Us Behind," *Medium Magazine*, July 5, 2018, accessed January 9, 2019, medium.com/s/futurehuman/survival-of-the-richest-9ef6cddd0cc1.

第八章 浩劫之後

88. Walter Scheidel, *The Great Leveler: Violence and the History of Inequality from the Stone Age to the Twenty-first Century* (Princeton, N.J.: Princeton University Press, 2017).

89. Andrew Sheng and Xiao Geng, "Managing Chi-na's Global Risks," Project Syndicate, May 29, 2018, accessed January 9, 2019, www.project-syndicate.org/commentary/china-global-risks-trump-trade-war-by-andrew-sheng-and-xiao-geng-2018-05.

90. The Lighthizer actions and conversations described in the following pages were related to the author in a conversation on April 20, 2018, with one of Robert Lighthizer's closest associates, who had firsthand knowledge.

91. This example was first presented in similar form in B. J. Campbell, "The Surprisingly Solid Mathematical Case of the Tin Foil Hat Gun Prepper," *Medium Magazine*, April 20, 2018, accessed January 9, 2019, medium.com/s/story/the-surprisingly-solid-mathematical-case-of-the-tin-foil-hat-gun-prepper-15fce7d10437.

結論

92. Alfred North Whitehead, *Science and the Modern World* (New York: Cambridge University Press, 2011), 13.

93. Lionel Shriver, *The Mandibles: A Family, 2029-2047* (New York: Harper, 2016).

94. Shriver, *The Mandibles*.

95. Shriver, *The Mandibles*, 145.

springsummer-2018/case-new-international-monetary-system.

75. Interview with Alan Greenspan, "Gold: The Ultimate Insurance Policy," *Gold Investor*, February 2017, accessed January 9, 2019, www.gold.org/goldhub/research/gold-investor/gold-investor-february-2017.

76. Christine Lagarde, "Transcript of Managing Director's Press Briefing," International Monetary Fund, Washington, D.C., April 19, 2018, accessed January 9, 2019, www .imf.org/en/News/Articles/2018/04/19/tr041918-transcript-of-managing-directors-press-briefing?cid=em-COM-123-36937.

77. Shelton, "The Case for a New International Monetary System," 379.

78. Timothy F. Geithner, *Stress Test: Reflections on Financial Crises* (New York: Broadway Books, 2014), 73.

79. Dong He, "Monetary Policy in the Digital Age," *Finance & Development*, June 2018, International Monetary Fund, Washington, D.C., accessed January 9, 2019, www.imf.org/external/pubs/ft/fandd/2018/06/central-bank-monetary-policy-and-cryptocurrencies/he.pdf.

80. "Testimony of J. P. Morgan Before the Bank and Currency Committee of the House of Representatives, at Washington, D.C.," December 18-19, 1912, 48, accessed, January 9, 2019, lcweb2.loc.gov/service/gdc/scd0001/2006/20060517001te/20060517001te.pdf.

第七章 哥吉拉

81. Geoffrey West, *Scale: The Universal Laws of Growth, Innovation, Sustainability, and the Pace of Life in Organisms, Cities, Economies, and Companies* (New York: Penguin Press, 2017), 413.

82. West, *Scale*, 42.

83. Leonard Beeghley, *The Structure of Social Stratification in the United States, Fifth Edition* (New York: Routledge, 2016).

84. William E. Thompson, Joseph V. Hickey, Mica L. Thompson, *Society in Focus: An Introduction to Sociology, Eighth Edition* (Lanham, Md.: Rowman and Littlefield, 2017).

85. Dennis Gilbert, *The American Class Structure in an Age of Growing Inequality, Ninth Edition* (Thousand Oaks, Calif.: SAGE Publications, Inc., 2015).

86. Walter Scheidel, *The Great Leveler: Violence and the History of Inequality from the Stone*

61. Thomas L. Friedman, "Mideast Tensions; U.S. Jobs at Stake in Gulf, Baker Says," *The New York Times*, November 14, 1990, accessed January 9, 2019, www.nytimes.com/1990/11/14/world/mideast-tensions-us-jobs-at-stake-in-gulf-baker-says.html.

62. Nicholas Eberstadt, *Men Without Work: America's Invisible Crisis* (West Conshohocken, Penn.: Templeton Press, 2016), 150- 51.

63. Pavlina R. Tcherneva, "Unemployment: The Silent Epidemic," Levy Economics Institute of Bard College, Working Paper No. 895, August 7-10, 2017, accessed January 9, 2019, www.levyinstitute.org/publications/unemployment-the-silent-epidemic.

64. Philippe Van Parijs and Yannick Vanderborght, *Basic Income: A Radical Proposal for a Free Society and a Sane Economy* (Cambridge, Mass.: Harvard University Press, 2017).

65. Van Parijs and Vanderborght, *Basic Income*, 11.

66. Van Parijs and Vanderborght, *Basic Income*, 5.

67. Kathleen Pender, "Why Universal Basic Income Is Gaining Support, Critics," *San Francisco Chronicle*, July 15, 2017, accessed January 9, 2019, www.sfchronicle.com/business/article/Why-universal-basic-income-is-gaining-support-11290211.php.

68. Pender, "Why Universal Basic Income Is Gaining Support".

69. "Mark Zuckerberg's Commencement Address at Harvard," *The Harvard Gazette*, May 25, 2017, accessed January 9, 2019, news.harvard.edu/gazette/story/2017/05/mark-zuckerbergs-speech-as-written-for-harvards-class-of-2017.

70. Charles Murray, *In Our Hands: A Plan to Replace the Welfare State* (Washington, D.C.: AEI Press, 2016).

71. Murray, *In Our Hands*, 10.

72. L. Randall Wray, Flavia Dantas, Scott Fullwiler, Pavlina R. Tcherneva, and Stephanie A. Kelton, "Public Service Employment: A Path to Full Employment," Levy Economics Institute of Bard College, April 2018, accessed January 9, 2019, www.levyinstitute.org/publications/public-service-employment-a-path-to-full-employment.

73. Wray et al., "Public Service Employment," 1.

第六章 海湖莊園協議

74. Judy Shelton, "The Case for a New International Monetary System," *Cato Journal* 38, no. 2 (Spring/Summer 2018): 379, accessed January 9, 2019, www.cato.org/cato-journal/

47. Reinhart and Rogoff, "Debt and Growth Revisited".

48. Stephen G. Cecchetti, Madhusudan Joharty, and Fabrizio Zampolli, "The Real Effects of Debt," Bank for International Settlements, BIS Working Papers No. 352, September 16, 2011, 1, accessed January 8, 2019, www.bis.org/publ/work352.pdf.

49. Cristina Checherita and Philipp Rather, "The Impact of High and Growing Government Debt on Economic Growth- An Empirical Investigation for the Euro Area," European Central Bank, Working Paper Series No. 1237, August 2010, accessed January 8, 2019, ssrn.com/abstract_id=1659559.

50. Checherita and Rather, "The Impact of High and Growing Government Debt," European Central Bank, Working Paper Series no. 1237, August 2010, 22, www.ecb.europa.eu/pub/pdf/scpwps/ecbwp1237.pdf.

51. Robert Skidelsky, "The Advanced Economies' Lost Decade," Project Syndicate, April 13, 2018, accessed January 9, 2019, www.project-syndicate.org/onpoint/the-advanced-economies-lost-decade-by-robert-skidelsky-2018-04.

52. Carmen M. Reinhart and Kenneth S. Rogoff, "Open Letter to Paul Krugman," Carmen M. Reinhart Author Website, May 25, 2013, accessed January 9, 2019, www.carmenreinhart.com/letter-to-pk.

53. Rodger Malcolm Mitchell, *Free Money Plan for Prosperity* (Wilmette, Ill.: PGM Worldwide, 2005).

54. Georg Friedrich Knapp, *The State Theory of Money* (Eastford, Conn.: Martino Fine Books, 2013).

55. Adam Smith, *The Wealth of Nations* (New York: Modern Library, 1994).

56. Stephanie Bell, "The Role of the State and the Hierarchy of Money," *Cambridge Journal of Economics*, 2001, accessed January 9, 2019, cas2.umkc.edu/economics/people/facultyPages/wray/courses/Econ601%202012/readings/Bell%20The%20Role%20of%20the%20State%20and%20the%20Hierarchy%20of%20Money.pdf.

57. Bell, "The Role of the State," 155.

58. Bell, "The Role of the State," 160.

59. Bell, "The Role of the State," 161.

60. "Transcript of the Meeting of the Federal Open Market Committee on October 23-24, 2012," Board of Governors of the Federal Reserve System, 192, accessed February 13, 2019, https://www.federalreserve.gov/monetarypolicy/files/FOMC20121024meeting.pdf.

Citizens (New Haven, Conn.: Yale University Press, 2016).

第四章 阿爾發陷阱

37. Gerry Frigon, "What Would Happen If We Were All Passive Investors?," *Forbes*, June 14, 2018, accessed January 8, 2019, www.forbes.com/sites/forbes financecouncil/2018/06/14/what-would-happen-if-we-were-all-passive-investors%E2%80%8B/#3d826c0e40bf.

38. See Robert C. Merton, "On Market Timing and Investment Performance. I. An Equilibrium Theory of Value for Market Forecasts," *The Journal of Business* 54, no. 3 (July 1981); and Roy D. Henrikkson and Robert C. Merton, "On Market Timing and Investment Performance. II. Statistical Procedures for Evaluating Forecasting Skills," *The Journal of Business* 54, no. 4 (October 1981).

39. J. B. Heaton, N. G. Polson, and J. H. Witte, "Why Indexing Works," Cornell University, January 14, 2018, 1, accessed January 8, 2019, arxiv.org/pdf/1510.03550.pdf.

40. Cody Eustice, "Robert Shiller: Stocks, Bonds and Real Estate Are Overvalued," GuruFocus, May 30, 2015, accessed February 12, 2019, https://www.gurufocus.com/news/338699/robert-shiller-stocks-bonds-and-real-estate-are-overvalued.

41. Matt Levine, "Algorithms Had Themselves a Treasury Flash Crash," *Bloomberg Opinion*, July 13, 2015, accessed January 8, 2019, www.bloomberg.com/opinion/articles/2015-07-13/algorithms-had-themselves-a-treasury-flash-crash.

第五章 免費的錢

42. T. S. Eliot, *Collected Poems 1909- 1962* (New York: Harcourt, 1991), 82.

43. Carmen M. Reinhart, Vincent R. Reinhart, Kenneth S. Rogoff, "Debt Overhangs: Past and Present," National Bureau of Economic Research, NBER Working Paper Series, Working Paper 18015, April 2012, accessed January 8, 2019, www.nber.org/papers/w18015/.

44. Carmen Reinhart and Kenneth Rogoff, "Debt and Growth Revisited," VOX CEPR Policy Portal, August 11, 2010, accessed January 8, 2019, voxeu.org/article/debt-and-growth-revisited.

45. Reinhart and Rogoff, "Debt and Growth Revisited".

46. Reinhart and Rogoff, "Debt and Growth Revisited".

21. Richard H. Thaler and Cass R. Sunstein, *Nudge: Improving Decisions About Health, Wealth, and Happiness, Revised and Expanded Edition* (New York: Penguin Books, 2009).
22. Richard Thaler and Sherwin Rosen, "The Value of Saving a Life: Evidence from the Labor Market," in Nestor E. Terleckyj, ed., *Household Production and Consumption* (Cambridge, Mass.: National Bureau of Economic Research, 1976), 265-302, accessed January 8, 2019, www.nber.org/chapters/c3964.pdf.
23. See Daniel Kahneman, Paul Slovic, and Amos Tversky, eds., *Judgment Under Uncertainty: Heuristics and Biases* (New York: Cambridge University Press, 1982), and Daniel Kahneman and Amos Tversky, eds., *Choices, Values, and Frames* (New York: Cambridge University Press, 2000).
24. Daniel Kahneman, "Don't Blink! The Hazards of Confidence," *The New York Times Magazine*, October 19, 2011, accessed January 8, 2019, www.nytimes.com/2011/10/23/magazine/dont-blink-the-hazards-of-confidence.html.
25. Thaler and Sunstein, *Nudge*, 13.
26. Richard H. Thaler, Cass R. Sunstein, and John P. Balz, "Choice Architecture," *Social Science Research Network*, April 2, 2010, accessed January 8, 2019, papers.ssrn.com/sol3/papers.cfm?abstract_id=1583509.
27. Thaler and Sunstein, *Nudge*, 33.
28. Thaler and Sunstein, *Nudge*, 6.
29. Thaler and Sunstein, *Nudge*, 74, footnote.
30. Thaler and Sunstein, *Nudge*, 53.
31. Thaler and Sunstein, *Nudge*, 37.
32. Thaler and Sunstein, *Nudge*, 69.
33. Thaler and Sunstein, *Nudge*, 5.
34. See Chris Clearfield and Andras Tilcsik, *Meltdown: Why Our Systems Fail and What We Can Do About It* (New York: Penguin Press, 2018), 85.
35. Ben Tracy, "China Assigns Every Citizen A 'Social Credit Score' to Identify Who Is and Isn't Trustworthy," CBS New York, April 24, 2018, accessed January 8, 2019, newyork.cbslocal.com/2018/04/24/china-assigns-every-citizen-a-social-credit-score-to-identify-who-is-and-isnt-trustworthy.
36. See Samuel Bowles, *The Moral Economy: Why Good Incentives Are No Substitute for Good*

10. Patricia O'Toole, "The War of 1912," *Time*, July 3, 2006, accessed January 7, 2019, content.time.com/time/subscriber/article/0,33009,1207791,00.html.

11. Arthur Lang and Lila Weinberg, eds., *The Muckrakers* (Chicago: University of Illinois Press, 2001), 59.

12. O'Toole, "The War of 1912".

13. Theodore Roosevelt, *An Autobiography* (New York, Macmillan, 1913), 625.

14. Koh Gui Qing and Greg Roumelitois, "Exclusive: U.S. Puts HNA Deals on Ice Until It Gets Ownership Info-Source," Reuters, January 18, 2018, accessed January 8, 2019, www.reuters.com/article/us-hna-cfius-exclusive/exclusive-u-s-puts-hna-deals-on-ice-until-it-gets-ownership-info-source-idUSKBN1F80AC.

第二章 火上澆油

15. David Hume, *Selected Essays* (New York: Oxford University Press, 2008), 203.

16. See Robert E. Kelly, *The National Debt of the United States, 1941 to 2008, Second Edition* (Jefferson, NC: McFarland & Company, 2008).

17. Philip Klein, "How George H. W. Bush's Broken 'No New Taxes' Pledge Changed American Politics and Policy Forever," *Washington Examiner*, December 1, 2018, accessed January 8, 2019, www.washingtonexaminer.com/opinion/how-george-h-w-bushs-broken-no-new-taxes-pledge-changed-american-politics-and-policy-forever.

18. See Howard Kurz, "The Passion of the New York Post," *The Washington Post*, March 28, 1993, accessed January 8, 2019, www.washingtonpost.com/archive/opinions/1993/03/28/the-passion-of-the-new-york-post/9b341497-e4eb-46c4-9883-bc119cb818e7/?utm_term=.b3f4c2b11c2b.

19. Robert Burgess, "The Daily Prophet: Carville Was Right About the Bond Market," *Bloomberg BusinessWeek*, January 29, 2018, accessed January 8, 2019, www.bloomberg.com/news/articles/2018-01-29/the-daily-prophet-carville-was-right-about-the-bond-market-jd0q9r1w.

第三章 發現自由的成本

20. Daniel Kahneman, *Thinking, Fast and Slow* (New York: Farrar, Straus and Giroux, 2011), 3.

註解

前言

1. "Minutes of the Federal Open Market Committee, October 31- November 1, 2017," Board of Governors of the Federal Reserve System, accessed January 7, 2019, www.federalreserve.gov/newsevents/pressreleases/monetary20171122a.htm.

2. John Maynard Keynes, *The General Theory of Employment, Interest, and Money* (New York: Harvest/Harcourt Inc., 1964), 249.

3. "Presidential Historians Survey 2017," C-SPAN, accessed January 7, 2019, www.c-span.org/presidentsurvey2017 /?page=participants.

4. Michael Kimmage, "The Surprising Promise of the Trump-Putin Summit," *Foreign Affairs*, July 11, 2018, accessed January 7, 2019, www.foreignaffairs.com/articles/russian-federation/2018-07-11/surprising-promise-trump-putin-summit.

第一章 史凱特古德屋

5. Adam Tooze, *The Deluge: The Great War, America and the Remaking of the Global Order, 1916- 1931* (New York: Penguin Books, 2014), 418.

6. Transcript of interview with Michael Hayden on *Meet the Press*, March 30, 2008, accessed January 7, 2019, www.cia.gov/news-information/press-releases-statements/press-release-archive-2008/transcript-of-director-haydens-interview-on-meet-the-press.html.

7. Peter Schweizer, *Clinton Cash: The Untold Story of How and Why Foreign Governments and Businesses Helped Make Bill and Hillary Rich* (New York: Harper, 2016), 24.

8. Schweizer, *Clinton Cash.*

9. Joel Schectman, "Exclusive: Secret Witness in Senate Clinton Probe Is Ex-Lobbyist for Russian Firm," Reuters, November 17, 2017, accessed January 7, 2019, www.reuters.com/article/us-usa-clinton-informant-exclusive/exclusive-secret-witness-in-senate-clinton-probe-is-ex-lobbyist-for-russian-firm-idUSKBN1DG1SB.

全球視野91

下一波全球經濟浩劫：亂世中保存財富的七大祕訣

2020年10月初版　　定價：新臺幣420元

著　　者	James Rickards
譯　　者	吳國卿
叢書編輯	陳冠豪
校　　對	吳美滿
內文排版	林婕瀅
封面設計	兒日

出版者	聯經出版事業股份有限公司
地址	新北市汐止區大同路一段369號1樓
叢書編輯電話	(02)86925588轉5315
台北聯經書房	台北市新生南路三段94號
電話	(02)23620308
台中分公司	台中市北區崇德路一段198號
暨門市電話	(04)22312023
台中電子信箱	e-mail：linking2@ms42.hinet.net
郵政劃撥	帳戶第0100559-3號
郵撥電話	(02)23620308
印刷者	文聯彩色製版印刷有限公司
總經銷	聯合發行股份有限公司
發行所	新北市新店區寶橋路235巷6弄6號2樓
電話	(02)29178022

副總編輯	陳逸華
總編輯	涂豐恩
總經理	陳芝宇
社長	羅國俊
發行人	林載爵

行政院新聞局出版事業登記證局版臺業字第0130號

本書如有缺頁，破損，倒裝請寄回台北聯經書房更換。　ISBN 978-957-08-5618-7 (平裝)

聯經網址：www.linkingbooks.com.tw

電子信箱：linking@udngroup.com

國家圖書館出版品預行編目資料

下一波全球經濟浩劫：亂世中保存財富的七大祕訣/ James Rickards著．吳國卿譯．初版．新北市．聯經．2020年10月．368面．14.8×21公分（全球視野91）

譯自：Aftermath：seven secrets of wealth preservation in the coming chaos.

ISBN 978-957-08-5618-7（平裝）

1.投資 2.財務管理 3.金融危機 4.經濟發展

563.5 109014124